TV SPECIAL PROGRAMMES
AND THEME AC...

电视专题

蔡尚伟 / 等著

清华大学出版社
北京

内 容 简 介

本书遵循历史与逻辑相统一的原则，按照电视专题部门的工作内容来谋篇布局。全书分为四大部分：电视专题片、电视纪录片、电视专题栏目与电视专题频道、电视主题活动，共17章。各部分环环相扣，突出社会把握能力和节目创作能力的培养，力求反映本学科领域的最新成果，体现行业发展需要。

本书内容翔实，案例丰富，图文并茂，具有较强的针对性、理论性和实用性。可作为广播电视新闻学、编导等专业"电视专题"课程的教材，适合广播影视专业和新闻专业的在校学生阅读，也能为电视专题相关领域的从业人员提供一定的实践指导。

本书封面贴有清华大学出版社防伪标签，无标签者不得销售。
版权所有，侵权必究。举报：010-62782989，beiqinquan@tup.tsinghua.edu.cn。

图书在版编目（CIP）数据

电视专题/蔡尚伟等著. —北京：清华大学出版社，2010.6（2023.7重印）

ISBN 978-7-302-22608-6

Ⅰ.①电… Ⅱ.①蔡… Ⅲ.①电视节目-制作-高等学校-教材 Ⅳ.①G222.3

中国版本图书馆 CIP 数据核字（2010）第 080265 号

责任编辑：吴颖华
封面设计：刘　超
版式设计：杨　洋
责任校对：焦章英
责任印制：杨　艳

出版发行：清华大学出版社
网　　址：http://www.tup.com.cn, http://www.wqbook.com
地　　址：北京清华大学学研大厦 A 座　　邮　编：100084
社 总 机：010-83470000　　邮　购：010-62786544
投稿与读者服务：010-62776969, c-service@tup.tsinghua.edu.cn
质量反馈：010-62772015, zhiliang@tup.tsinghua.edu.cn

印 装 者：三河市君旺印务有限公司
经　　销：全国新华书店
开　　本：175mm×240mm　　印　张：19.75　　字　数：398 千字
版　　次：2010 年 6 月第 1 版　　印　次：2023 年 7 月第 9 次印刷
定　　价：59.80 元

产品编号：032018-03

绪　论 1

第一部分　电视专题片

第一章　电视专题片导论 11
第一节　电视专题片与电视纪录片之辨 11
第二节　电视专题片的类型 17
第三节　电视专题片的主要价值 21

第二章　电视专题片的前期工作 26
第一节　一般电视专题片的前期策划 26
第二节　特殊电视专题片的策划与报批 29

第三章　电视专题片解说词的写作 35
第一节　解说词的作用 35
第二节　解说词的体式 38
第三节　解说词的创作观念 42
第四节　解说词的写作 46

第四章　电视专题片的采访与拍摄 55
第一节　电视专题片的采访 55
第二节　电视专题片的拍摄 59

第五章　电视专题片的后期制作 67
第一节　电视专题片后期制作的主要流程 67
第二节　电视专题片的剪辑技巧 70
第三节　后期制作过程中要注意的问题 73

第二部分　电视纪录片

第六章　电视纪录片简史 83
第一节　国外纪录片简史 83

第二节 中国电视纪录片简史 91
第三节 影响电视纪录片发展的主要因素 99

第七章 电视纪录片的类型、价值与策划 105
第一节 电视纪录片的类型 105
第二节 电视纪录片的价值 111
第三节 电视纪录片的策划 115

第八章 电视纪录片的拍摄 122
第一节 电视纪录片的基本拍摄要点 122
第二节 电视纪录片的主要拍摄手法 136
第三节 拍摄过程中的介入 139
第四节 拍摄过程中的录音 142

第九章 二度纪实纪录片的摄制 147
第一节 二度纪实纪录片的概念 147
第二节 二度纪实纪录片的创作 152
第三节 二度纪实纪录片中的"情景再现" 156

第三部分 电视专题栏目与电视专题频道

第十章 电视专题栏目与电视专题频道导论 167
第一节 国外电视专题栏目、专题频道的发展概况 167
第二节 中国电视栏目的发展历程与主要类型 173
第三节 中国电视专题频道的发展背景与主要类型 179

第十一章 电视专题栏目的策划 186
第一节 电视专题栏目策划的意义 186
第二节 电视专题栏目策划的内容 188
第三节 电视专题栏目策划中的创意 194

第十二章 电视专题栏目的制作与电视专题频道的包装 200
第一节 电视专题栏目的制作 200
第二节 电视专题栏目、专题频道的包装 203

第十三章 电视栏目的主持 211
第一节 栏目主持人导论 211
第二节 电视专题栏目主持人的发展轨迹 216
第三节 栏目主持人的表达技巧 219

第十四章　电视专题栏目、专题频道的经营与管理 ……………… 232
　　第一节　电视专题栏目的经营 …………………………………… 232
　　第二节　电视专题栏目的管理 …………………………………… 242
　　第三节　电视专题频道的经营与管理 …………………………… 248

第四部分　电视主题活动

第十五章　电视主题活动简介 …………………………………… 259
　　第一节　电视主题活动的概念及其属性 ………………………… 259
　　第二节　电视主题活动的分类 …………………………………… 265
　　第三节　国内电视主题活动的发展历程 ………………………… 272

第十六章　电视主题活动的策划及其盈利 ……………………… 276
　　第一节　电视主题活动的策划内容 ……………………………… 276
　　第二节　电视主题活动的主要盈利模式 ………………………… 285
　　第三节　电视主题活动的策划方法 ……………………………… 288

第十七章　"节目活动化"与"活动节目化" …………………… 292
　　第一节　"节目活动化"与"活动节目化"的内容 ……………… 292
　　第二节　如何"节目活动化"与"活动节目化" ………………… 295
　　第三节　"节目活动化"与"活动节目化"的关键点 …………… 299

后　记 ……………………………………………………………… 307

绪　　论

不管是从事电视工作多年的业界人士，还是刚选择了"电视专题"课程的在校学生，也许大家都有一个颇感困惑的问题："电视专题"到底指的是什么？它怎么不像电视新闻或电视剧那样能够让人一下子可以联系到大量清晰的节目或者情节、明星呢？"电视专题"似乎是说不清、道不明的雾中花，颇有几分虚无缥缈，而大家又都能感到它在生活中的大量存在。这神秘的"电视专题"，如何才能让人得其门而入？

一、走进电视专题之门

走进电视台，你可能会发现"专题部"这样的牌子；打开电视机，你会发现一类特别的纪实节目——"电视专题片"，也会经常发现与之相似的节目似乎又被称为"电视纪录片"；阅读学术文章，"电视专题"的字样经常可见……面对这错综复杂、林林总总的"电视专题"，也许你会感到十分迷茫，想对它探个究竟。

首先，我们不妨望文生义：电视专题就是为电视做的专题。"电视"易懂，"专题"为何？《现代汉语词典》认为专题是"专门研究和讨论的题目"。那么，电视专题是否就是"为专门研究和讨论电视而做的题目"呢？很显然，此路不通。为了给大家指出一条便于探索的道路，我们将以"电视专题部门的工作内容"为钥匙，来打开"电视专题"之门。也许这样做的逻辑性不是最强，但这是坚持历史与逻辑相统一的最好选择。

什么才是"电视专题"呢？电视专题部门的工作内容究竟有什么？——可能是为各级部门、各企事业单位拍摄的以宣传为主的专题片，可能是为了反映某种社会现象而拍摄的电视纪录片，专题部门也可能承担起某栏目甚至专题频道的日播制作任务，还可能跨地域、跨行业地与其他机构合作举办主题活动，以扩大电视媒体的影响力……基于此，本书分为四大部分。

第一部分：主要讲解电视专题片。电视专题片可以说是电视专题领域极富中国特色的品种，主要是指预定某种主题，对社会生活某一领域或某一方面进行宏大叙事，给予集中的、深入的跟踪记录，内容较为专一，形式多种多样，反映自上而下的集体意识形态的一种电视节目形态。

第二部分：电视纪录片。长期以来，在很多理论界和业界人士眼中，电视专题片与电视纪录片本质相同，都真实地记录真人、真事、真情、真景，以"真实性"作为创作的生命，因而便将二者混为一谈，统称作"电视纪录片"或者"电视专题片"。而实际上，二者的内涵各有侧重，存在一定的意义偏差。为精准地理解不同类型的电视专题，本书的第二部分专门阐释电视纪录片。

第三部分：电视专题栏目与电视专题频道。在电视发展过程中，单体的电视专题片、电视纪录片往往会有栏目化、频道化的发展趋势，专题栏目、专题频道是单体节目的传播载体和平台。因此，本书的第三部分有必要与大家探讨电视专题栏目与电视专题频道。

第四部分：电视主题活动。随着电视技术的进步和节目资源的丰富，各电视媒体通过主办或参与举办各种主题活动来扩大自身影响力，最终获得受众与广告主的青睐。21世纪初，电视主题活动已俨然成为电视领域最为火热的关键词。在这种趋势下，电视专题栏目与电视专题频道也纷纷举办电视主题活动来提高自身知名度，扩大自身影响力。为了帮助广大读者更好地认识电视专题，本书第四部分专门探讨电视主题活动的相关问题。

这四部分自成体系又密切关联。本书将电视专题片置于开篇阐释，主要是考虑到"专题"二字最契合本书"电视专题"的核心概念，专题片的形式也最具中国特色。其次，专题片是电视台最为普遍的节目形态，对于初学者来说也最易懂易学，会做、做好专题片对电视职业生涯具有十分重要的作用。目前市面上充斥了许多关于"纪录片"的书籍，但入门"专题"的著作却相当匮乏，有必要进行系统、专业的探讨。

从电视专题片、电视纪录片的单体节目形式发展到电视栏目、电视专题频道等单体集成化的形式，再到电视主题活动，其实是一个循序渐进的过程，它们各自的工作重心都有所差异，因此，本书在讲解中也将各有侧重。例如专题片、纪录片其本身的文本内容分量较重，本书会详细介绍制作上的细节；而在主题活动部分，则侧重社会运作与协调，之前的文本内容只是活动中最基础的一环。

总之，本书按照电视专题发展的大体顺序来布置章节，各部分环环相扣，以期为具体的实际操作奠定基础。

二、踏上电视专题之路

为了便于正在从事电视专题工作的业界人士提升自身的专业水平，并给予在校学生系统有效的从业指导，甚至为其人生发展方向提供一定参考，在此有必要谈谈学习电视专题应当满足的基本要求及需要掌握的基本方法。

1. 具备基本的知识储备

首先，电视专题从来都不是孤立的存在，电视专题片、纪录片、专题栏目、专题频道及电视主题活动的内容都是广泛的社会生活，不离人生与社会，与社会政治、经济、文化生活有着千丝万缕的联系。无法想象一个电视工作者没有相当的文学素养却能拍摄好文学大师的纪录片，不懂经济知识却能策划好有关国计民生的电视经济专题栏目，对政治毫不知情却能制作出优秀的文献理论专题片。

电视专题处于广泛宏大的社会学科知识体系之中，其创作思维均来自工作者心灵的智慧，其根基在于思辨。一个具有良好文化储备的人，头脑中有足够的知识信息作为参照，必然会有更出色的理解能力、分析能力、思辨能力。因此，想要学好电视专题的相关知识，应当具备以下基本的文化知识储备：

（1）具有文学、历史、哲学、法律、经济五大学科的一般视野。无论制作何种电视专题节目，都必然不会脱离这五大学科的内容，而文、史、哲、法、经的知识储备，对个人能力的提升也起着极其重要的作用。譬如文学所要求的感受、理解、表达、想象等能力，也是电视节目制作中所必需的；而历史是世界万物存在的时间维度，任何事件都必须要以历史来记录；哲学是对事件高度、抽象的判断，可使人们在节目制作过程中思维程序更为清晰；熟知法律有助于人们对社会事件的判断更为精准；对经济常识有所了解则可对人们生活方式的认识更加深刻全面。

（2）了解传播学的基本原理，熟知传播的经典模式、传播控制理论和传播效果理论等。但不能局限于理论框架，要懂得将其与现实工作相结合，并不断创新。举例来讲，从极端的"魔弹论"到"有限效果论"，学界对媒介传播效果的研究不断深入，受众的地位也不断提高。目前学界大部分人都坚持"受众中心论"，即一切传播活动都以受众为中心，但这似乎又再一次矫枉过正。因此，我们在这里有必要提出一个观点——"受众基础论"，它指的是媒体尊重、体谅受众，在实际传播活动中将受众置于最基础的一环，但传播是否有效的判定最终仍要落到传者本身或其委托方、广告商等。如电视专题片的被拍摄方与拍摄方是委托与被委托的关系，其传播活动要以委托者为中心来完成；电视纪录片多追求创作者个性化的艺术风格，其传播目的重在让受众体会到拍摄者个人的意图、理念，即以作者为中心开展传播活动；电视专题栏目、专题频道及主题活动在操作程序上以广告商为中心，受众只是其中的一个重要环节，其传播是否有效，最终还是要以投资方收益来评估和判断。

（3）对社会学有一定的了解，能掌握其共性特征和普遍规律。能够应用定量定性分析、内容分析、控制实验、个案研究等社会学科的一般研究方法来思考和解决问题。

（4）对社会生活的方方面面要有所了解，这样才能结合当今受众的需求和社会发展趋势来探讨电视专题的发展。

如果说学习的过程好比轮船远航的话，充足的知识储备就像是性能良好的动力设备。如果动力不足，即使顺风顺水也难以抵达彼岸；如果动力充足，必然全速直航，乘风破浪！

2. 牢记：生活中处处是实践

很多电视专业的年轻学生喜欢将实践与生活相剥离，以进不了电视台等媒体实习作为缺乏实践的托辞。这是专业学生的集体误区，也是大家面临的最大问题。

电视媒体作为大众传播的一种形态，与其他传播形态的本质基本一致。媒体传播实际上是一种自我传播基础上的传播，它为人际传播提供了一个平台。自我传播能力较强的人，也一定具有很强的人际传播能力。可以说，一个人就是一个媒体。生活本身其实就是对媒体传播的实践，只是在日常化的实践中我们要努力去接近更专业化的要求，用专业眼光、专业标准来训练自己的观察和思维方式，而不仅仅局限于技术层面的实践。

凤凰卫视有一句经典的宣传语——"思想有多远，我们就能走多远。"观察与思考是创造的前提，也是实践的必备能力。如果没有对生活深入细致的观察，作家就不能创作出优秀的作品，艺术家就不能创造出真正的艺术。同样，没有细致的观察与思考，电视人也不可能制作出优秀的电视专题。也正因为电视专题的内容来自社会生活，我们才更应该在生活中培养观察与思考的能力。从某种程度上讲，我们对生活进行观察与思考，其实也是对专业的一种实践。

3. 有效运用网络资源进行学习

我们在观看电视专题的相关节目时，为了更好地了解这些节目的制作背景及其相关的评析研究材料，需要查阅大量的资料，而网络则为我们的学习提供了一个良好的平台。网络省去了纸媒大量的印刷投递工作和广播电视节目所需的昂贵设备，并且它不分地区、不论国界，随传随至，既方便快捷，又省钱省力。下面具体介绍几种利用网络查找电视专题资料的途径。

（1）利用网络资源搜索相关视频

我们在学习电视专题时，需要欣赏、观摩一些经典作品，除了借阅、购买相关光盘之外，很多视频可以利用网络资源更为便捷地在线或下载观看。也可以利用网络搜索节目制作所需要的素材等。还可以利用网络资源查找相关的拍摄制作知识，用来指导我们的实际操作。常用的与电视专题相关的网站包括：

http://www.cntv.cn 中国网络电视台

http://www.jlpzj.com 纪录片之家

http://www.cnjlp.tv 中国纪录片网

http://www.1926cn.com 良友纪录网

http://www.365huodong.com 环球活动网

http://www.cdaa.com.cn 中国电视纪录片网

http://www.tudou.com 土豆网

http://www.xunlei.com 迅雷网

http://www.veryCD.com 分享互联网

http://www.youku.com 优酷网

http://www.ku6.com 酷6网

……

（2）利用相关网站、数据库查阅评析资料

利用相关网站、数据库查阅评析资料，能够拓展我们的思路，开阔我们的视野，有利于我们加深对电视专题的认识与理解，从而紧跟电视专题的发展。常用的电视专题研究资料的查询网站有：

http://media.people.com.cn 人民网传媒频道

http://www.xinhuanet.com/newmedia/index.htm 新华网传媒频道

http://www.mediachina.com.cn 中华传媒网

http://www.chinatvforum.org 中国电视批判论坛

http://dshyj.cctv.com/ 《电视研究》

http://www.cjr.com.cn 中国新闻传播学评论

http://www.owmo.net 全球传媒观察网

http://purple.nj.gov.cn 紫金网

http://www.chuanboxue.net 传播学论坛

（3）利用网络资源查找电视专题拍摄制作的相关知识

电视专题学习过程中的复制仿效法和置换实验法，需要进行实际的操作，我们可以利用网络资源查找拍摄制作的相关知识。如利用 DV 机进行复制仿效、置换实验，这其中不仅需要"术"的积累，"学"的引导也必不可少。

除了以上提到的各个网站中有电视专题的相关知识，不少门户网站也开设了相关专栏，读者可根据实际需要利用搜索引擎帮助查找。有一点需要注意的是，网络资源虽然丰富，但却良莠不齐，一些信息的可信度不高，因此，提高对信息的分辨、筛选和利用等能力非常关键。

4．培养专业复述的能力

在阅读相关的电视专题文本时，我们往往会经历两个阶段：第一个阶段就是常态化的阅读，即像普通观众一样在放松的状态下进行的非功利化的阅读；第二个阶段则是对节目内容的细读，其中专业化的复述非常重要，它能有效地促使我们在观看的过程中高度集中注意力，而不是流于对故事情节的浮光掠影。专业化的复述主要包括以下几种方法。

（1）记录复述法

在阅读电视专题的过程中学会记录，并用专业化的表达方式对电视专题进行复述，如用分镜头脚本（第一部分第四章将会介绍分镜头脚本的基本格式）的方式复述作品。这种方式可以从电视专题相关节目的镜位、景别、同期声、音乐和音响等各个层面展开。

（2）复制仿效法

在现实生活中模拟拍摄、制作电视专题的相关节目，达到学以致用的目的。这里的"复制"并不是一味地去拷贝成功的电视专题成片，而是指遵循某部电视专题相关节目的模式，揣摩其大体流程，用相似的方式来拍摄、编排自己感兴趣的生活片段。通过这种复制仿效的方法，可以使我们真正地把握住电视专题的细节，从而进一步抓住其制作者的核心意图。

（3）置换实验法

置换实验法，是指将电视专题相关文本的镜头顺序、景别、角度等进行置换，或将自己拍摄的镜头加入电视专题的相关文本中，看其意义产生的变化，并通过二者的差异来比较哪种效果更好。这种方法一般采用经典文本作为蓝本。比如，在设置字幕的时候，把红底字幕换成黑底或者白底字幕，然后进行比较。通过置换，我们还可以对比出中景、长景、远景、特写等各种拍摄方法的优劣，认清了各种拍摄方法的特性之后，在实际创作中，对于哪一种拍摄手法适用于哪一类场景，就能够做到心中有数，以便在适当条件下进行恰当的选择使用。这些看似微小的差别，却能给观众带来不同的感官体验。通过多次置换实验，我们便能得到一定的启示，从而积累实际创作经验，为以后的从业打下基础。

专业化的复述要求我们对经典的电视专题作品进行仔细地观摩思考，深入地剖析这些作品的拍摄、剪辑手法，这实际上是对我们的专业素养提出了更高的要求。

5. 使用便捷设备做实验性节目，"善搞"并"善传"

在电视专题的具体学习过程中，除了要具备基本的文化知识储备，培养观察与思考及专业复述的能力，以及学会有效运用网络资源等方法之外，还可利用DV机与家庭电脑等便捷设备制作实验性节目。在前面我们已经讲到了电视专题学习过程中的复制仿效法和置换实验法，这两种方法重在模仿；用DV机与家庭电脑等便捷设备制作实验性节目，则重在激发原创力。在实验性节目的制作过程中，我们可以按照电视专题相关节目制作的大体流程——策划、拍摄、编辑、播放和参评这样一个程序来进行。

DV机的便携性和家用电脑的普及为非专业人员进行实验性编排提供了可能。对于即将成为电视从业者的广播影视专业或新闻学专业的大学生来说，DV机是其入门练习的绝佳武器，个人可以在生活中非常私密的空间去深入记录和探索。而家庭电脑为我们在学习过程中进行简单的编排提供了基本的技术平台。比较适合于家用电脑编辑的软件主要有绘声绘影、Adobe Premiere、Sony Vegas、Video Studio、威力导演和Movie Maker等。

近年来在影视界兴起了"恶搞"风，而本书这里所说的"善搞"，是指对电视专题相关文本进行解构和再创造，体现一定的趣味性和智慧性，使观者会意并产生共鸣，例如曾在网络上红极一时的儿童版新闻联播——《幼闻联播》。"善搞"重在使创作者实现自我创意的同时锻炼其相关技能，但坚决杜绝对他人进行人身攻击和扰乱社会秩序等行为。

同时，还应提倡对作品进行广泛的传播分享，即作品不仅要"做得好"，还要"传得动"。对电视专业或准专业人士来说，"自娱自乐=自私"，我们应当坚决摒弃自娱自乐的思想，所学必须有所用，所做必须有所诉求。在新媒体飞速发展的今天，如何利用各种资源实现自我传播，也是训练学者专业技能的重要方面。拍摄制作完成后，应当积极地将其分享传播，有时候金子的发现只在一次偶然的尝试。例如，自发组织各种规模的观片活动，重在分享作品理念，并邀请参与者提出改进建议；也可主动上传网络空间，Youtube、土豆网等国内外视频网站为将作品传递到世界各个角落提供了可能。或者积极争取在各类 DV 电视栏目中播放，如中央电视台的《百姓档案》、凤凰卫视的《DV 新时代》、上海电视台的《DV 365》、江西电视台的《多彩 DV》、辽宁教育电视台的《DV 故事》、河南电视台的《DV 观察》、广东电视台的《全民 DV》等。此外，还可以将作品参与各类相关赛事，如北京大学生电影节短片大赛、"科讯杯"全国高校学生高清暨 DV 作品大赛等。

当然，学习电视专题的方法还有很多，本书这里提供的方法主要是针对广播影视专业和新闻专业的在校学生，同时也希望为电视专题领域的从业人员提供一定的实际性指导。

TV SPECIAL PROGRAMMES AND THEME ACTIVITIES

第一部分　电视专题片

- 第一章　电视专题片导论
- 第二章　电视专题片的前期工作
- 第三章　电视专题片解说词的写作
- 第四章　电视专题片的采访与拍摄
- 第五章　电视专题片的后期制作

第一章 电视专题片导论

在我国，电视是典型的"舶来品"，而电视专题却是地地道道的"国产品"。从名称到内涵及操作程序，严格意义上的"电视专题片"都有着鲜明的"中国特色"，一般意义上的"纪录片"不能涵盖它。电视专题片独特的拍摄原则、方法与程序更应该得到科学而系统的介绍，而不是像一些著作那样语焉不详甚至讳莫如深。

第一节 电视专题片与电视纪录片之辨

电视专题片到底是什么？这是围绕在实践领域和学术界的一个长期争论的话题。很多时候，"专题片"大多与纪录片相混淆，或直接冠以"纪录片"的名称，电视专题片和电视纪录片之间的界限模糊不清，造成了理论上的混乱和操作中的迷惘。有人说"领导让拍的是专题片，自己想拍的是纪录片"；有人说"有主持人出现的是专题片，没有主持人的是纪录片"；有人说"有主观解说词的是专题片，纯客观记录的是纪录片"；甚至还有人说"专题片就像是论文，而纪录片是小说、散文，其间的区别就在于一个是遵命，一个是创作"等，众说纷纭，不一而足。

那么，什么叫电视专题片？电视专题片与电视纪录片到底有着怎样的区分？这是我们在这一节将要重点探讨的问题。

一、歧义概念的辨析

其实，在实际工作中，大多数电视工作者对电视专题片与电视纪录片之间的异同都略有判断。他们往往认为：电视纪录片就是那种注重生活原生态的纪实片，电视专题片就是比较传统的倚重解说表达、带有宣教腔的那种类型——一切来自约定俗成和经验使然。但假如沿着这个思路再细说下去就有点"剪不断理还乱"了：电视纪录片追求纪实性，排斥导拍、摆拍，但随着拍摄技术的发展，以前为专题片所固有的"搬演"技巧已日渐为纪录片所用。既然电视纪录片可以这样做，那么反过来将这些做法用于电视专题片难道行不通吗？细想之下我们会发现任何一种创作手法并不独属于这二者之中的任何一方。这种在具体的创作细节上寻找二者界限的做法显然是有局限性的，毕竟具体的创作细节存在变数，它所具备的个性成分是不能替代普遍规律的。

同样，在理论界，对于电视专题片与电视纪录片之间的异同也众说纷纭、莫衷一是。即便是在对二者概念的探讨上，理论界也是分歧众多、疑云遍布，归纳起来，主要有以下4种观点。

1．混同说

有的学者认为纪录片和专题片本质相同，都真实地记录真人、真事、真情、真景，题材来源于真实的现实生活，以"真实性"作为创作的生命。因此很多学者、专家都认为，不管是电视纪录片还是电视专题片，它们本身的非虚构性，决定了其与现实的关系都是一致的，于是便将二者混同起来，统称作"电视纪录片"或者"电视专题片"。

2．包含说

这种理论包括"纪录片包含专题片"及"专题片包含纪录片"两种观点。前一种观点认为，电视专题片等同于电视专题报道或电视专题新闻，把它归为纪录片形式中的一类，使专题片与新闻纪录片、文献纪录片、风光纪录片或人文纪录片处于同等地位。后一种观点则认为，电视专题片包含"纪录片、政论片一类的电视品类，接近于新闻文体的通讯、报告文学"。

3．畸变说

持此观点的人，把专题片说成是中国电视界推出的"怪胎"，是某些人为了隔断电视与电影的联系硬造出来的名词，认为在"专题片"这个名目的庇护下，纪录片得以借用电视媒介发表政论、滥用包括故事片片断在内的影像资料、让大量解说驾驭画面等，这些做法违反了电视以屏幕画面为基础的特性，把原有的纪录片"非虚构"、"用事实说话"的优良传统破坏殆尽。在一定程度上，这种说法对少数专题片直露地宣传说教的创作倾向起到了揭露和批评的作用，但是这种批评未免太过极端和绝对。

4．分立说

持此观点的人认为专题片和纪录片是两种完全不同的电视节目，在承认二者都取材于真实的现实生活，并以真实性为共性的同时，提出专题片"是作者对生活的艺术加工"、"有较强的主观意念的渗透"、"允许表现"等，这些特性与纪录片"排斥主观"、"排斥造型"不同。

此外，分立说中还存在另外一种观点：因为无法直接在电视纪录片与电视专题片之间划出科学、清晰的界限，便将电视纪录片纳入新闻领域，将电视专题片纳入艺术领域，从而以新闻和艺术的界限取代电视纪录片与电视专题片的界限。概念的偷换，范畴的混淆，对问题的解决有害而无益。

对于以上几种说法，笔者认为：首先，畸变说尽管在一定程度上对少数专题片直露地说教宣传的创作倾向进行了揭露和批评，但是其批评稍过极端和绝对，未能得到大众的认同。而且，畸变说本身是不科学的，因为现今中国电视界的所谓"画面+解说+音乐"的"怪胎"——电视专题片，其实也是世界影视艺术的一种表现形式，它的"根"可以追溯至"格里尔逊"时代。其次，电视专题片与电视纪录片根本不能简单地概括为谁包含谁的问题。因为，虽说电视专题片这种"画面+解说+音乐"的表现形式属于世界电视纪录片发展长河中的一段，但它已根植于中国这一特殊的文化和政治土壤，形成了它的"中国特色"，因此，混同说、包含说也是不成立的。本书认为，电视纪录片与电视专题片尽管基本外延相当，但在核心意义上二者有很大的不同，所以比较赞同分立说。二者虽出自于同一根源，但到目前为止，已经在中国形成了各自的风格，且都因不同的社会、政治需要而表现出了强大的生命力。

专题片和纪录片这两个名词，按照实际语用中约定俗成的规则，人们已混用多年。二者在创作实践和理论领域中的重重迷雾，不利于电视创作的类型化发展。因此，有必要对二者进行核心意义上的严格比较。

二、核心意义的比较

事实上，20世纪八九十年代，我国大部分地市级以上的电视台都有"专题部"（或"社教部"）的机构设置，只有个别台有"纪录片部"（或"纪录片组"、"纪录片室"）。在1992年11月、1993年4月和11月，中央电视台研究室召集有关专家举行了三次关于中国电视专题节目分类与界定的研讨活动。在"涵盖周全、分类准确、界定周密、表述精当"原则的指导下，对专题节目的各种形态进行了归纳整理，最终的结果集中在1996年出版的《中国电视专题节目界定》一书中。此书体现了一种较为科学的现代观念，虽然书中对纪录片做了较为详尽的界定，但对于它与专题片的区别，仍然没有做出具体的划分。直到今天，对电视专题片与电视纪录片的比较，仍只散见于一些论文或一些理论书籍的只言片语之中。有鉴于此，本书对二者进行一次核心意义的系统比较。

1. 相似之处

电视专题片和电视纪录片之所以存在很多容易混淆的地方，是因为它们二者之间确实存在许多相似之处：二者的取材都来自于现实生活中的真人、真事、真情、真景，具有较强的现实性和时代感，是及时、迅速反映社会生活的一面镜子；它们的创作者在提炼生活素材的过程中，都必须尽量保持其自然形态，排斥那种远离原始生活状态的"戏剧式"创作手法，反对凭空虚构。

2. 不同之处

尽管电视专题片与电视纪录片存在共同特征，尽管二者同属于电视纪实艺术的范畴，但是它们又有着明显的差异，各自表现出鲜明的特征。曾经有人对电视纪录片与电视专题片加以区别的思考，但其提出的界定标准显得模棱两可：要么徘徊于二者在审美表象上的差异，要么踟蹰于二者在个别创作元素具体把握方式上的不同。本着辩证、科学和全面的理论研究方法，本书从价值取向、主题以及创作手法、操作模式等核心意义上对电视专题片和电视纪录片之间的区别进行阐述。

（1）价值取向

从价值取向上看，电视专题片反映的是自上而下的集体意识形态，带有集体甚至整个国家的共同意志，通常采取宏大叙事的方式，带有浓厚的文化或政治色彩，反映着整个人类的思想意识色彩。

比如，2009年，为隆重庆祝新中国成立60周年，中宣部、中央文献研究室、中央党史研究室、国家发展和改革委员会、国家广电总局、中央电视台联合摄制了庆祝新中国成立60周年大型文献专题片——《辉煌六十年》。该片紧紧围绕庆祝新中国成立60周年的主题，以全景式、大跨度、多领域的视角，全面反映新中国成立以来中国共产党领导中国革命、建设和改革的光辉历程、伟大成就和成功经验，其极具导向性的价值取向显而易见。

电视纪录片则是一种自下而上的个性生命表达，包含有更多的"草根"意识、更多的个性化色彩，一般从细微的角度着手，不强制性地企图让别人接受其观念，力求客观地呈现一种文化内涵，并无过多劝服性的宣传意图、揭示意图或呈现意图。

如梁碧波的《三节草》选取单个人的角度，真实记录了片中女主人公肖淑明少小离家嫁给农奴制社会的摩梭土司，历经三穷三富，最终提炼出大的主题："人生就像三节草，不知哪节好。"

《三节草》视频截图

图片来源于 http://www.cctv.com

（2）主题

电视专题片的主题突出，从创作主体对世界的感觉、认识出发，即从一定的"主题"出发,文本先行,在已有的文本框架下进行选择拍摄,从现实或历史资料中选择声像素材来拍,是一种创造性的编排或制作。正像有些人认为的那样,专题片作为传播思想的工具,在更多时候像是一种"命题作文"。这样,"主题先行"是必然的,确立了中心意旨,即"立论",那么画面、材料、采访和音乐则就紧紧围绕"论点"铺排充分的论据,展开对"主题"有理有据的论证。

在电视纪录片中,主题是复调的、多维的,能够"仁者见仁,智者见智"。纪录片的叙事主要是"再现"性质的,是一种"对现实的记录",侧重于"故事"的"线形"发展,关注的是事物本身的发展过程,是一段相对完整的时空流动,所有的声画形象都蕴涵着其所要表达的主题,往往形象大于思想,将内容寓于生动的叙事形式——声音和画面之中,将观点隐藏于被拍摄者的动作、表情、言谈和经历描述中或者镜头的背后,给受众留出一个无限的开放性的解读空间。因此,从某种意义上可以说,电视纪录片追求对象的真实,而电视专题片则追求观念的真实。

(3)创作手法

在创作手法上,电视专题片与电视纪录片也存在着很大的差异,主要体现在镜头语言和剪辑思维上。

① 镜头语言

电视纪录片的纪实手法较为单一,往往从历史的纵深感出发,对人物或事件进行现在进行时的记录,所以较多运用表现现在进行时的镜头,如跟拍、抓拍、偷拍等。严格意义上的电视纪录片以长镜头、同期声为核心创作手段,以镜头语言为主导完成叙事,纪实性强,能给人逼真的参与感、现场感,可以淡化主体意识,客观地展现生活原貌,酝酿某种特定的情感。

而电视专题片由于主题先行,进行的是横向纪录,凡是与主题相关的人物、事件均可纳入镜头,所以其镜头语言是多样性的。正如高鑫先生所说:"电视专题片,不仅可以运用表现现在进行时的镜头,而且可以运用表现过去时的镜头……可以运用将来时的镜头,诸如梦幻镜头、梦境镜头,乃至于意识流的镜头。"[①]

② 剪辑思维

一般来说,电视作品的剪辑风格可以分为两种:再现性剪辑和表现性剪辑。再现性剪辑重在客观事实的陈述,主要功能是写实;表现性剪辑则更注重作者主观情感的抒发,主要功能是写意。电视专题片的"主题先行"容易使观众产生抗拒心理,因此,剪辑中应多采用较具趣味性的表现性剪辑。而纪录片更强调纪实性,多运用长镜头,讲究一种"无技巧"剪辑,其剪辑思维更多地体现为一种再现性剪辑。纪录片叙事线索往往比较明显,进入剪辑后,编辑方式更注重客观事实本身的陈述,内容表达多于主题表达。

---

① 高鑫. 电视艺术美学. 北京:文化艺术出版社,2005:226

如同样是对西藏生活进行纪实的纪录片《藏北人家》及专题片《西藏民主改革50年》,前者再现性地表现了藏北一户人家在一天内的具体生活,微观到妻子为丈夫洗头的细节;后者则以大量史料和亲历者的故事,通过极具内在逻辑的剪辑组织形式,全景式展现50年来西藏的沧桑巨变,叙事视角宏大,镜头气势恢弘。

(4)操作模式

如前文所述,在一般情况下,专题片的主题所体现的是一种自上而下的意识形态;而纪录片尤其是独立制片的纪录片,所传达出的往往是自下而上的价值观念。正因为如此,二者的操作模式也大相径庭。

电视专题片往往是代人立言,而非纯粹的创作者个人内心情感与意志的抒发,必须考虑所"代"方的情感与意志的表达,所以其操作模式往往也是自上而下。特殊电视专题片之所以要经过复杂的层层审批,就在于其往往涉及到国家意识形态。而电视纪录片更多的是从受众的角度出发,尤其是独立制片的电视纪录片往往游走在国家体制之外。

如陈为军2001年拍摄的《好死不如赖活着》,由于内容较为敏感,这部纪录片直到2005年才得以在中国大陆发行DVD版本,在拍摄过程中,陈为军还遭遇到很多的人为干扰。

纪录片本身自下而上的个性生命表达包含着更多的"草根"意识和更多个性化色彩,一般从细微角度着手,视角较小,多为创作者个人的生活感悟。

《好死不如赖活着》DVD封面

图片来源于 http://www.verycd.com

在制作过程中,电视专题片一般是先定下主题,再写剧本进行拍摄,或边写边拍。而电视纪录片则是一边拍摄一边定方案,片子完成时,制作者往往会发现所表达的主题与开机之前的构想完全不同,甚至截然相反。

通过一系列的鉴别和比较可以看出:严格意义上的电视纪录片是指运用电视的纪实手段,从历史的纵深感出发,对社会生活或自然生活的某一人、物或某一事件的发生发展过程予以记录,内敛式地表达创作者观点的纪实性的电视节目形态;电视专题片则是指预定某种主题,采用综合多元的表达手法,对社会生活某一领域或某一方面进行宏大叙事,给予集中的、深入的报道,内容较为专一,形式多种多样,反映自上而下的集体意识形态的电视节目形态。

电视专题片与电视纪录片同属电视纪实文本这一范畴。从电视专题片与电视纪录片的关系示意图可以看出，从一般意义上来说，电视专题片与电视纪录片是同位关系，二者经常混用；但从严格意义上来说，电视专题片与电视纪录片是两种截然不同的电视文本。

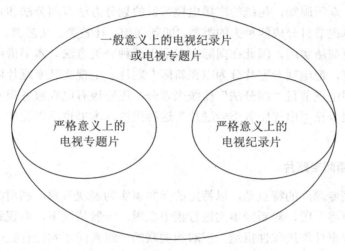

电视专题片与电视纪录片的关系示意图

电视专题片可以说是中国电视领域极富中国特色的品种，如果用色彩来比喻电视专题片，"中国红"最恰当不过。而电视纪录片则显得色彩斑斓，既有"金戈铁马塞北"的豪气之作，又有"杏花烟雨江南"的柔美之作，汉朝的酒旗、宋朝的风情、风花雪月的故事、壮怀激烈的人生均可体现。

由上可以看出，电视专题片与电视纪录片之间存在着较大的差异，我们要有意识地在学理上和实践中进行区分，认清它们的差异性，以免使我们的创作因为类型定位不清而显得不伦不类，真正做到在实际创作中根据他们的不同要求来精确把握。

第二节　电视专题片的类型

中国电视专题片经过较长时间的发展，沉沉浮浮几十年，却始终没有为世人所摒弃。发展至今，随着科技的发展、拍摄制作水平的提高，电视专题片的题材日渐广泛，类型日益增多，手法也愈来愈多样。因此，对电视专题片进行分类已显得颇为困难。更让人头疼的是，学术界关于专题片的争执一直没有停止过，迄今为止仍没有一种公认的专题片概念，这也增加了我们对其进行分类的难度。然而，对电视专题片进行分类是进行实际操作与研究的基本前提，其必要性不言而喻。

一、按照广播电视节目"四分法"传统来划分

电视是一种传播的技术手段,是一种媒体,它以开放的姿态将一切可以融合的节目形态纳入自己的怀中,才不断产生出屏幕上百花苑里一束束新异的鲜花,使人们目不暇接。众所周知,传统的广播电视节目的划分方法有四分法和六分法,其中四分法是把电视节目分成四种大的类型,即新闻类、社教类、文艺类、服务类节目。由于四分法更简洁实用,因此在国际上多采用此种分类方法。本书借用电视节目形态的划分传统,把电视专题片分为电视新闻专题片、电视文艺专题片以及电视社教专题片。按照电视节目"四分法"传统来划分,还应该有电视服务类专题片,但在日常生活中很少见"电视服务类专题片"这种提法,本书也不以此作为一个重点来讨论。

1. 电视新闻专题片

电视新闻专题片的特点是,以特定的新闻事实为表现对象,利用图像、采访、解说、同期声等手段,对新闻事实进行集中报道。一般情况下,电视新闻专题片往往对一个新闻事件作进程性报道,或对相关联的一组新闻事实进行集中报道,以传播复杂新闻事实为主,以新闻性为基本特征,其制作也通常遵循新闻节目的客观真实性原则。

新闻专题片又包含人物新闻专题片和事件新闻专题片等类型。人物新闻专题片往往关注人物的事迹和经历,以其先进的事迹和高尚的道德力量感染人。也有的专题片着眼于因种种原因而遭遇不幸的人们,表现他们的悲剧命运和社会对他们的同情,同时肯定他们对命运的抗争等。事件新闻专题片则侧重于对新闻事件的报道,如社会重大事件——"抗洪救灾"、"发射卫星"等。

2. 电视文艺专题片

作为一种文艺审美手段,电视文艺专题片自身的文化特性决定了它的价值取向。有学者曾对电视文艺节目有过这样的见解:"运用先进的电子技术手段,对各种文艺样式进行二度创作,既保留原有的艺术价值,又充分发挥电视特殊的艺术功能,给观众以文化娱乐和审美享受的电视屏幕形态。"[①]作为电视文艺节目形态中的一种类型,电视文艺专题片是指运用电视技术和艺术手段,以艺术主体为表现对象,为电视观众带来特殊的文艺审美愉悦的电视节目形态。

首先,电视文艺专题片的选材范围应是文艺类题材或文化类题材。经过电视专题片的二度创作,将社会活动中的文化现象重新提升到一个新的高度。"电视文艺专题片"这个名称之所以确立,在于其综合性、兼容性非其他类型的电视专题片可比。

[①] 朱羽君等. 中国应用电视学. 北京:北京师范大学出版社,1993:230

其次，电视文艺专题片的制作手段具有较高的艺术要求，写意性较强，往往抒情性强于叙事性，感性强于理性。最后，电视文艺专题片具有较强的时空跳跃自由性，将纪实性、思想性、艺术性、文化性、娱乐性等多重审美特征融为一体。

3. 电视社教专题片

电视社教专题片以社会生活和自然界能提供启迪、教益、审美，或满足人们好奇心的内容为题材，综合运用多种电视技术手段，是一种以传播知识为主，同时提供审美享受的电视节目形态。在题材上，电视社教专题片不强调选题的新闻性，历史事件、科学知识等都可以成为社教专题片的题材。同时，社教专题片不强调题材的新鲜性、时效性。在功能上，社教专题片着力于传播知识，以及提供一定程度的审美享受；或者说，在伴随审美享受的同时，让观众接受知识。

如1981年中央电视台与日本广播协会合拍的电视社教专题片《丝绸之路》，向观众生动地介绍了我国公元前2世纪—公元11世纪，一直连接亚、非、欧三大陆的贸易交通大枢纽——丝绸之路。日本艺术家喜多郎（Kitaro）专门创作了背景音乐《丝绸之路》，使得该片具备丰富知识性的同时，也充溢着很高的艺术性。

《丝绸之路》视频截图

照片来源：http://space.tv.cctv.com

二、实际语用中的典型类别

在实际操作领域，有很多电视专题片若按照以上所说的方法来划分，则很难把它们归入其中任何一种类型。这类专题片通常是针对特定的观看对象，表达特定的内容，传播特定的工作信息。比如，介绍一个城市基本情况的"概貌片"，向上级领导汇报某项工作进展或成绩的"汇报片"，介绍某个单位甚至某条生产线的"资料片"等。这类专题片传达的并不是新闻信息，所以无法称之为新闻专题片；其功能也不是为了启迪教育受众，因而也谈不上是社教专题片；其目的不是为了给大众提供审美娱乐，因而也不能算作文艺专题片。因此在实际语用中，我们有必要采取一种更符合实际操作需要的划分标准,即按照其内在逻辑和实际语用将电视专题片划分为形象宣传片、成就片、政论专题片、理论文献专题片。

1. 形象宣传片

形象宣传片发端于企业、媒介等社会机构塑造并宣传自身形象的市场诉求,生来就附带着难以祛除的功利色彩和实用主义胎记,其创作也因过度倚重市场短期效应而大多流于对机构实体的性质、理念、内容甚至产品的直接推介,追求以炫目的制作方式营造瞬间视听轰炸效果。发端之初往往文化意蕴不足,艺术品位不高。所以它的出现,一开始并未像音乐电视、文学电视等电视艺术形式那样引发足够的美学观照和理论关怀。然而,随着"北京申奥"、"上海 APEC 会议"、"上海申博"等一系列优秀电视形象宣传片的推出,这种局面正在潜移默化中发生改变。形象宣传片创作领域正在快速拓展,从企业形象、媒介形象到城市形象、地区形象,乃至于国家形象、民族形象,一时间,电视形象宣传片就像一位无所不在的"造型大师",占据了这个时代的醒目位置。当然,形象宣传片的创作往往需要汇集影视创作的各路精英才能得以实现,从某种意义上讲是电视媒介创作活力的象征及其创作实力、创作水准的体现。

姚明为上海拍摄的形象宣传片视频截图
图片来源于 http://sports.sohu.com

2. 成就片

成就片,顾名思义,即展示被拍摄主体在某一方面或某一阶段所达到的成就和功绩,有较强的纪实性。对于专题片创作者而言,拍摄成就片一直都是一件艰难的事情。每逢重大纪念日,领导往往希望相关电视台拍摄一部制作精美的专题片以配合宣传。而这种成就片由于受到各方面因素的制约,创作者自由发挥创作的空间比较小,常常在拍摄完成后要么领导满意,观众不满意;要么观众满意,领导不满意。传统成就片多采用"大而全"的表现方式,说教成分较浓。而现在很多成就片则多以生动的故事为切入点,层层深入,以点带面,即便是说道理,也是夹叙夹议,以理服人,以平民视角介入,通过个体展示全局,如王海兵的《飞越四川》便是一部很具典型性的成就片。

3. 政论专题片

政论专题片的主观色彩十分鲜明,往往要求说理透彻、发人深省,从政治角度阐述评论社会重大事件或现实问题,具有思辨性强、理论性强的特征,包含一定的政治文化品味。政论片往往选择重要的社会性题材,以主题为中心,叙事说理融为一体;画面表现力强,不受时空限制;大量使用评论语言,剖析论辩自由驰骋;旗帜鲜明,导向明确,充分发挥导向功能。但这种片子往往主观色彩过浓,说教灌输意味很重,有损其艺术感染力。政论专题片从最初构思到最后完成,解说自始至终起着主导作用。画面一般依照解说提供的线索去收集需要的影像资料,并根据解说的结构布局去编排画面。这类专题片的解说词相对独立,自成表述系统,同一般的政论文章差别不大,只是要适当注意时间长度,辅之以形象的画面图解和烘托气氛的音乐。如20世纪80年代出现的一批有重大影响的政论专题片《让历史告诉未来》、《世纪行》、《河殇》等。

4. 理论文献专题片

理论文献片,无疑是最具中国特色的专题片片种。文献资料的占有对此种类型的专题片来说非常重要,是其构成要素中最为核心的部分。国家广播电视总局于1999年1月1日发布并生效的《关于制作播出理论、文献电视专题片的暂行规定的实施办法》中第二条讲到:"理论电视专题片是指宣传、阐释马克思列宁主义、毛泽东思想、邓小平理论的电视专题片;文献专题片是指宣传反映党和国家重大历史事件以及党和国家领导人生平业绩的电视专题片。"

理论文献专题片能形象化地讲述和存储历史,是人们了解和认识历史的一条很好的途径。20世纪90年代初,电视专题片《毛泽东》的播出,使历史伟人通过屏幕又一次走进了中国人的内心。1997年初,专题片《邓小平》播出时,已经在每集的开头打出"文献"的字样。之后,《周恩来》、《朱德》、《李大钊》、《刘少奇》、《宋庆龄》等专题片相继播出,形成伟人系列,成为中国电视专题片创作的重大题材。理论文献片的繁荣,已构成了中国专题片创作中一道不同寻常的景观。

第三节 电视专题片的主要价值

作为电视纪实艺术中的主要类别,电视专题片与社会、政治、经济有着紧密的联系,它往往集中深入地表现某一社会现象或人生课题,允许创作者在作品中直接阐释对生活的理解、认识或主张。其传播渠道非常多元,除常见的在电视台播出外,还可通过会议、展览等渠道广为传播,其多元价值日益凸显。

一、电视专题片对投资方的意义

电视专题片的投资方往往是政府或企业。电视专题片对于他们来说,其价值主要体现在以下两个方面。

1. 政治诉求

作为电视专题片投资方之一的政府，其政治诉求不言而喻。政府投资电视专题片的政治诉求，大到凝聚全国老百姓的人心，反映和谐稳定的政治局面；小到宣传其政绩功业，利于政策宣传及整顿治理。

如中国申办2008年奥运会时，按规定制作了大约5分钟的申奥宣传片。申奥是一件事关全体中国人的大事，是一个国家的梦想，也是一次国家形象的立体展示。这绝对不是一次简单的个人艺术创作。由张艺谋执导的申奥宣传片阐述了中国人民对奥林匹克精神的深刻理解和对奥林匹克运动的热切向往，向世界展示了北京"举办一届历史上最好的奥运会"的决心和承诺。该专题片在最短时间内成功地展现了北京的都市风貌，极具符号化，把北京的辉煌成就和人们对奥运的迫切渴望点缀式地展现，画龙点睛，处处生辉。拍摄过《弹道无痕》、《壮志凌云》的八一电影制片厂著名导演宁海强说："申奥成功，这部申奥片也立了一功。"

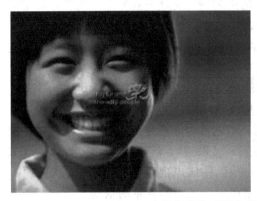

申奥宣传片《新北京　新奥运》视频截图

图片来源于 http://www.cctv.com

邓小平曾指出：我们的宣传形式不够大众化，往往不为观众所熟悉、所喜闻乐见，也不善于多方面地、多样地表现政府内容。其实，电视专题片制作得当，可以弥补这一遗憾。电视专题片往往以翔实的资料，全方位地反映政府各个方面取得的成就，起到凝聚人心的作用。

如山西省委宣传部与山西省广播电视厅联合制作了大型理论专题片《在伟大的旗帜下——山西实践邓小平理论成果巡礼》，全片共12集，既有理论思想，也有历史回顾。人们透过那一幅幅精彩的影像画面、一段段美妙的解说词，真切地体会到了党的理论方针在推进改革和促进经济发展中的巨大指导作用。该片播出后，反响很大，不仅在群众中广受欢迎，也赢得了相关单位及上级领导的赞同，得以多次重播。

而作为电视专题片另一投资方的企业，其政治诉求就稍显隐晦。所谓"功成名就"，"功成"后，自然就追求"名就"。很多企业发展壮大之后，企业家们便会去政协、工商联、人大等权力机构谋取职位，以便更为广泛、深入地积累资源。电视专题片则可以为企业投资方提供人脉资源，为其政治诉求的实现提供平台。如在电视专题片制作的过程中，不时会有这种"政治机遇"：某某企业投资代表跟着剧组以执行制片人或其他名义随片拍摄、采访某政治要人，这一平台很有可能就为该企业今后的发展或投资代表今后政治地位的提升聚集人脉。在当今社会，企业的运作更大程度上是"人脉"资源的运作，正所谓"天时不如地利，地利不如人和"——这也是投资方政治诉求的目的所在。

2．经济诉求

电视专题片是当今各行各业进行交流、汇报、招商、宣传的媒介手段。随着改革开放的逐步深入，招商引资已成为各级政府机关加快本地经济建设的一种有效手段。如何实现招商引资以推动本地经济建设呢？制作一部综合反映本地交通、环境、电信、金融等与城市发展相关的形象宣传片是最常见、最直接的方法，通过优美的画面和独到的表现形式，往往可以起到较好的宣传效果。企业投资方对电视专题片的商业诉求则大多体现在资金回报和品牌影响力上，好的电视专题片会起到相当大的宣传效果，产生良好的广告效应。

如《邓小平》这部理论文献专题片，由于其良好的口碑，重播率极高，曾连续重播一周。该片广泛的传播效应，给《邓小平》投资方带来了强势的广告效益和优厚的资金回报，达到的宣传效果不言而喻。

多年的实践经验证明，电视专题片是一种有效推广城市或企业形象的好方法。纵观国内外的成功案例，可以发现摄制、发布电视专题片较之摄制、发布硬性广告片有更高的性价比。比如，一条15秒的广告片只能是诉求单一的信息，而一部专题片却能根据具体内容，将需要告诉受众的信息和盘托出，有助于吸引观众的眼球，从而赢得更多的经济效益。

二、电视专题片对媒体的意义

电视专题片不仅对投资方意义重大，对制作者——媒体自身来说，也有着诸多价值，主要体现在以下方面。

1．经济效应

优秀的电视专题片能给拍摄制作方——电视媒体带来丰厚的经济效益，特别是一些形象宣传类的专题片，被拍摄单位大多自愿投资摄制，一定程度上弥补了电视媒体经费不足的问题。

如 1999 年河南省信阳市委要求信阳电视台摄制一部重点介绍信阳的专题片——《走向 21 世纪的信阳》。该片全面介绍了信阳的区位、历史、文化、政治、经济、风光、资源，市委领导十分满意，一次性补贴专项摄制经费，并拨专款在中国大百科全书出版社刻录光盘 6000 张，赠送给国内外来宾，为信阳的改革开放、招商引资做出了巨大贡献，也为信阳电视台带来了一定的经济回报。

2. 公关效应

电视专题片对于媒体公关而言是一把双刃剑：一方面，制作精良的电视专题片可以使制作媒体的声望得以提高，在满足大众欣赏口味的同时，也能赢得有关领导机构的高度重视，从而聚集广泛的人脉资源；另一方面，一部粗糙鄙陋的电视专题片不仅难以满足观众的观赏需求，同时也很有可能为制作媒体带来一系列的麻烦，甚至会给上级领导留下很不好的印象，为今后拍摄项目的争取埋下隐患。

如《飞越四川》是四川电视台应中共四川省委下达的任务而摄制的一部优秀电视专题片。该片一经播出，即刻在全国引起强烈反响。观众无不为它磅礴的气势、高昂的激情、雄浑的表现手法所折服。老将军张爱萍特委托女儿向四川电视台表示谢意，感谢摄制组向全世界展现了中国西南一颗璀璨明珠的风采。张中伟省长也称赞该片是"大手笔、大气势、大制作"。观众在赞美西南这块山川秀美、人杰地灵的土地时，纷纷对该片总导演王海兵及摄制组的其他成员表示祝贺。此片的成功巩固了四川电视台的地位，若交予别的电视台去做，很多资源或发展机会就可能会白白丢失。

3. 品牌效应

中国媒体已迈入品牌竞争时代，品牌的塑造、营销已经被提上各大媒体的议事日程。电视专题片对制作方电视媒体的品牌效应，通俗地说就是指人们往往会以专题片的水平来衡量一个电视台的水准。比如看到某电视台制作出好的专题片，观众就认为该媒体和其他媒体相比较其实力更为雄厚，从而将更多的注意力转向该媒体。因此，很多电视媒体花费巨大人力、财力来拍摄专题片，并非追求直接的盈利效果，往往是去参加具有一定权威性和知名度的赛事评选，通过获奖来提高自身的品牌及身价，赢得业界和大众的认可。

如北京电视台制作的《我在北京》作为"非典"后的城市宣传片，在"非典"之后重塑了北京的形象。该片不仅在北京台、中央台播出，还在 CNN 等国外主流媒体进行多次播放，节目制作成中英文双语版 DVD，在国际会议上向世界各国代表发放，翻译成 9 种主要外语并制作成 DVD 和录像带提供给我国驻外使（领）馆用于对外宣传。正因为此片的成功和影响力，北京电视台特别设置了一档《我在北京》栏目，进一步扩大专题片引发的品牌效应。

当然，我们也不能只看到电视专题片对媒体的积极意义，任何事物都具有两面性，专题片若用之不当，也会造成不可低估的消极作用。比如，带软广告性质的电视专题片的泛滥，对一些低端产品一味吹捧，冠以电视专题片之名播出，误导了群众，引起了人们的反感和抵制，造成了极坏的影响，这些或多或少也会降低媒体的声誉。

第二章　电视专题片的前期工作

电视专题片的前期工作指的是在电视专题片正式开拍之前的一系列相关的准备工作，包括前期策划、报批等程序。俗话说，"磨刀不误砍柴工"，电视专题片的工作人员只有做好充分的前期准备工作，才能为下一步的正式开拍铺好道路。

由于理论、文献专题片的制作播出有十分严格的专门管理办法[①]，本书将其称为特殊电视专题片，将除此之外的电视专题片称为一般电视专题片。本章将分别阐述这两种电视专题片的前期工作。

第一节　一般电视专题片的前期策划

而今，电视专题片已逐渐摒弃以往单一、枯燥的冗长镜头，叙事语言更加丰富、手法更加多元，大多追求"人格化"、"故事化"和"细节化"等更具特色的表现手法。在这种趋势下，如何在受众挑剔的目光中制作出优秀的作品，是电视专题片编导不得不认真面对的问题。而电视专题片的前期策划在对这一问题的解答中显得尤为重要。获得联合国教科文组织"特别文化贡献奖"的作品《影视三字经》中便曾提到：文本定，亦莫急，讲策划，重前期。

所谓电视专题片的前期策划，就是专题片制作者运用已有的知识和手段，对电视专题片的制作过程进行的科学、合理的规划和预先构制活动，程序性和前瞻性是其重要属性。

一、一般电视专题片的模式

按照电视专题片的拍摄动机、主要社会价值和目标定位以及媒体与被拍摄主体之间的关系，一般电视专题片的制作模式可分为政治拍摄式和商业拍摄式两种。

政治拍摄式专题片大部分是由政府或主流媒体在一个特定时期内拟定的任务式选题，下派给下一级电视媒体来拍摄制作，具有强烈的政治诉求。当然，也有电视媒体结合国际国内形势的需要来策划选题，报送上级领导部门审批。而这些需要审批的电视专题片往往题材特殊，属于特殊电视专题片，本章第二节将对其进行具体探讨。

[①] 根据1999年1月1日广电总局发布并生效的《关于制作播出理论、文献电视专题片的暂行规定的实施办法》中的第二条（本书第一章第二节已引用，在此不再赘述）。

社会经济的发展造成了对电视专题片的商业化需求。商业拍摄式专题片的选材范围较为广泛，涉及社会生活的方方面面，如城市形象宣传片和企业宣传片等。这一类别的电视专题片大多采用商业合作的方式进行拍摄，拍摄方所进行的是市场化的有偿服务。

2004年，张艺谋为成都拍摄的城市形象宣传片就是商业拍摄式专题片。片尾处"成都，一座来了就不想离开的城市"成为宣传片的点睛之笔，从此广为流传，成为成都的另一张崭新的名片。

模式的不同会影响到资金运作环节的不同，从而专题片策划的方式与重点也就不同，下面分别阐释这两种模式的电视专题片不同的前期策划。

1. 政治拍摄式

这种类型的专题片主要由政府部门直接拨款或特许制作，根据特定时期内国内国际形势的需要拟定出一个时期的任务式选题。此种主题的专题片多半内容重大、政治性强，反映政府的立场，强调国家和社会效益。一般情况下，政治拍摄式专题片的制作条件比较优越，多由政府直接拨款，其制作者往往精通媒体传播规律，能主动提出自己感兴趣、有信心的选题，将自上而下、自下而上两种渠道相结合，发挥媒体和个人的双重优势，达到社会效益和个人诉求的双赢。典型的例子如20世纪80年代我国专题片《世纪行》、《让历史告诉未来》等，在电视上播出后引起轰动，社会效益与经济效益均取得良好收益。

2. 商业拍摄式

商业拍摄式电视专题片多为企业宣传片，或与政府形成合作关系，制作城市形象宣传片。其主要操作程序为：

（1）专题片制作组与客户初次沟通，根据需求，确定基本价格。
（2）与客户亲密接触，详尽了解企业和产品（或城市特点）。
（3）制片组和创意人员做出初期创意脚本方案。
（4）向客户提供详细报价并与之积极沟通，签订制作协议书或合同书。
（5）整理现有相关资料素材，撰写文案，制作分镜头脚本。
（6）与客户相商，修改文案，直至客户认可文案。

这些程序均属于商业拍摄式专题片的前期工作。从中可以看出，这一类型专题片的选题基本上由客户方选定，制作者在前期策划中需要与对方进行良好的沟通交流，切实了解其意图，以便使下一步的拍摄工作顺利进行。

二、一般电视专题片的前期策划程序

马克思曾说过：艺术来源于生活，而高于生活。电视专题片作为电视纪实艺术中的主要类别，尽管强调纪实，排斥人为的虚构，但并不否认创作者的艺术表现，所以，策划对于电视专题片而言同样非常重要。

总的说来，一般电视专题片的前期策划程序主要分为以下几个步骤。

1. 选题策划

电视专题片选题的孕育、产生过程是多种多样的。政治拍摄式电视专题片（不包括特殊电视专题片）选题既定，但其策划环节依然非常重要。从主要内容到具体表现形式，从整体构架到每一场景，从主体呈现到背景介绍，从角色确定到出场顺序，从色彩基调到解说词，都应从选题策划中得以体现。商业拍摄式电视专题片的选题策划则要视情况而定：一种情况是被拍摄方主动找拍摄方合作，在此情况下选题一般已由被拍摄方设定；另一种情况则是电视媒体在对目标客户的需求进行细致分析的基础上策划选题，充分抓住时机，运用周密的选题策划书来巧妙劝服打动对方，从而为下一步成功的商业合作式拍摄打下基础。

另外，选题背景调查是一般电视专题片成功的策划必做的功课，对选题背景资料掌握的程度直接关系到下一步策划的视野和水平。选题背景调查是对选题进行全面的调查和了解，需要收集大量相关信息的资料，必要时还要对其思想深度、表达方式、投入成本和回报以及传播效果有一个心理预期。

2. 主题定位

前面章节中已经讲过，电视专题片往往主题先行。每一个电视专题片都有自己特定的主题，从表面上来看，主题是靠镜头和画面技巧来表现，而实质上是通过策划环节的规划与设计，进一步贯穿到具体的拍摄过程中才得以体现。所以在其前期策划中，主题定位也是不可缺少的环节。主题定位是确定电视专题片的主题内容，也是策划的指导思想。只有主题定位准确，才能保证策划的顺利进行，因为后面所有的策划工作都要围绕着这个主题来进行，创作者对此必须要有清晰的认识，以保证策划有一个明确的思路。

3. 制订工作计划

电视专题片既是精神产品，也是文化产品，具有社会效益和经济效益的双重属性。为了实现其双重属性的最大化，争取高收视率和高回报率，一个保证品质和效率的工作计划必不可少。合理务实的工作计划有利于操作进程的监督和跟进。工作计划要清晰详实、分工到位，包括拍摄进度要求、素材审定、调配人员设备、拟定拍摄方案、剪辑方案及其宣传推广等。

4. 寻找最佳切入点

选题确立、主题定位之后，最重要的就是寻找专题片表述的最佳切入点。要找到最佳切入点，需要大量的案头工作和前期采访，只有对主题有了深刻的理解，对主题背景有了宏观把握，对表现主题有了细致入微的了解，才可能找到这个点的最佳设计，以便由点及面，展开篇幅，进入到片中的叙述系统。

如献给建军60周年的12集电视专题片《让历史告诉未来》的开头，就采用一群活泼可爱的小朋友扮演瑞兔的舞蹈来引出兔年（1987年），随后运用解说词成功地转场至另一个兔年——中国工农红军（中国解放军前身）诞生的1927年，中国解放军波澜壮阔的60年历程随即展开。

12集电视专题片《让历史告诉未来》视频截图

图片来源于 http://www.cctv.com/

一般电视专题片的前期策划大致包括以上几个环节。在具体策划时，专题片的制作者们还应把握住具体的细节。成功的策划要给细节提供契机和空间，要让编导在具体制作过程中把握住细节，尤其是关键性的细节。因为细节是表现人物、时间、社会环境和自然景物的最小单位，典型的细节能以少胜多、以小见大，起到画龙点睛的作用，从而给观众留下深刻的印象。

第二节　特殊电视专题片的策划与报批

特殊电视专题片主要指的是理论电视专题片和文献专题片。

1999年，国家广电总局发布的《关于制作播出理论、文献电视专题片的暂行规定的实施办法》（以下简称《实施办法》。根据2004年8月1日国家广电总局施行的《电影剧本（梗概）立项、电影片审查暂行规定》，《实施办法》目前依旧生效）第三条规定"理论电视专题片须由中央和国家机关各部门，省、自治区、直辖市党委宣传部，中央电视台组织制作。文献专题片须由中央和国家机关各部门以及中央电视台组织制作"，第四条也规定"审看理论、文献专题片时可邀请相关单位的领导和专家参加，必要时报送中央审定"，第九条规定"重大理论文献纪录电影片的剧本立项，按照《关于制作播出理论、文献电视专题片暂行规定的实施办法》（广发编字[1999]137号）办理"。由此可以看出，特殊电视专题片的策划和报批往往需要层层把关，经过层层审核。

一、实际操作程序

特殊电视专题片由于其题材与内容往往涉及国家重要人物或重要历史事件，所以前期工作较一般电视专题片而言更为复杂，其策划与报批的实际操作程序主要有以下步骤。

1. 选题策划

选题，是创作者根据自身对生活的体验和理解，从大量素材中选择、集中、提炼、加工的组成作品的相关材料。特殊电视专题片的选题往往严肃而宏大，既不像新闻那样只提供信息，也不像电视剧那样只表现艺术。

选题的好坏会影响到整部专题片的制作过程和立意指向，因而，选题的策划必须对题材内容、创作方法和作品风格进行全盘考虑。对于特殊电视专题片来讲，选题很重要，片子拍什么甚至比怎么拍更重要，因而拍摄者要在拍摄之前根据题材价值来判断其可拍性。一般说来，特殊电视专题片的题材都具有显著性，国际显著性、全国显著性和区域显著性，其意义由大到小，可以理性判断进而依次衡量和筛选。如特殊电视专题片往往涉及重要的历史人物，在选题时可以根据他们所担任职务的高低及其历史影响力的大小来进行排列，按照这种判断思路可以列出选题的清单，然后根据实际需要进行把握。

在特殊电视专题片选题策划环节中，值得注意的是，要重视纪念日的价值。应当学会把握时机，结合时代背景及当下的政治意义来考量某些纪念日的必拍性，从而发掘有意义的选题。

2. 主题策划

特殊电视专题片的主题是指作品中所蕴含的中心思想，是作品内容的核心主旨，是制作者在说明问题、发表主张或反映社会生活现象时表达的基本观点。

对特殊电视专题片的主题,不能狭隘地理解为一种宣传意图,也不能认为"无所谓主题"。1968年,马尔科姆·麦克姆斯与唐德·萧提出了"议程设置理论":大众媒介可以通过提供信息和安排相关议题来有效地左右人们对某些事实的观点。议程设置理论给特殊电视专题片的前期工作带来的启示是:在纷繁复杂的选题素材中,专题片编导可以通过主题策划,最大限度地吸引受众的注意力,进而成功地传播自己的意图与观点。

特殊电视专题片由于所涉及的人物与事件非常重大,题材具有典型性,所以其主题的策划必须非常谨慎,必须做到以下几点:

- 高屋建瓴,筛选主题。特殊电视专题片题材重大,因此立意必须高远,其主题切不可局限于现实,而是要纵贯历史,面向未来。
- 调查研究,寻找思路。特殊电视专题片的策划者要开展调查研究,寻找主题思路与百姓关注之间的契合点,使主题不仅有高度、深度和厚度,而且别开生面,以便给观众留下深刻的印象。
- 集思广益,找准角度。特殊电视专题片的主题策划是一项复杂的工程,仅靠单兵作战难以做出优秀的作品,必须集思广益,群策群力,运用集体的智慧将问题看得更全面深刻,并通过寻找最佳切入角度,做到从细微处着眼,以小见大。
- 分析素材,把握主旋律。特殊电视专题片不仅涉及重要历史人物和重大历史事件,而且还涉及国家的大政方针政策,这就要求其主题策划者必须深入挖掘选题素材的内涵,善于运用联系和发展的眼光,注意把握时代的脉搏,通过挖掘有普遍教育意义、有震撼力的重大典型,并通过对其精神内涵的展示,弘扬时代精神,奏响时代的主旋律。

3. 拍摄审批

特殊电视专题片的申报、审核规格非常高,片中人物只要涉及到中共中央政治局常委或常委以上的人物都需要专门小组的审批。其拍摄审批过程包括以下程序:

(1) 准备报审材料

未经有关部门批准,各地区、各部门、各单位不得擅自制作理论、文献电视专题片。正因为审查严格,所以报审材料的准备非常重要。

2009年,中国人民解放军建军82周年前夕,中央电视台播出了纪念前国家主席李先念的特殊电视专题片——《百年先念》,在追述李先念功绩之时,第一次对中共党史中隐晦70多年的红军"西路军事件"进行了公开评价。作为当事人的李先念和徐向前元帅等人,在粉碎"四人帮"后直至生前的最后一刻,一直要求还"西路军事件"以历史本来面目。然而,直到元老与将帅们驾鹤西辞,也未能如愿。《百年先念》对21000多名战功卓著、彪炳青史的"西路军"将士的历史功绩给予了充分的肯定,以拨云揭雾之气魄还原历史本来面目。这样一部大有"为西路军平反"

之势的专题片，其报审材料准备充分，尤其是对西路军的历史进行了确凿的考证，所以最终获得通过。

（2）报审

《实施办法》第六条规定，"中央和国家机关各部门以及中央电视台组织制作理论、文献电视专题片（含电影纪录片），事先应将制片计划（包括片名、主题、集数、每集主要内容等）报国家广播电影电视总局审批。审批同意后，国家广播电影电视总局将批复件抄送中共中央宣传部。"第七条规定，"根据中央办公厅、国务院办公厅转发的《中共中央宣传部、国家广播电影电视总局关于制作播出理论、文献电视专题片的暂行规定》，省、自治区、直辖市党委宣传部组织制作理论电视专题片应事先将制片计划（包括片名、主题、集数、表现方式和主要内容）报本省、自治区、直辖市党委审批。审批同意后，省、自治区、直辖市党委将批复件抄送中共中央宣传部和国家广播电影电视总局。"

（3）修改

上述相关部门在审核时，往往会针对报审材料提出意见或建议。通过审核的特殊电视专题片，制作者往往要根据审核意见或建议进行修改，以便下一步工作的顺利进行；未通过审核的特殊电视专题片，其制作者往往也要进行修改，以便再次申报同样题材的专题片时能通过审核。

（4）复审

相关部门对通过初审的特殊电视专题片进行再次审核。通过初审且认真进行修改了的专题片在此轮复审中一般都能获得通过。有关部门可能还会提出进一步的修改意见或建议。

（5）拍摄与制作

经过此轮初审和复审的特殊电视专题片，就进入了拍摄和制作程序。具体的拍摄制作，本书将在第四章、第五章予以详细阐述。

二、特殊专题片报批过程中要注意的因素

正因为审批程序繁复，所以特殊电视专题片在获批过程中尤其要注意以下几点。

1. 申请材料的核实

特殊电视专题片因选题重大，往往对它的审核也非常严格。《实施办法》第五条规定，"设立'理论、文献电视专题片创作领导小组'办公室。办公室设在国家广电总局总编室，负责处理领导小组的日常工作，根据领导小组的意见起草有关的报告、批复，与制片单位共同安排领导小组审片的具体事项。"特殊电视专题片制作者在申报之前一定要注意材料的准备，对所中意的选题必须进行周密严谨的资料核查。特殊电视专题片尤其是文献专题片大多是历史题材，编导要对其历史事件熟知，把

握其真实性，应具备很好的政治觉悟和责任心。因此，前期积累显得尤为重要，如查询相关的历史信息，寻找活着的历史见证人，收集原始的图文影音资料，咨询相关的历史学家等，都是在文献专题片申请材料的准备过程中必须尽力去做的工作。

特殊电视专题片的拍摄，要求制作者必须有高度的政治觉悟。敏捷的政治领悟力可以使申请材料显得别具一格，从同类竞争选题中脱颖而出，不仅能赢得审批部门的青睐和赞许，而且能够使拍摄作品赢得广大观众的一致好评。

2. 团队的组建与协调

特殊电视专题片的制作是一个复杂的过程，在这个过程中，需要涉及许多创作环节：选题、采访、构思、提纲撰写、实际拍摄、剪辑、配音配乐合成、费用预算、发行等，并需要许多方面的创作人员，如制片人、导演、摄影、灯光、录音、剪接、演员、设备操作人员等的通力合作。

按照传统体制下的惯例，特殊电视专题片的制作团队都是每个单位（如电视台）的固定员工或者固定团队。但事实上，很多电视摄制工作基本上采用临时组建团队的办法。这种临时团队有它的优点，可以在很大范围内组建志气相投、水平较高的人员，避免传统体制下因团队成员间的水平参差不齐所造成的矛盾。但同样也存在着缺点，这些缺点主要在于团队成员之间的关系问题：合作之初，没有互相协调的经历，会产生利益、观念、行为方式上的各种各样的冲突，整合利益很难，整合各种意见也很难，沟通效率低，解决问题的难度较大，磨合期非常长，若处理不当，则会严重影响拍摄的进程。

另外，团队庞大后就会出现组织和协调问题，比如，总编导下有分级的编导，总摄像下有分级摄像，总撰稿下有分头撰稿……人员太多以致整体风格很难达到统一，相互之间的协调也存在困难。可取的办法就是撰写统一的编导阐述，它相当于一个团队的工作纲领或一部片子的"宪法"，让大家"有法可依"。规定各个拍摄小组先分拍，再合起来总编，或者分别按照一定的规范去编，然后再进行合成等。采取各种各样的协作模式，最终的目的都是为了整个团队更有效率地合作。

3. 资金问题

特殊电视专题片的审批程序操作起来非常困难，一旦审核通过，资金的筹集又将成为下一个难题。除了向领导部门申请拨款外，专题片的制作者还应运用其他团体如企业、文化公司等的投资、赞助以及民间多种渠道来筹措资金。而在接下来的实际操作中，如何有效、合理地分配、运用资金依然是一个很重要的问题。制作者往往以节约成本为基点，利用资源的方便性，对题材的选择进行一种平衡，尽量去找一些运作方法，把资源捆绑起来运用，通过各种方式节约成本。比如，拍片过程中需要航拍，可以拿投资者作航拍内容，或者在片尾给投资方署名，从而节约成本。将刚性资源与柔性资源合理配置，最大限度地提高利用率，尽可能地将专题片作为平台，巧妙地给投资方以回报，满足对方诉求。

4．人际公关

"一位阿拉伯哲人曾经说过：一个没有交际能力的人，犹如是一艘陆地上的船，永远也不会漂泊到人生大海的彼岸。"[①]全新的事业成功概念告诉我们，现代社会最有力的事业发展工具之一就是人际关系网络。人际关系已成为现代人事业发展中一种重要的资源。在当今社会生活中，并不是只有专职公关人员才需要具备公关社交的素质。要理顺各种关系，连接各种有利关系资源，并将各种关系合作、协调好，就必须具有良好的人际交往素质和能力。

社会与媒体是紧密联系的，从来没有与社会孤立起来的媒体，所以媒体人都很注重人际公关，特殊电视专题片的制作者更是如此。在特殊电视专题片的实际操作中，很多的资金都耗费在人际公关上，前期的准备工作可能就会花掉几十万元的经费，一系列单子的拉出、总班子的确立、相关人事的劝服、与竞争者的较量，直到最终拿到批文，是一场人事关系的较量和个人魅力的角逐。当然，有的批文可以通过一些特别的途径得来，比如北京很多文化咨询策划公司占尽其"天子脚下"的地理环境优势和便利的人事优势，称得上"天时、地利、人和"，利用这些优势，他们可以拿到很多批文，真正做到了"近水楼台先得月"。

俗话说："一样话，十样说。"交际能力不同的人，由于其谈话的语言、方式、方法和表情等不同，所达到的效果也不一样。人际公关能力较强的人，可以在关系网络中穿梭自如，凭借自己的交往水平和能力，解决许多别人难以解决的问题，大大提高工作效率。反之则举步维艰，处处碰壁。人际公关在特殊电视专题片的很多道关口显得尤为重要，如报批审核、资金筹备等方面就特别需要高素质的人际公关人才。有时候一个良好的人际公关可以给制作团队获得几千万元的资金，甚至直接决定专题片的制作能否继续下去。处理人际关系既是一种能力，也是一种技术。

总之，特殊电视专题片的制作程序非常复杂，其主创人员必须在前期策划阶段就做好相关准备工作，未雨绸缪，以便使接下来的拍摄程序得以顺利进行。

[①] 转引自：葛晨虹．人际交往能力与现代人才素质．中国人才，2004，8

第三章　电视专题片解说词的写作

解说词是指附加在影视图像之上的画外语言，用来解释、议论、介绍背景、表达作者观点等。解说词通过与画面的有机结合发挥效用，是电视专题片中一个非常重要的组成因素。不同题材的专题片对解说词的运用有不同的要求，知识性、欣赏性较强的专题片，要求解说词具有文学性与诗意；而论证性较强的题材，则需要解说词更加确凿与朴实。

第一节　解说词的作用

解说词是一部专题片的筋和魂，是血脉，是根本。在电视专题片中，解说词的价值和作用有以下几个方面。

一、表达主题，统领全片

在前面章节中已经提到，电视纪录片主题内敛，创作者往往将个人的观点隐藏在画面之后，给观众以更多的个人思考空间。所以电视纪录片对解说词的运用往往较少，甚至通篇不用。解说词在电视纪录片中往往起着补充画面信息的作用。电视专题片的解说词则恰好相反。电视专题片的制作模式有着"主题先行"的特点。为了更好地体现主题观念，有经验的专题片制作者们往往先写好解说词，然后再进行拍摄，后期剪辑时则"循声填画"，即根据解说词来组织画面。这是因为电视专题片往往主题宏大，细枝末节的画面无法有效体现这种自上而下的意识形态观念，所以必须用具有高度概括性的解说词来予以阐释。因此，从某种意义上来说，电视专题片的解说词具有表达主题观念的重要作用。

如电视专题片《话说运河》，为了更好地体现专题片的创作主题，制作者们请来了苏杭大运河沿途四省两市的作家，来为他们熟悉的运河的某一段写解说词。这种采用运河作家写运河的撰稿方式写成的解说词，几乎成了整部专题片拍摄的指南。这些解说词不一定尽善尽美，但是却很好地体现了统一的主题观念。《话说运河》也成为电视专题片制作领域"解说词先行"的代表。

二、放大画面，点明信息

专题片的图像包含的信息量有限，而解说词有着点明放大画面信息的功能，能有效防止不解或误解。解说词必须说明画面不能表现的内涵，直截了当地点明主体是什么、在干什么。解说词不是对画面的简单重复，也不是图解式的说明，而是在必要的时候点明放大信息。因为画面里表现的人物、景物、设备、风光、图表等给观众的感性知识是有限的，人物的内心活动，物体的性质、特点、作用等内容，都需要解说词来点明放大，以满足观众对知识的寻求和对意境的思索。

如1974年美国NBC在北京摄制的电视片《紫禁城》里有这样一组画面：瓷器、指南针和纸张。如果解说词只是说"这是中国发明的瓷器、指南针和纸张"，显然没有给观众多少画面以外的内容，而这部专题片中的解说词是这样写的：

> 在中国发明瓷器七百年以后，马可波罗才第一次把这些瓷器的样品带回意大利。
> 当基督渡越伽里海的时候，中国人已经使用指南针。
> 而当中国人发明纸张的时候，用来做十字架的木料在耶路撒冷还是一株树苗。

这三段解说词用生动、有趣的语言，用对比的方法点明信息，讲述历史知识，延伸原先画面中"瓷器、指南针和纸张"的丰富内涵，让人觉得轻松愉快，显然与枯燥的说教所产生的效果大相径庭。

此外，画面传达的形象信息往往具有一定的含混性，画面对信息的选择、强调和突出作用不是十分精确。这就需要通过解说，对庞杂的画面信息进行必要的概括、集中、提炼和抽象，用简洁明快的语言突出放大关键信息。

三、转场过渡

画面由于时间和空间的限制，不可能完整再现事件的原始过程，只能剔除一些镜头，通过剪辑、组接其中的某些场景和画面来表现一个人，说明一件事。这样，两个重新组成的画面段落之间往往会出现大跨度的时空跳跃感。观众长期观看电视节目，对于画面的快速切换已不再陌生，但是，如果转换过于突兀，内在的逻辑线索又不够清楚，仍然会严重影响到观众的解读和审美。解说词不仅可以十分自然地连接两个画面段落，削磨"硬接"的痕迹，还可以使镜头与镜头、段落与段落之间简洁流畅、严谨自然。因此，解说词在电视专题片中，常常充当画面转换的纽带和桥梁。

如电视专题片《长白山四季》中对长白山一年四季的转换与衔接都是通过解说词来进行的。

《春赞》与《夏赏》之间的解说词：

> 春天的旋律，在人们心中激荡着。我踏着春光铺成的绚丽多彩的路，心中装着一个温暖的春天，告别了长白山。长白山，夏天再见。

《夏赏》与《秋颂》之间的解说词：

> 一种美的力量继续在吸引着我，在金色的秋天，长白山——我将再一次访问你！

《秋颂》与《冬吟》之间的解说词：

> 长白山的秋天，色彩这样丰富，那么冬天将是一种什么景色呢？

在这里，解说词转场运用承上启下的语句来连接上下段落，使观众在这个瞬间，将注意重心转移到听力上，从而使片子的过渡自然流畅。

四、升华画面内涵

专题片解说词如果仅仅局限于对每个画面进行解说，那无异于电台广播。解说不只是对画面做简单的补充、注释，而是要充实和完善主题，启发观众的理性思维，升华画面的内涵。解说词可以使一部电视专题片的直观形象与思想意境结合起来，诱发阐述主题所需要的视听情绪，为观众的思维开拓更为广阔的空间。

电视专题片《西藏的诱惑》开篇有一段美丽的画面：变幻的云海、巍峨的雪山、高耸的佛塔、雄伟的布达拉宫，以及连绵的群山和兀立的石块。但若只看画面，是很难表达出什么明确的意义的，这部专题片的解说词是这样写的：

> 我向你走来，捧着一颗真心，走向西藏的高天大地，走向苍凉与奔放。
> 我向你走来，捧着一路风尘，走向西藏的山魂水魄，走向神秘与辉煌。
> 令人神往的西藏啊，多少人向你走来——因为"西藏的诱惑"，因为那条绵延的雪域之路……
> 令人神往的西藏啊，多少人向你走来——因为"西藏的诱惑"，因为神奇的西藏之光……

这段解说词流露出强烈、真挚的情感，作者对于西藏的眷念之心和敬仰之情呼之欲出，结合精美的画面，构成了统一、和谐的意境，不但使画面具有深刻的内涵，并且明确表达出西藏这块神奇土地所蕴含的历史文化内涵，给整部作品披上一层神奇而充满诱惑的面纱。

总之，一篇好的解说词要言简意赅，起到画龙点睛的效果，同时要注意句与句、段落与段落之间的衔接以及解说词的文学性问题。这需要编辑或撰稿人具备基本的文学素养和文学性的表达能力，在撰稿中努力锤炼解说词，使之高度凝练，增加表现力，营造效果强烈的艺术氛围。

第二节 解说词的体式

电视专题片集客观纪实与艺术创作于一身，拥有比较丰富的艺术创作手段，是最具电视特色的节目类型之一。根据不同题材与主题的要求，不同类型的专题片的解说词的体式是有差异的。但是，总体来说，解说词的体式要与拍摄对象和谐、统一起来。比如，拍政治人物，片中用语必须要适度政治化，解说词主体也是意识形态的话语；拍风景名胜或文化古城，解说词则要抒情，如行云流水一般，更加细腻、透彻。如果主题基调是明朗的，解说词应该欢快明朗；如果主题基调是深沉的，解说词也要含蓄、沉郁等。根据解说词表现形式的主要特征，其大致可以分为说明式、政论式、抒情式和叙述式等几种。

一、说明式：准确精细

文献、社教专题片、科教片等类型的专题片，其解说词的写作大多采取说明式。

说明式解说词在片中主要是承担信息传达的任务，画面是图解知识、说明道理的形象载体。解说词与画面的位置一定要对准，画面播到哪里，解说词就要跟到哪里，可以说是亦步亦趋，是地地道道的"看图说话"式。这种风格的解说词以传播知识为主，用词造句要通俗易懂、深入浅出，不宜用过于朦胧玄虚的语言，做过多的想象与联想。这类解说词的基本要求是要把问题解释清楚，把抽象的道理说明白，有鲜明的准确性，让外行人听得懂、听得进，让内行人受启发。

如《椰风海韵》，在介绍海南岛上的"苏公祠"时，解说词处理得十分精确：

> 这是一块最受海南同胞尊崇的圣地，因为这里有一座明朝万历年间为纪念宋代大文豪苏东坡而建的苏公祠。苏东坡为我们留下了"大江东去，浪淘尽，千古风流人物"的绝唱，当年他以60岁的高龄被流放到海南岛，在这里渡过了他生命中最后的三年，并留下了对海南岛人民无限依恋的诗句。

这段有限的解说词涉及到不少知识性的东西，比如苏轼及苏公祠的历史，涉及年代、地点、诗句等，因此信息的准确无误便显得尤为重要。

由于许多方面的知识具有专门化的特点，有些解说词的撰写需要有专家作为科学顾问。需要注意的是，社教专题片、科教片中有较多的专业术语，解说词容易写得单调、枯燥，因此，一定要做好将专业词汇通俗化的语言转换工作，尽量把解说词写得生动活泼、充满情趣、贴近生活，像《动物世界》的解说词就脍炙人口，深受不同文化层次、不同年龄段观众的喜爱。

二、政论式：逻辑严密

政论式解说词多用于政论片、文化反思片，往往是对历史、社会、文化、时代、人生等做出分析和判断，提出创作者自己的认识和主张，具有较强的思辨色彩。

政论式解说词要有较强的语言逻辑，要一环紧扣一环，片子必须传达某种理论、某种主张，要做到论证严密、说理透彻。另外，语言要有气势，充满感情色彩，要有强烈的鼓动性和感召力。

如《大国崛起》中的一段解说词：

> 历史上的大国依靠掠夺殖民地和武力争霸崛起，已被证明结局并不美好；妄图依靠战争打破和重建世界格局，已被证明结果事与愿违。德国的兴衰是最好的例证。同样，历史一再证明：没有永远的霸权国家，大国的兴衰交替是不可避免的历史法则。英国在主导世界两个世纪后也开始重新认识自己的位置。

一般来说，这类专题片的解说词，其认识价值要远远超过审美价值，因为它主要采用文字思维，电视特点不是很明显，仅是把政论文章形象化而已。然而，此类解说词的写作仍然具有相当高的难度。这类解说词的撰写，要适当注意时间的长度，搭配画面时要注意编排在适当的位置。一般是先写好解说词再搭配画面，以使观众从解说中可以得到某种心灵上的震撼，并在价值取向和道德判断上深受其影响。因此，这类解说词的撰写者要具有扎实的基础知识、较高的理论文化修养，更重要的是，要有敏锐的政治领悟力。

三、抒情式：优美雅致

抒情式专题片解说词主要用在文艺专题片中。这类解说词不必过多地叙述事件的前因后果，也没有必要故作高深地去大发议论，深掘画面的内在含义，也不需作过多的想象与联想，主要依靠观众去直接感受画面和音乐的美好，并受到熏陶。

如电视专题片《苏园六纪》：

> 雕几块中国的花窗，框起这天人合一的融洽。构一道东方的长廊，连接那历史文化的深邃。是一曲绵延的姑苏咏唱，吟唱得这样风风雅雅；是几幅简练的山林写意，却不乏那般细细微微。采千块多姿的湖畔奇山，分一片迷蒙的吴门烟水。取数帧流动的花光水影，记几个淡远的岁月章回。

这段富于古典辞赋音韵之美的精雅文字，被置于6集电视专题系列片《苏园六纪》的每集之首，用解说词作为统摄全片的题记，精彩绝伦、韵味十足。

电视专题片《苏园六纪》视频截图

图片来源于 http://image.baidu.com

  抒情式专题片解说往往语言优美雅致,透露出真挚动人的情感,解说语言的节奏和韵律比较讲究,听觉上有一定的形式美感。语言不一定非常大众化,可以有一定的文化含量,带有浓厚的文学色彩,富于诗意和韵味,与画面、音乐的优美风格协调一致,使观众从美的享受中得到美的熏陶,从而提高文化素养。

  精美、空灵是这类解说词语言最突出的特征,它吸取了中国传统文化的精髓,在写实之外更重视写意,重视由声、画和文字传达出来的意境,更好地表达出中国韵味。

四、叙述式:自然平实

  叙述式解说词在电视专题片中较为常用,几乎每一个片种类型都可能有所涉及。叙述式解说词是对某种社会现状或人生形态,甚至一件平凡小事的介绍与叙述。若说政论式解说词具有说教性和鼓动性,抒情式解说词风格像一位文人在吟唱,那么,叙述式解说词则更像是朋友聊天,语言平和、自然、流畅,内容贴近生活、平实、朴素,具有大众化、平民化的特点。

如《话说运河》:

> 各位观众,请仔细看一下中国地图。这是山海关,万里长城从这里向西南方延伸到中国的腹地,高高低低,途径7个省、市、自治区。这是北京城,京杭运河从这里伸向东南的大海之滨,深深浅浅,流经4个省、两个市。

运用叙述式解说词的专题片,总体上是平实朴素的,但是,也要在解说文本的起承转合之处,或者务虚的地方,让解说词适度文采化、情感化。通过有适度文采的话语,使片子显出它对现实的某种超越性,显出它的理想色彩以及不凡之处,体现创作者的专业水平,表现创作者对专题片工作的熟练程度。这样,才能增强片子的可视性及传播效果。

如《大京九》、《共和国之魂》、《话说长江》等专题片,采用叙述式解说词,表达风格豪放厚重,一唱三迭,其浩荡篇幅和表达空间都不断地有所突破,语言的锤炼更具特色。解说的行文不仅洋洋洒洒,而且精炼有加,意境深远,华彩纷呈。可以说在当代电视专题片解说词上,已成为一道亮丽的艺术风景线。

电视专题片《大京九》视频截图

图片来源于 http://www.wenming.cn

文无定法,专题片的解说词写作不是某一种体式就能概括得了的。大多数情况下,一部专题片往往会运用到多种体式的解说词。电视专题片的解说词与其他文学作品一样,还需要在创作者手中因片制宜、推陈出新,不断得到创新和发展。

第三节　解说词的创作观念

电视专题片在整个中国电视节目系统中始终占据着重要的位置。从20世纪六七十年代这种节目形式确立开始，电视专题片的制作几度兴衰几度沉浮：主题先行的报道，主观色彩强烈的文学体、政论体，浑朴自然的客观记叙体等。电视专题片解说词的创作观念也随之发生相应的变化，21世纪电视专题片解说词的创作观念呈现出以下新的特点。

一、电视专题片解说词的平民化

21世纪的电视专题片的制作，出现了一种明显的趋势：制作者由高高在上的训诫者转变为平视生活的发掘者，日益体现出平民化的趋势。从本质上看，传者的地位与传播动机并未发生改变，而是由于传播技术的发展带来传播效果的变化，使专题片的形式也发生了变革。随之而来，电视专题片的解说词也逐渐褪去以往宣传说教、高高在上的姿态，显现出平民化的一面。

从广义上来说，平民化是指着眼于原生态的生活，关注个体生命的个性化发展，以平等的视角、纪实的手法展现社会生活的各个层面，从而揭示生活本质的一种创作趋势。就专题片的解说词而言，平民化即从尊重个性的角度出发，摒弃意识形态过浓的解说，彻底摆脱宣传教化的口吻。

1. 平民化的必要性

电视专题片的解说词之所以改变宣传教化、高高在上的姿态，开始采用平民化的表达方式，其实是与其所处时代的变化和发展息息相关的。

（1）媒介竞争激烈

当今世界，以互联网为代表的信息技术正在给媒体带来一场革命，媒介竞争的激烈程度正如同世界经济论坛前主席克劳德·斯马亚所说："规模空前的全球化已使经济活动变得有点像一场战争。"[①]

在这场竞争中，电视专题片作为电视节目系统中的重要组成部分，自然也深受影响。观众的审美倾向、接受喜好等在不断发生变化，以往单纯的说教腔已难以吸引受众，唯有平民视角、多元风格的作品才会有市场买单。如果电视专题片解说词依旧保持那种宣传教化的姿态，受众市场和广告市场肯定会越来越狭窄。因此，电视专题片的解说词也必须走平民化的路线。

---

① 李明德，江时学. 现代化：拉美和东亚的发展模式. 北京：社会科学文献出版社，2000：209

（2）观众主体加强

20世纪80年代以来，我国各地的大众传媒发生了前所未有的巨大变革，而其中最重要的当属各新闻媒介中受众观念的变革。各新闻媒介为了追求、扩大传播效果，逐渐将受众的收视需求作为电视片制作中各个环节所需要考虑的基本要素之一，改变了以往观众被动接受电视信息的局面，观众的主体地位得到加强。另外，由于媒介的产业化运作，使得其经济来源主要为广告收入，媒介为了扩大财源，就必须争取广告商，而广告商选择媒介的首要标准就是看其是否拥有稳定的观众群，因此就形成了一个既定模式："办好节目——争取受众——争取广告"，而争取受众则成为这个模式的中心。媒介只有重视受众，充分考虑受众的需要、兴趣、爱好，才能争取到较高的广告份额。普通大众日益成为电视竞争的中心，因此解说词平民化的趋势在所难免。

2．如何平民化

近年来，电视专题片的题材日益扩展，几乎触及社会生活的方方面面，大到国际政治、国家经济、军事等宏大题材，小到婆媳邻里、儿女私情等微观现象。相应地，解说词的写作手法应当突破以往创作中概念化图解的模式，以便更符合受众的接受能力和接受习惯。平民化的解说词不应是一副生硬虚浮的面孔，而应在对人物的一颦一笑、一言一行的刻画中展现其多彩的内心世界，在对桩桩件件大事小事的描绘中发掘出生活的真谛，在纵横捭阖的叙议中展现思辨的哲理。

解说词要实现平民化，首先其写作手法及语言运用要讲究技巧。比如，在宏大叙事中寻找较小的解说切入点，从细节出发撰写解说词；或结合时代特色，用符合当代人视听习惯的叙述方式组织语言。

其次，解说词应当做到情感真挚。王国维《人间词话》五六中说："大家之作，其言情也必沁人心脾，其写景也必豁人耳目。其辞脱口而出，又无矫揉装束之态。以其所见者真，所知者深也。"[①] 王国维先生讲的是诗歌创作之道，而对专题片解说词来说也同样如此。技巧只是外在的形式，只有情感真挚的解说词才能加深观众收看专题片时的认知与感受，帮助观众建立与电视画面中人物、事物的联系。解说词要围绕专题片的主题进行构思，在写作过程中，要将创作者的感受、观点表达出来，如果专题片的解说词中缺乏能够打动观众心灵或者引起观众兴趣的地方，必定难以吸引观众，使观众产生共鸣。

二、电视专题片解说词的故事化

电视专题片解说词的故事化突出强调趣味性、人情化和矛盾冲突，注重对专题片中画面、细节的阐释。但为避免对专题片的纪实性构成潜在威胁，解说词创作者

[①] 王国维．人间词话新注．滕咸惠校注．杭州：浙江文艺出版社，2006：6

在运用故事化手法撰写解说词时,要具有较强的纪实意识,在追求审美效果的同时,绝不可忽略对事件真实性的要求。

1. 何谓"故事化"

"故事"这个词在汉语中与英语中的解释不完全相同,但有一点是共同的:它是叙事性作品中一系列为表现主题服务的、有因果联系的事件或情节,侧重于过程的描述,强调情节的生动性和连贯性,要求通俗易懂。如《影视三字经》中曾经提到:讲故事,要单纯,牵得广,涉得深。

解说词故事化是电视专题片人文关怀的一种体现。所谓解说词故事化,就是解说词创作者在写作中发掘事实中的故事因素,以讲故事的形式叙述事件,实质上就是借鉴文学创作技巧来写作解说词,使解说词呈现出活灵活现的艺术效果。

这种方式使专题片以更加直观、感性的方式营造气氛,其情节性增强了专题片的趣味性与可视性,使叙述更加富有表现力、感染力和说服力,诱发观众的联想,达到"绘声绘色、身临其境"的效果。

2. 如何"故事化"

对于电视专题片来说,故事化并不是简单地将解说词直接变为故事讲述,解说与故事的关系并不是机械的非此即彼,而是纲目并举、相辅相成,简单地说,就是以故事的形式来解说、以解说的态度讲述故事。解说词的故事化应注意以下几个方面。

(1) 设置悬念与冲突来突出情节

悬念和冲突是故事的显著特征。专题片解说词要讲究故事情节的设置,用悬念来牵引观众。正如清人王源所说:"叙事之法,切不可前者前,中者中,后者后。若前者前之,中者中之,后者后之,印板耳。"这时若设置一个悬念,则"中者前之,后者前之,前者中之后之,使人观其首,乃首乃身,如灵蛇腾雾,首尾都无定处,然后方能活泼泼也。"[①] 这段话的大体意思是:讲故事从开端就要有很强的牵引力,有意识地设置陷阱,让人"误入歧途";中途也不能停下,使受众舍不得放下;而到故事的最后,又让观众"迷途知返",拍掌叫好。用故事化的手法创作解说词,就是要强调对事件过程的展现及事件内含的悬念、冲突的表现。

如《小平十章》的开卷篇中的一段解说词便设置了这样一个悬念:

> "1975年5月,邓小平以中国政府第一副总理的身份,再次踏上了法兰西的土地……而就是这位受到最高礼遇的国宾,50年前却是法国警方搜捕的对象。那时候,他的名字叫邓希贤。法国警方为什么要搜捕邓希贤?这个不足22岁的年轻人为什么会引起法国警方的注意呢?"

---

① 王源. 左传评. 卷十. 四库存目丛书. 影康熙居业堂本. 第230页

这部电视专题片不但以悬念的方式切入，还运用递进的方式设置悬念，向观众展示了邓小平"一国两制"的伟大构想从理论到运用于实践，最后成功解决中国香港问题的历史过程。

（2）以人为故事主体，突出人物立体感

解说词故事化的手法，使那些看似单调乏味的事例变成一个个充满人情味的感人故事。在运用解说词讲故事时，应努力挖掘事实中具有人性、人情的色彩因素，描述人的生存境遇，捕捉生动传神的生活细节，展现人性的真善美，把情感因素融入理性思索中。近年来媒体流行的"讲述老百姓自己的故事"，就是捕捉到了普通人身上闪耀着的人性光辉和生命活力，显示了平凡中的伟大、琐碎中的崇高，展示了一种人性的崇高美。

大型文献专题片《毛泽东》、《周恩来》、《邓小平》等作品中，以大大小小的故事给人留下了深刻印象。电视专题片《让历史告诉未来》中有这样一段画面，在青藏高速公路上有一块石碑，相匹配的解说词为：

这里曾经有10位坚守岗位的年轻士兵被山体的滑坡掩埋，他们的身体从此和这里的山崖紧紧地连在一起，大山从此有了灵魂。每当有驾驶员开着汽车路过这里，他们就会感觉到有一排年轻的士兵守护着他们安全出行。

其实，画面上没有士兵，没有山体滑坡，没有汽车，只有一块石碑，但是有了这段故事化的生动形象的解说词，使观众展开联想，仿佛眼前出现了士兵，出现了汽车。这便是一段很好的故事化解说词。

（3）建立多维的、立体的故事叙事视角

电视专题片是一门很有技巧的艺术，故事化手法的运用关键在于对事实叙述的视角选择。视角是作品成败的关键。以不同的视角叙事，会产生截然不同的效果。多变的视角有助于表现事实本身的复杂性，使故事变得更加生动、丰富。解说词故事化的常用视角主要有以下几个：

① 第一人称的叙事视角。将解说词中的人物作为叙事的主角，通过人物对现场身临其境、耳闻目睹的观察和感知讲故事，以增强故事的真实性和可信度，使受众在情感上自然而然地产生一种亲近感，对专题片中的事实形成认同感。

如《江南》融写实和写意于一体，是带有强烈写意风格的文化专题片。《江南》解说词中最重要的手段就是在摄影机的背后引入第一人称的主观叙事视角，观众随这个"我"的视线去看，随"我"的脚步踏遍万水千山，听"我"讲述江南的故事。这种带有强烈主观情绪化色彩的解说词，有利于观众贴近江南文化，贴近那余音袅袅的江南情调和经久不衰的东方情怀。

② 公众代言人的叙事视角。在这种视角下，解说词中的"叙述者"像一位超脱的观察者，不动声色地观察着周围发生的一切，自己的个性深藏不露。

如电视专题片《大国崛起》中解说词的叙事视角就采用这样一种方式。相应的解说词为：

> 公元1500年前后的地理大发现，拉开了不同国家相互对话和相互竞争的历史大幕，由此，大国崛起的道路有了全球坐标。
>
> 500年来，在人类现代化进程的大舞台上，相继出现了9个世界性大国，它们是葡萄牙、西班牙、荷兰、英国、法国、德国、日本、俄罗斯和美国。
>
> 大国兴衰更替的故事，留下了各具特色的发展道路和经验教训，启迪着今天，也影响着未来……

这种公众代言人的叙事视角，可以帮助观众对事件进行理性的思考。

③ 第三者的叙事视角。即借他人的眼睛对事实进行客观的叙述，这种叙事角度在很多电视专题片中都有运用。观众从中获得的材料是叙事主体一系列丰富经验的组合，解说词在借用第三者叙事的过程中，把事件凝固在某一瞬间，通过人物的眼睛复原当时的场景，吸引观众完整地欣赏故事。

电视专题片解说词的叙述视角的选择必须出奇出新，在叙述的整个过程中，要努力抓取富有表现力的元素，重视环环相扣的情节；一定要注意营造高潮，没有高潮，叙述就会缺乏起伏，很难吸引人。

需要注意的是，解说词的故事化只是一种叙事策略，需要依托于专题片纪实性的本质。为了使专题片好看、易懂而故弄玄虚、夸大事实的做法是专题片解说词的禁忌。因此，解说词的故事化叙事，需要解说词创作者投入更多的时间和精力去认真对待生活，从生活中提取戏剧化、故事化的成分来进行解说词创作，严守解说词故事化创作的尺度。

第四节 解说词的写作

解说词写作是电视专题片节目制作过程中一个必不可少的环节。同一般的文章写作相比，解说词写作有自己特殊的规律和要求。一篇较好的解说词，要与画面珠联璧合，深化主题，拓展内涵，体现风格，突出特色。

一、解说词写作的具体要求

电视专题片的创作是对有价值的事件、有影响的人物、有典型意义的社会生活内容的一种发现，其解说词的写作同样是一种创造性的劳动。电视专题片作为一种视觉与听觉相结合的艺术，其解说词不仅要与电视画面形成和谐的统一体，还要挖掘和发挥电视画面中潜在的、更深、更高层次的意义。因此电视专题片解说词的写作，有它自身的特点和要求。

1. 精准性

在电视专题片的解说词写作中，创作者一定要注意与解说词相匹配的专题片的时间长度，然后根据解说速度来确定具体字数。一般来讲，播音速度是 180～220 字/分钟。据此速度，解说词的速度一般是 200 字/分钟左右。因此一部 20 分钟长的专题片的解说词字数不得超过 4000 字。若解说词超过应有的字数，一会影响解说速度，二会造成时间上的浪费。

除了时间的精准性外，电视专题片的解说词还应讲求内容的精准性。撰写一篇好的电视专题片解说词，只有深入采访全过程，直观地了解报道对象和报道内容，才能全面地把握好题材。不深入到采访第一线，不零距离地了解采访对象，在解说词的撰写过程中就不能完整再现事物情节，甚至会出现歪曲事实的现象。

2. 相对完整性

尽管电视专题片的解说词要与画面紧密相连，但相较于纪录片的解说词来说，前者更具有相对完整性。纪录片往往是要靠画面来表达事实，而专题片尤其是政论专题片或文献理论专题片则以解说词为核心框架。如 20 世纪 80 年代的电视专题片《雕塑家刘焕章》的解说词表现了刘焕章在工作过程中专注、忘我的状态，不断强调刘焕章在艺术中的陶醉感和紧迫感，是一部极具代表性的作品。20 世纪 80 年代后期到 90 年代初期，大批政论片、文献片也把解说先行的

电视片《雕塑家刘焕章》视频截图

图片来源于 http://www.cctv.com

做法发挥到极致。一部电视专题片的出炉往往是先请文字高手写好解说文本，再拿着文本来按图索骥拍摄画面。如《话说长江》等的解说词就相对连贯完整，此后的《西藏的诱惑》、《苏园六纪》等也是如此。

3. 高度统一性

一篇好的解说词往往极具震撼力、感染力，因为它摒弃了报告说明的枯燥乏味，没有纯文艺创作的杜撰虚构，是事实报告与文艺创作的有机结合。一篇好的解说词堪称美的艺术，是语言的说明性与描述性的高度统一、知识性与趣味性的高度统一、形象性与凝练性的高度统一，是兼蓄报告的真实性、说明的准确性以及文学的趣味

性和艺术性的作品。电视专题片的解说词必须与画面有机统一，必须是对画面的精确阐释和提炼，这就决定了解说词必须抓住事物或事件的性质、成因、结构等加以阐释说明，所以写作时，其语言必须要有准确的说明性和客观的描述性。但是，干巴巴的说明会让人觉得厌烦，而拖沓冗长的描述也不能满足受众开拓视野的需求，因此，解说词还必须怡情养性，唤醒受众的审美潜能，激发他们的审美鉴赏力和创造力，必须具备知识性和趣味性。解说词补充视觉的功能决定了其写作必须具有形象性，而专题片自身的时间长度则决定了它语言的凝练性。

4. 真实基础上的折中性

电视专题片具有定向传播的特性。这里的"定向传播"是指专题片的合法性及生存状态取决于一个领导或一个组织，具有较强的针对性。领导往往处于支配性地位，最终的决定权也往往在很少的、几个关键人物的手上。有时候，会出现领导之间意见不一致、不吻合的情况，那么制作方如何在两位意见相冲突的领导之间谋取妥协？怎样既充分尊重领导意图，又能实现个人创作初衷？这非常考验媒体工作者的人生智慧。这是一种政治智慧，也是电视人的一种专业素养，二者并不矛盾，没有脱离政治的传播事业，也没有脱离政治的传媒工作。这就需要专题片的制作者在真实性的基础上进行一定的折中，而这种折中性又往往体现在解说词的写作上。

（1）面对棘手问题时的角度

面对棘手问题时，创作者要在"能"与"否"之间谋取妥协。比如，专题片制作完成后，领导审签时，拍摄方整套班子数月甚至数年的工作成果在他看来错误百出，需做结构上的大调整。成品已出，做大调整谈何容易？但如果在解说词创作完成之后，拍摄方就将解说词交付有关领导进行审批，那么结果可能会大不一样。如果解说词存在较大的问题，可以对其进行相应的修改或调整，一个观点的改变、一个措辞的更换，甚至一句话的修改都会产生截然不同的效果。因此，在拍摄前将解说词交给有关领导进行审批，可以避免因解说词的问题而对画面进行重拍或者补拍，可以为拍摄方节省大量的人力、物力、财力和时间。

（2）重要素材的选择与排位

电视专题片在解说词的写作过程中，对既有材料尤其是重要素材的选择和排位要非常谨慎。比如，在特殊电视专题片中涉及重要领导人的排位问题，哪个先介绍、哪个后介绍。解说词的长短可以根据领导职位的级别高低而有所不同，职位较高的领导配有的解说词要相对长一点。另外，同期声的位置、解说词的内容也要与领导的身份相吻合，这些都是很敏感的问题。小说《水浒传》的作者的解决方案是让一个类似陨石的东西从天而降，砸入地下三尺多深，挖出来一看是个石碣，上面刻着梁山泊所有好汉的排列顺序，直接省略了报名申请民主评议。而在电视专题片中却不能做如此简单的处理。解说词的作者，尤其是特殊电视专题片解说词的作者必须具备高度的政治敏感度和丰富的人生智慧，对此类问题要做恰如其分的处理，否则电视专题片已有的相关工作可能会前功尽弃。

二、写作前的准备

电视专题片中的很多画面都是对现实世界的具体再现。由于人们认识能力的差异、视野的限制，观众对画面的理解不尽相同，正所谓"仁者见仁，智者见智"。因此，若单依靠画面来表达专题片制作者的意图，显然并不令人满意。此时，解说词则显示出了关键的作用，其写作前的准备工作相当重要。

1. 拟订大纲

拟订大纲是文稿起草的基础工作。撰写者不能一见任务就作战术考虑，马上钻到具体材料的遣词造句中去。解说词的起草，首先是从提纲上考虑，如同盖房子先要有设计、有骨架一样，如果设计结构不行，只是在粉刷装修上下功夫，房子质量就没有根本上的保证，甚至还会塌下来。解说词写作中如果出现大返工，问题往往出在提纲上。提纲没有固定模式，可以根据实际需要灵活掌握。

在构思中一般要涉及以下几个方面的要求：首先要抓住主题。任何解说词都有一个主题，提纲是主题的细化，而解说词则是提纲的细化。在列提纲前，一定要问清楚有关领导或委托方想表现的主题，并且要始终紧紧围绕这个主题来确定提纲，与主题无关的内容是不应该进入提纲的。其次要深挖素材。解说词的写作过程中要把握、提炼专题片采访拍摄所取得的素材，对于哪些素材要重点阐述，哪些素材要进行补充等都必须了然于胸。再次，要突出重点。一个专题片涉及的内容往往不是一个方面，那么，是不是要把相关的内容都纳入提纲构思的范围呢？显然不能眉毛胡子一把抓，而是要抓住几个点，搞清哪些要求非说不可、非列入提纲不可，哪些则没有必要列入提纲。

2. 收集相关资料

在专题片解说词正式动笔之前，还必须收集相关资料，尤其是在解说词的大纲拟订之后，原来收集的资料可能无法满足解说词的写作需求，这时候，就需要继续搜集整理相关资料，以便使掌握的资料更加细致、详实而有针对性。

如电视文献专题片《邓小平》以详实、新鲜、珍贵的史料，令人耳目一新。作为专题片，真实地表现一代伟人邓小平的人生经历或许不是太难的事情。只要收集到一定的史料，采访有关人物，拍摄一些相关景物，加以剪辑编排，配以解说，即可大功告成。这种惯常的操作可以产生一部专题片，但是要制作出像《邓小平》这样的精品却不易。《邓小平》之所以吸引人、感染人，在社会上产生巨大反响，主要原因之一就是整部片子体现了这样的构思："史""论"合一，"传""评"合璧。为了做到这一点，摄制组组织陈晋、冷溶等研究邓小平建设中国特色的社会主义理论的专家和中央文献研究室的研究骨干作为解说词的撰稿人。在"史"的基础上查阅了大量的"论"的资料，并写进解说词，使专题片从生动曲折的历史中透出强烈的政论色彩。"史""传"形象生动，"论""评"深刻透彻。邓小平的人生足迹和思想历程水乳交融、"史传"与"论评"珠联璧合、交相辉映、相得益彰。

3. 补充采访资料

有些电视专题片的制作程序往往是先采访拍摄，最后再完成解说词的创作。而在撰写解说词的前期准备中会发现有些比较重要的信息没有进行周全的采访拍摄，这个时候重拍或补拍已不大可能，唯有再次进行采访来作补充，并在解说词的写作中再加进去。这种补救措施相对来说要实际一些，既对事实本身体现了一种尊重，又节省了资金和时间。

4. 对同期声、音乐、音响及留白的设计

专题片解说词的基本要求是紧扣主题，为内容服务。解说词的基本特性决定了它既不是脱离画面的独立文体，也不是单纯为了解释说明画面而存在的说明体。它应该是电视语言整体结构中的一个重要组成部分，与画面、音乐、音响、留白、同期声等诸多要素有机结合，共同完成对形象的塑造和主题的传达。

专题片自身的时长有限，在解说词写作的前期准备工作中，必须把同期声、音乐、音响及留白考虑进去。它们各自在专题片中所占的比重、时长都必须进行预先的设计，这样，对解说词长度的设计才会精准，不会造成时间的浪费。尽管画面及其他电视语言给专题片解说词的创作设置了很多障碍，但同时也提供了许多支点，巧妙地利用这些支点，可以达到点石成金的效果。

三、写作过程中的关键点

在撰写电视专题片解说词时，要从专题片的整体需要出发，精心设计、合理安排，充分考虑与电视其他因素的配合关系，以便更深入准确地挖掘主题的内涵，更好地传达电视专题片的创作理念。

1. 总体构思，谋篇布局

在进行解说词撰写时，首先要对整部专题片的主题了然于胸，这样编写出来的解说词才不至于如一盘散沙、不着边际，使观众如坠云雾、不知所云。这实际上是对撰稿人提出了更高的要求，他的思维视野一定要广阔，才能发现重要的价值，进行逻辑判断和形象思维，才能写出形神俱佳的作品。

撰写解说词要对专题片做通盘考虑，主要包括内容与形式两个方面：内容方面

要考虑主题、题材和观点；形式上要看整部片子的体裁和风格。因此，最理想的电视专题片的撰稿人莫过于编导自己。即便是特邀撰稿人，也要与编导相互沟通，对编导的意图有所了解，并参与片子制作的全过程，然后根据专题片内容与形式两方面的要求，对解说词做出整体设计和预先安排。

撰写专题片的解说词，必须达到量体裁衣、搭配和谐的效果，使整部片子在内容、形式、语言上实现三者的完美结合，尽可能使其成为有鉴赏品位的艺术品。由于专题片特殊的制作过程，解说词写作的构思特点是不可能一次成型的。它来源于策划，完稿于采访，调整于制作。就是说，它要根据全片的采访、拍摄、编辑、合成的情况不断进行调整，直到最后播出，解说词的修改才算结束。

制作电视专题片，事先的构思会随着制作的进行而产生变化，最初的设想未必就能够实现，而中间所应用的材料可能会增加，也可能会删减甚至调换。因此，撰稿人要能随时打破原先的构思，防止僵硬、固执的创作态度。可以说，从开机之前的准备工作，一直到混录合成终审通过，解说词的构思一直在进行着，不到入库播出，它的修改是不会停止的。

2．集中笔墨，力求"包装"

中国文学艺术传统中有"凤头猪肚豹尾"的说法："凤头"是说作品的开头要像凤凰的头那样秀气、精致；"猪肚"就是指作品的中间部分要内容充实、丰富；"豹尾"是说作品的结尾要像豹子的尾巴那样有力、刚健。专题片也是如此。一部优秀的专题片需要具备一个引发观众兴趣的开头、翔实丰富的内容和一个让人回味无穷的结尾。由此可见，专题片解说词的开头和片尾要尽量显露文采、感情充沛、吸引观众；主体部分则要充实，不能务虚。

（1）吸引人的开头

中国古人写作讲究"起句当如爆竹，骤响易彻；结句当如撞钟，清音有余"（谢榛《四溟诗话》），"起要美丽，中要浩荡，结要响亮"（陶宗仪《南村辍耕录》）。也就是说，为了一个出色的开头和结尾而千方百计、挖空心思并不为过。

电视专题片由于表达内容的需要，解说词的写作通常对头绪纷杂的信息要有一个切入点，从哪里切入常常是撰稿人冥思苦想的一个问题。一个好的切入点往往能令人耳目一新，具有新颖、奇特、引人入胜的效果。

比如专题片《话说长江》第一集《一撇一捺》开头的解说词：

> 我们从地图上粗略地看，长城跟运河所组成的图形是非常有意思的，它正好是我们中国汉字里一个最重要的字眼"人"，人类的人，中国人的人……阳刚的一撇是万里长城；阴柔的一捺是京杭运河，这才是一个顶天立地，有血气、有温情的中国人。

这段开场白可以说是电视专题片解说词中经典的开头，它将长城和运河的形象与意蕴完美地结合起来，引发观众去体味画内之意和画外之旨，真正做到了言有尽而味无穷。

（2）翔实丰厚的主体

如果仅具有吸引人的开头，而没有翔实丰厚的主体，电视专题片的解说词也不能算得上真正的上乘之作。那些经典的电视专题片的解说词往往这二者兼具。

专题片《江南》的解说词，不仅具有典雅的开头，中间部分也饱含着悠扬的文化韵味。如《杂花生树》这一篇的核心是解读江南文人的生命形态，探索他们的历史命运和文化品格。其间解说词讲到唐伯虎，讲到他"自贵其心，一任天情"的独立不倚的故事，最后上升到"人说唐伯虎是看破红尘，唐伯虎分明是看破红尘爱红尘啊"，"'文章憎命达'，文人注定要和苦旅连在一起"……这些富有思辨哲理同时又雅致含蓄的解说词，提升了整部专题片的文化品位。

在电视专题片解说词的主体部分，应突出主要的人或物的重要特点，或主要事件的重点细节，恰当自如地运用象征、隐喻、比拟、烘托等多种艺术手法，使这一部分的内容翔实而丰厚。

电视专题片《江南》的解说词其主体部分便综合运用了各种创作手法，展现了江南文人们典雅蕴藉的传奇故事及其婉约灵动的诗性特点，同时也表现了一种博大空灵的艺术之美，使观众在有限的时间中领略到无限的空间意韵和中华文明生机勃勃的创造力，触摸到中国文化根系中一幅生动且别致的人文镜像。

（3）余味无穷的结尾

有了一个好的开头和主体，还要有一个绝妙的结尾。结尾结得好，能让观众回味无穷，留下诸多思考。清代戏曲理论家李渔《闲情偶寄》语："终篇之际，当以媚语摄魂，使之执卷流连，若难遽别。"其主旨是告诉人们文章的结尾应言尽而意无穷。文章如此，专题片解说词也是如此。

解说词结尾方式多种多样，可以是点明主题并总结全片内容，这种结尾的解说词要求自然简练、水到渠成；可以是与开头照应，如历史文献专题片《邓小平》这种结尾的解说词，使结构严密完整，并启迪观众思索；可以是抒情的，如《海盐故事》："盐啊，海盐之盐，你究竟融入了多少海盐的故事，才结晶于这片大好湖山！"使全片情绪达到高潮，言已尽意无穷……

《半个世纪的爱》中片尾的解说：

> 尽管生命像一片树叶，它终究要告别枝头、复归大地的，但它却把一生中最辉煌的色彩献给了大自然。

这段解说词与画面"秋天落叶纷飞，满地金黄"相配，构成了一幅优美的人生画卷——"最美不过夕阳红",同时也揭示出爱的真谛——奉献。人生的暮年就像那秋天里飘落的片片树叶,金婚夫妇们终究要走完人生的旅程,但他们却把美好的一切献给了社会。短短的几句解说词,充满了理性的色彩,为观众解读这么丰富的内涵,这是单纯的画面语言无法企及的。

3. 注重细节,生动再现

关于细节,《影视三字经》中有如下阐述:好细节,一瞬间,一流传,一百年。细节是文学艺术作品的"血肉",对电视专题片的解说词创作而言也不例外。文学创作最讲究细节的把握与表达,一个独到的细节,不但能生动形象地反映出一人、一事、一物的精、气、神,而且能展示出无限的艺术魅力。专题片本身的发展越来越注重人格化、故事化,而推动其发展的正是细节。生动形象的解说词细节,往往以少许笔墨,加上画面辅助,就足以表现宏大的主题、抽象的概念以及人物独特的个性和心理,阐明深邃的哲理。

(1) 细节是故事情节表述的主要元素

一部电视专题片,无论长短,都要有好的细节表现。打个比方,拍摄素材之于专题片,好比是烧菜有了好的原料,还须精心烹调,才能烧出一道好菜,而细节则是全片必不可少的"调味品",有了它,能使全片增色不少。一些主题、题材都不错的片子其解说词却没有过关,关键是缺少感人的细节,没有用细节去抓住观众,只有"面"而没有"点",很难给人留下深刻的印象。在细节的捕捉与表现上,解说具有其他手段难以替代的功能。画面固然也有表现和强调细节的功能,然而它对细节的作用往往是含糊的、不明确的,难以把握细节突出的内在逻辑。解说既可以对画面信息给予逻辑重点的强调突出,又可以表现画面难以企及的画面外细节。细节对表现人物、记叙事件、再现环境都有着极其重要的作用。

(2) 细节是刻画人物性格的力量,是描述人物情感的主要元素

"于细微处见真情",细节丰富了人物的形象,使人物有血有肉有灵魂,而且把人物与众不同的个性凸显出来,从而使人物形象更鲜活。解说细节是构成艺术整体的基本元素,对丰富故事情节、刻画人物形象、增强艺术魅力,都有妙不可言的作用。

在专题片《半个世纪的爱》中,几十对金婚老人的婚姻生涯有着大致相同的轨迹:"忠贞不渝,白头偕老"是他们共同的生活信条;"患难与共,相濡以沫"是他们共同的精神境界。这部片子的解说词在画面的基础上,着手选取一个又一个动人的细节展开,其中让人印象深刻的细节有很多。夫妻暮年,每撕去一天的日历,都带有那种仪式般的虔诚;屋子里面挂着的能彼此感到对方行动的小风铃,"助听器上一根细细的线,连着两颗老人的心";走路时习惯于"一前一后,不远不近地拉开几步"等。通过对这些小细节的解说,全片的主题——"半个世纪的爱"得到了淋漓尽致的体现。

专题片由于篇幅有限而细节无穷，因此在解说词对细节的具体描摹中，要注意对解说对象的详略布局，选择典型段落细化描述，重点突出有价值的细节。同时应遵循非虚构性原则，细节唯有真实才可信，唯有可信才传神。

总之，一部电视专题片的解说词中细节的积累越丰富完美，作品的真实性就越高。恰到好处的细节，往往能起到事半功倍、画龙点睛的神奇作用。善于从日常的生活中感受、观察、发现那些最能触动人心灵的瞬间，捕捉来自生活的大量细节，对一部电视专题片的成功至关重要。

第四章　电视专题片的采访与拍摄

采访与拍摄是电视专题片的整个制作流程中非常重要的环节。数百年前，苏轼就曾感叹"事不目见耳闻而臆断其有无，可乎？"[①]电视专题片属电视纪实艺术，"目见耳闻"的采访与拍摄自然更是不可缺少的。

第一节　电视专题片的采访

电视专题片的采访不仅是一种直接的人际交往，而且是一种特殊的人际传播，是采访者与被采访者之间的互动。由于电视专题片反映的是自上而下的集体意识形态，这种自上而下的视角使得专题片的采访过程复杂而又区别于普通电视新闻等的采访。

一、采访前的准备工作

电视专题片的采访应该建立在充分准备的基础之上。充分的访前准备工作是使充满变数的采访成功的有力保证。具体说来，电视专题片采访前的准备工作主要包括以下几个方面：

1. 选定采访对象

电视专题片的制作者在选择采访对象时，主要要考虑两个方面的因素：首先，专题片的采访对象应该具有典型性，他的身份要符合主题思想表达的需要；其次，采访对象要愿意接受采访。如果只满足第一点但是对方并不愿意接受采访，那么后续工作也就无法展开。所以电视专题片的编导应该积极主动地联系拟采访的对象，争取打动对方，从而获得采访机会。采访前，编导还必须研究采访对象的年龄、性格、职业、职务、经历等，分析他可能提供哪些信息。做好这两项工作，才能使采访做到有的放矢、避免"开黄腔"。

2. 采访时间的安排

编导在正式的现场采访开始前，应当先与被采访者约好时间。若是采访领导干部，则应该尽量选择其办公时间进行采访；若是采访社会名流，则要事先安排好采

[①] 苏轼. 苏轼集. 太原：山西古籍出版社，2007：220

访时间，避免因对方太忙而一再推托采访，延缓整个拍摄进度；若是采访基层群众，就尽量不要打扰他们的日常生活。拍摄方每天都会有巨大的开销，包括摄制人员的费用、服装费、道具费、交通费、场地费、管理费等，因此应该提前安排采访时间，并尽量在预定的时间内完成采访，节省拍摄成本。

3．采访环境的优选

在正式采访前，电视专题片的制作者还应该注意选择与主题有关的最佳采访环境。对于绝大多数毫无经验的普通人而言，面对镜头可能是一件紧张、恐慌的事情。所以选择采访环境时，首先应该让受访对象感觉舒适自然，这样有利于他们自然流畅地进行表达，因为环境的合适与否对采访对象情绪的起伏具有非常大的作用。另外，采访环境的选择还要考虑画面的信息量、声音环境和画面感等相关要素，这样既有利于采访的顺利开展，也有利于专题片后期的编辑。

4．采访内容的设计

提问的内容和方式是采访工作的基础和中心环节。若采访对象是某一方面的专家，而采访内容又是围绕某一方面的专业知识进行的，采访者就需要了解这一领域的基本知识。如果不具备这些基本知识，就容易拉大与采访对象之间的距离，增加双方交流的难度。

同时，采访内容的设计必须有针对性，要根据不同的采访对象设计不同的提问方法。若采访一些领导干部或社会名流，采访者须用简单、直接的话语简明扼要地提出问题；若是采访基层群众，采访者就要想方设法地让自己的提问更加贴近群众本身，启发群众，拉近采访者与被采访者的距离，避免提出的问题泛泛而言、空而无物。

5．同期声的共谋

同期声是电视专题片拍摄过程中，同步记录人物的语言、环境背景声、现场音响效果等，它能真实地表达人物的思想情感、性格特征和现场氛围，从而吸引、感染电视观众。电视专题片的同期声与纪录片的同期声不完全相同，纪录片的同期声几乎完全是一种原生态的、自我的展示。相较纪录片而言，电视专题片对声画的质量要求较高，它的同期声是在主题既定、观点预设的情况下，由采访者与被采访者共谋而产生的。为了达到更好的声画效果，专题片的采访者与被采访者可以共同商讨，争取做到同期声的完美呈现。另外，在实际拍摄过程中，同期声的录制最好选择在干扰少、噪音小的场所进行，若是在城市的大街上或是菜市场等场所录制同期声，可能会由于噪音干扰太大而听不清采访对象的话。

6．采访设备的准备

电视专题片的制作者在采访前要对即将使用的设备开展充分的准备工作，主要包括：检查摄像机是否处于正常的运行状态；检查画面信号、彩条信号；预制开关的位置；白平衡的调制；声道的选择；检查采访话筒是否能正常拾音；话筒线是否畅通以及线的长短是否满足需求；电池量是否充足；推拉杆的运行是否正常等。另外，在采访之前，摄像人员与出镜记者应多进行沟通。

二、现场采访中常见的障碍

电视专题片的现场采访，是指记者通过话筒和镜头在拍摄现场进行的同期声播出的口头采访。电视专题片一般都是代人立言，其采访是在拍摄者和被拍摄者共同协商的情况下进行的，多采用现场采访。因此，现场采访片段在专题片中具有举足轻重的地位。

在采访的过程中，尤其是现场采访时，往往会遇到一些意想不到的障碍，影响采访程序的顺利进行，常见的障碍主要有以下几种。

（1）采访意图被误解：遇到这种情况时，采访者要予以耐心的解释，同时要保持对被访者的尊重。

（2）跑题：有时候被采访者侃侃而谈却离题万里，这时采访者应该灵活地找到恰当的"断点"，将被采访者拉回主题。例如从对方某句话中找到切入点，适时插话将话题引申至主题。

（3）方言与行业术语：电视专题片的采访过程中往往会遇到采访对象讲方言或行业术语，一定程度上会造成采访者与被采访者沟通上的鸿沟。这就需要记者在采访前做好充分的准备工作，同时在采访过程中不要怕说"我不懂"、"我不明白"、"请举个例子"等，这样做也能方便观众对专题片的理解。

另外，记者一定要养成核对采访素材的习惯，注意反复核对：一是要在采访中逐一核对；二是采访结束后立即核对，若一些重要的素材在采访过程中有所遗漏，就需要进行拍摄后的补充采访。有时候，尽管专题片的拍摄程序已经结束，但一些相关背景的交代和时间、地点等要素仍需要进一步核实，这时也需要进行拍摄后的采访。拍摄后的采访尽管不是必需的和决定性的，但它也是镜头外采访的一种补充，是对电视专题片的雕琢和完善，有助于在解说中更准确地把握人物的思想感情和事态的真相。

三、采访技巧的把握

电视专题片的采访工作包括一系列相关联的环节，是一个复杂、有序的过程。有时候一些微小的细节也能够决定采访最终的成败，因此采访技巧显得尤为重要。有效的采访技巧是采集真实材料、打开真相之门的一把金钥匙，也是许许多多实践者的经验教训汇集起来加以概括、提炼的结果。

1. 采访时机的选择

对于涉及到采访对象的生活背景、事件的来龙去脉以及人物精神世界的展示挖掘等大段的重要采访，要一气呵成，慎重选择采访的时机。可以根据采访对象的不同特点区别对待，如果采访对象有较好的口才，或具有丰富的镜头经验，属于易激动兴奋型，则不妨把采访安排在拍摄的前期阶段，从而根据采访后所掌握的新的信息线索，对拍摄计划的内容进行及时调整。但对于一些采访对象来说，面对镜头时感到紧张拘束、无话可说，这时就不能一上来就进行镜头前的大段采访，可以先进行其他的拍摄工作，拍摄一些采访对象的日常工作和生活片段，经过一段时间的熟悉和调整，待采访对象对镜头有所适应后，或在拍摄的后期阶段再对他进行采访，这样才能争取采访获得最大程度的成功。

2. 营造良好的开场氛围

为了使采访顺利进行，一个良好的开场非常重要。

比如，《伟人周恩来》中有一段在北京钓鱼台国宾馆采访原美国国务卿亨利·基辛格的内容。采访人（总编导戴维宇）的开场："博士先生，1972年，周恩来总理也是在这儿与您第一次见面，请谈谈当您见到周恩来总理的第一印象是什么？"这巧妙的提问，一下子就把交流的距离从20年前拉回到采访现场，轻松自如的访谈氛围使这位原美国国务卿破例接受采访，时间长达40分钟。

3. 寻找共同语言

中国古谚云："君子和而不同"，但对电视专题片的采访者来说，首先要追求的是与被采访者之间的"同"，采访者可以巧妙地从籍贯、求学与工作经历、朋友圈子、兴趣、信仰等方面入手，寻找共同因素，并争取与被采访者志趣相投，对采访中的主要问题达成共识。"同"了之后，采访双方就有了情感上的认同，沟通交流更为便利，有利于采访深度的挖掘。倘若实在不能求"同"，则应该力求做到"和"，对对方与自己的差异面表示理解甚至欣赏。适当的称赞、奉承对方也无伤大雅，并且能让对方感受到采访者的真诚和尊重。当然，有些情况采访双方不仅不能"同"，而且也无法做到"和"，这个时候采访者应巧妙运用"不和"来刺激被采访者，争取采访任务得以完成。

4. 把握被采访者的心理

在电视专题片的采访过程中，采访者对采访对象的心理要有一个清晰的把握，这就需要采访者善于"察言观色"，随机应变。遇到对方精神紧张时，要设法缓和气氛，聊聊闲话；对方有难言之处时，要巧妙引导；若要提敏感问题最好选采访对象泰然自若的时候，可采用"借他人之口"的方式巧妙地抛出问题，如"社会上有些报纸说您……您怎么看"等。

5. 常用的提问技巧

电视专题片采访中的提问技巧，要因人、因时、因地而宜，也就是要针对不同的采访对象、不同的环境，采取不同的提问方式。电视专题片中常用的提问技巧主要有正面提问、引导性提问、追问、假设性提问等，激将法提问在电视专题片的采访中一般很少运用。

总之，在电视专题片的采访过程中，采访者必须遵循自己预设的思路，要善于引导，采用各种方式一步一步诱导采访对象发表更深入的见解，将采访对象的情绪和思路引入到你所希望的方向上去。因为专题片是形象化的论证，它的主题是确定的，当采访对象偏离话题时，采访者应给予适当的暗示，用一些铺垫性语言过渡到采访话题上来。当采访对象谈到某重要问题时，采访者可以适当重复或评议，以起到强调的作用。采访者还应适时地对采访对象的观点和见解给予归纳和引申，以使采访主题更加明确。同时，采访者必须明确，不管哪一种形式的反馈，都不能喧宾夺主，要做到恰如其分、准确自然。

另外，在采访过程中，电视专题片采访者的态度要不卑不亢、谦虚、庄重。著名记者邵飘萍的座右铭即为："谦虚不流于谄媚，庄严不流于傲慢。"[①] 采访名人、领导、外宾时，不低三下四、阿谀奉承；采访普通百姓时也不要眼睛朝天、盛气凌人。

第二节　电视专题片的拍摄

电视专题片是一种前提预设、观点预设的电视节目形态，它是在主题既定的情况下试图将观点传达给更多的人。专题片的表达方式并不拘泥于一种，它的拍摄制作方式更是多种多样，其手法和技巧越高，把预设的主题、观点埋藏得越隐匿，则越成功。可以说，好的拍摄手法和技巧是一部电视专题片成功的关键，因此，拍摄在电视专题片的整个制作流程中也显得非常重要。

一、拍摄规划

专题片的拍摄一般是跟着解说词走，所以必须要有时间与空间的统筹分布。事先进行拍摄规划可以更好地整合资源，缩短操作时间，减少拍摄成本。

1. 拟订拍摄大纲

拍摄提纲的制定是正式开拍前最重要的准备工作，它主要解决的是拍什么的问

---

① 邵飘萍. 实际应用新闻学. 见：新闻文存. 北京：中国新闻出版社，1987：401

题。拍摄大纲为具体场面的拍摄设定要点，对拍摄的内容起到提示作用。拍摄大纲为剧组的创作人员提供了一个明确的创作目标，它能让所有的创作人员看后迅速明白作品的层次段落、过渡、照应和表现重点。必要时可形成初步的文字稿本，即撰写解说词的初稿并通过声画分栏的初步稿本对拍摄内容进行说明。

2．规划拍摄选点

电视专题片的拍摄规划要注意选点的通盘考虑，拍摄线路、工作进度要清晰合理，尽量节约时间和投资。选点时要考虑拍摄地点的不可替代性，即它确实具有典型性，非去不可，在慎重考虑后再去取景。规划拍摄选点时要有轻重缓急，并尽量在一个空间获取尽可能多的拍摄素材，而不要滥选点，指向的随意性会带来成本的提高。

3．规划拍摄进程

在专题片的拍摄中，先后顺序、多少轻重的布置非常重要，拍摄者要对专题片的结构、形式要素等予以安排。比如为了提高效率，片头、片尾等相关工作可在专题片的拍摄过程中同时进行，这边几个人在进行拍摄，那边几人就可以动手做动画、特效。拍摄进程要尽量紧凑，但也必须具备适度的灵活性，意外应急措施要简洁可行，防止因少数意外事件的发生而延缓整个剧组的拍摄进度。

4．征询拍摄单位或上级领导的意见

在上述基础工作完成后，需要对拍摄规划进行正式确认。拍摄方应将拍摄计划、选点、进程和大纲交由拍摄单位或上级领导审阅。拍摄单位或上级领导部门则需集体商讨以下环节：拍摄计划是否完整、拍摄地点的选择是否恰当、拍摄进度是否合理、拍摄大纲是否可行和拍摄时是否会出现不必要的资金浪费等，然后向拍摄方提出修改意见。

5．修改拍摄计划

根据拍摄单位或上级领导给出的修改意见，电视专题片的制作者应尽快修改拍摄规划之中的不足，以期达到拍摄单位或上级领导的要求。若是发生多方意见冲突，制片人则要多方走动，调和他们之间的矛盾，根据他们的矛盾焦点进行协调，抓大放小，以期能够获得最好的效果。

同时，不管事先的准备有多么充分，拍摄现场都有可能会出现意想不到的情况，严重时甚至会延误整个拍摄进程。因此，有经验的编导往往要事先评估一些可能遇到的不利因素，并准备好应对的方法，比如准备应急拍摄预案等。即使发生意外情况，也不会因为事先没有准备而影响拍摄。

6. 确定拍摄稿本

拍摄计划确定后,应当根据具体安排细化拍摄大纲,对初步的文字稿本进行影视语言的再创造,设计画面,形成详细、可供摄录的拍摄稿本(又称分镜头稿本),便于电视专题片的拍摄及制作人员更为准确地理解创作意图、内容和意义。

一般来讲,一份较完整的分镜头脚本格式及各要素内容大致如下。

镜号	机号	景别	技巧	时间	画面内容	解说(同期声)	音响	音乐	备注

(1)镜号:每个镜头按顺序的编号。

(2)机号:拍摄的摄像机的编号。

(3)景别:一般分为远景、全景、中景、近景、特写等。

(4)技巧:指镜头的运用,如推、拉、摇、移、跟等;镜头的组合,如淡出淡入、切换、叠化等。

(5)时间:每个镜头拍摄的起、止时间或长度。

(6)画面内容:详细写出画面场景的内容与变化、画面的简单构图等。

(7)解说(同期声):与分镜头画面内容相对应的解说词,时间长度应该与画面时间长度一致,如果有采访,应在对应画面中打出有关采访对象姓名、职务及身份的字幕。

(8)音响:用来创造画面身临其境的真实感,如现场的环境声、雨声、动物叫声等。

(9)音乐:使用什么音乐,此处应注意标明起始位置。

(10)备注:其他需要注意或说明的内容。

通过确定分镜头脚本,将拍摄内容加工成一个个具体形象的、可供拍摄的画面,并按总的创作意图,将镜头的内容、组接方式、技术特点和摄制要求等一一在稿本上用文字或图形体现出来。通过这样严谨细致的准备,在实际拍摄中才会更为顺利、高效。

二、专题片主要拍摄技巧[①]

相较而言,电视纪录片更注重纪实性,有时为了突显其真实性,并不会太过刻意强调画面的美感。电视专题片则不然。专题片的主题往往宏观抽象,显得有些枯燥,所以电视专题片的制作就要格外注重运用画面来提升艺术内涵,其拍摄过程比较讲究技巧的运用。

---

① 此内容可与本书第二部分第八章电视纪录片的拍摄相结合学习。

1. 如何让镜头更加平稳

电视纪录片往往需要运用隐性采访的方式来获得重要的信息，所以在拍摄纪录片时会出现镜头摇晃的情况，这样反而能增添画面的真实感。而电视专题片的采访往往是在制作方与被拍摄方共同协商的情况下进行的，几乎不会运用隐形采访，所以往往讲究画面的平稳性。除了特殊情况，专题片的镜头必须平稳，不要为了刻意营造真实感而故意矫情地摇晃镜头，平稳的画面可以让观众遗忘摄像机的存在。

利用摄像摇臂、轨道车、稳定器、减振器和升降机等设备进行架上摄像，可以使画面稳定，运动平顺，转换有度，可以比较从容地进行精致的画面构图，比较适合营造一种静谧、大度、凝重的氛围。但生活中充满了变数，发生紧急情况时，很多镜头是无法架上摄像的，而且有时会因为使用摄影架而错过很多好镜头。那么，不用摄影架，怎样才能拍到平稳的镜头呢？

（1）尽量用支撑物。支撑物可以是地面、桌子、凳子、窗面、大石头等，拍摄时可把摄像机全部架在支撑物上，也可把摄像机的一部分架在支撑物上，另一部分用手支撑或控制。在拍摄中，摄像师要注意采取就近原则快速找好支撑物，同时选择合适的拍摄角度。

（2）尽量用肩、腰、大腿、膝盖等身体部位。在无法找到合适的支撑物时，摄像师可以坐着把摄像机架在大腿上，也可以双腿下蹲或单腿下蹲，把摄像机架在膝盖上。这两种方法拍出的画面都很平稳，用广角镜头时完全能达到三脚架的效果。另外，还可以把摄像机抱在怀里，或抵着腰部、胸部、腿部进行拍摄，但要注意摄像机一定要紧紧靠着身体。利用身体支撑拍摄是一种很实用的拍摄方法，它不仅平稳，而且视角独特，但拍时要注意屏气，或者尽量使呼吸平稳。

另外，拍摄时要注意与拍摄对象的步调一致，注意用广角镜头紧紧抓住主体，不要离主体太远，这样拍摄的镜头也是相对平稳的。走路时的跟拍镜头，可把摄像机拿在手上进行拍摄，手越垂直拍出的画面越平稳。

2. 如何让画面更具美感

专题片讲究画面语言的精美流畅，画面的美，不仅能给人视觉上的享受，也能给人情感上的共鸣。除了好的构图外，好的拍摄方位和角度也会对创造画面美有所帮助。匈牙利著名电影理论家巴拉兹就认为，"方位和角度足以改变影片中画面的性质：振奋人心或富于魅力，冷漠无情或充满幻想与浪漫主义的色彩。"[①]

（1）注意用仰拍、顶拍、俯拍和航拍等不常规拍摄方式。这些拍摄方式拍到的画面都很有视觉冲击，如从地面上仰拍阳光下飘动的衣服，从楼上俯拍楼下聊天的老人们，站着顶拍老人干活的双手。仰拍还能简化背景，突出主体，使被拍摄主体有着宏伟、崇高、积极向上的形象。

---

① （匈牙利）贝拉·巴拉兹. 何力译. 电影美学. 北京：中国电影出版社，1958：59

（2）注意运用光线的造型效果，多用侧光、侧逆光、逆光及轮廓光拍摄。这些光线下拍摄的景物和人物，往往具有很美的独特造型。不过，摄像师在拍摄时要有耐心，因为一个合适的光照角度，有时需要等几个小时，甚至几天、几十天。

值得一提的是逆光造型，它能使拍摄画面的明暗影调出现较大的变化，距离镜头较近的景物，色调偏暖、偏浓，而距离镜头较远的景物，色调偏冷、偏浅，有利于勾画被拍摄对象的轮廓形态和表现物体的数量，画面的立体感、空间感也随之产生。如拍摄身上沾满水迹的运动员时，逆光造型能使水珠产生边缘虚化和光线变化的效果，从而增强画面的艺术性。

（3）注意采用广角摄像与微距摄像等拍摄方法。广角拍摄能够在较短的拍摄距离内拍摄到较大面积的景物，并能使被拍摄对象的前后景物在画面上都清晰可见，能够表现出画面的空间纵深感；微距拍摄能够放大微观的世界，适用于表现被拍摄对象的具体细节，能将普通的场景拍成戏剧性的场面，并有虚化背景的作用。无论是广角拍摄还是微距拍摄，其所得到的画面与日常生活中人类视线所观察到的场景都是有差别的，因而更具新意和美感，有较强的视觉冲击力。

3. 如何让成像效果更趋近真实

从摄像角度来说，肉眼观察的效果和成像效果之间存在着差异，很多电视工作者为此感到苦恼。比如拍一个春天的场景，在现场，只见春花烂漫、争相怒放，整个春天的气息非常浓郁，但镜头所表现出来的效果却始终不力。为什么会产生这种差异呢？

首先，现实场景与拍摄者呈环绕关系，拍摄者有"不识庐山真面目，只缘身在此山中"之感；而镜头与受众呈对面关系，始终有一种对立、隔离感，因此效果差异非常大。其次，在现实中的人们常会感到视野是无限的，而镜头里的框架感很强烈，视野是有限的。此外，现实中所看到的画面是以时间为线索的一种浑然天成的长镜头，而电视镜头的基本特点是组接性、运动性。这些因素就产生了肉眼效果和成像效果的根本差异。那么怎样尽量使肉眼成像和镜头成像效果更为趋近呢？以下方法可以提供帮助：

（1）在实际拍摄中，镜头尽量趋近被拍摄物体。长镜头的运用更丰富一点，时空感更为自然、真实，能相对弥补一些镜头取像与现实物像之间的差异。

（2）注意用长焦拍摄。长焦拍摄的景物，景深小，虚实相间，画面很美，而长焦拍摄的生活流程，不仅能突出主体，而且有一种流动的美感，感觉上更逼真。

4. 如何进行逆光拍摄

逆光拍摄是指被拍物体的背后有光源或背景比较明亮时的拍摄。大体而言，摄像机拍摄的基本条件是顺光，逆光拍摄一直是拍摄中的大忌，在逆光的时候，被拍摄的物体会显得比较暗淡，容易形成阴影。但在许多情况下摄像师不得不在逆光条件下进行拍摄。当遇到不得不进行逆光拍摄的情况时，可以使用逆光补偿功能来进行拍摄。

随着技术的进步，目前的摄影机一般都有逆光补偿功能，利用逆光补偿技术可以使拍摄主体由逆光补偿而变亮。值得注意的是，手动调整曝光时，逆光按键是不能起作用的。如果机器没有逆光补偿功能，那在进行逆光拍摄时，也可以打开手动调整光圈的功能，适当地提高曝光值，也能达到同样的效果。

5．如何进行航拍

随着电视制作技术的进步，航拍在电视专题片中的应用越来越广泛。航拍借助于直升机、动力伞、飞艇和热气球等飞行器，通过独特的空中视角对地面的景物进行多点拍摄，为观众提供了一个广阔的视角，给观众带来强大的视觉冲击力。很多城市的形象宣传片就经常使用航拍的手法，展现整座城市的全景与面貌。

进行航拍时首先要检查延伸板等附加部件是否牢固，由于空中的拍摄难度较高，摄像师要事前跟飞行员做好沟通，将飞行路线、拍摄范围、拍摄顺序等方面的要求传达给飞行员。在航拍过程中，摄像师要找好支点或依靠，以便保持画面的平稳。

6．如何进行夜景拍摄

为了能更好地展现主题，电视专题片摄制时常会涉及到夜景拍摄。在正常夜景拍摄中，光线较暗，由于设备的技术局限，拍摄效果往往与白天差距很大。因此，进行夜景拍摄时，要尽量选择在光线条件比较均匀的场景，在拍摄主体接受适当照明之外，使周边环境因人工光线照明而呈现出一定的亮度与层次。

进行夜景拍摄时要注意：为保证画面的稳定，最好使用三角架固定摄像机；光线条件不佳的情况下自动调焦镜头容易出错，最好采用手动方式调焦，曝光时间要适当延长；拍摄过程中尽量少用推、拉、摇、移等运动镜头，以免杂乱眩光进入镜头，造成主体忽明忽暗；为了达到某种特殊的艺术效果，有时也可以考虑添加各种滤光镜，尽量避免使用自动白平衡，以免影响灯光原有的色彩。

在光线十分昏暗甚至一片漆黑的情况下，可利用红外线技术（夜视功能）进行拍摄。红外线拍摄一般距离主题3～5米远处。不过，由于红外线拍摄无法实现色彩的还原，因此应该尽量避免使用这种功能。

7．如何进行领导出镜的拍摄

许多专题片都会遇到对领导者出镜的安排问题，怎么安排领导者的出镜是一门很大的学问。

（1）拍摄领导讲话的基本准备工作。首先是领导形象、时间安排的准备工作。应考虑到领导的精神状态，使其保持最佳状态上镜。观众喜看的领导形象，不能只是正式的形象，还要有非正式化的形象，要有生活化的一面。如理论文献片《邓小平》中便有很多邓小平日常生活细节的镜头。其次是讲稿的准备。领导讲话基本上都有讲稿，不是凭空乱说。因为领导的正式发言是集体意识的呈现，对于这种讲话稿，拍摄方要和对方秘书沟通，精心撰写讲话稿的同时要做到简洁明了，方便领导背诵。拍摄时可以把讲稿放在拍摄机前，用以提醒领导，行业语称作"提词"。"提词"的放置要与摄像机的位置相当，并与领导视线一致，保持平稳，不能让领导的视线发生飘移，这样才不至于产生破绽。

（2）在拍摄单个主要领导时，要充分运用各种动态构图法，突出表现领导的形象，不能呆板、没有活力。在拍摄过程中对领导要有足够时间的特写，以便在后期剪辑中有多个角度的镜头可供选择。在拍摄多个主要领导时，偶尔可以采用仰拍的方式，使人物形象更加高大，但仰拍不宜多用也不宜滥用；拍摄过程一般以平摄为主，可以用左右平移的方法。摄像师要根据领导的职务高低安排景别与时长等，重要领导一般使用特写镜头，拍摄时间较其他领导长一些，在给一个领导足够时间的特写后，将镜头匀速平移，如此类推。但镜头平移不能过快或者过慢，否则会破坏节奏的连贯性。拍摄时要尽量接近主要领导，这样才能避免无关人员遮蔽镜头，也要避免远距离拉动镜头导致拍摄画面摇晃走样。

三、专题片摄像的编辑意识

电视专题片摄像的编辑意识是指摄像师在具体的拍摄过程中把编辑思维贯穿于摄像创作的始终，它通过蒙太奇组接、画面细节挖掘以及镜头运动特性展现等方面的优化来实现，有利于后期剪辑制作工作简捷便利地进行，从而节省电视专题片的整个制作时间。

1. 拍摄前判断要准确，一个镜头尽量一次到位，拍摄的画面一定要平稳

下一个镜头的拍摄可适当转换景别或角度，单一景别或角度容易使画面单调、重复，也不便于编辑在后期剪辑过程中对素材的选择。不同景别都有自己的表现力。在选用景别时，要根据其内容的性质与要求，根据镜头的相互配合，来确定选取哪一种景别。拍摄的景别可按照特写→近景→中景→远景或远景→中景→近景→特写的顺序依次递推，以方便后面的编辑操作。

2. 按照蒙太奇组接的要求进行拍摄，强化镜头之间的内在联系

电视专题片的摄像要通过熟练掌握蒙太奇表述方法，实现镜头语言的有序连接。如对同一场合同一对象进行不同视角、不同画面重心的表述，应当遵循连续构成的组接方法进行拍摄，注意角度、机位和景别差异的鲜明性。而对同一场景不同对象则应当运用并列构成的方法进行拍摄，如拍摄地震灾害的专题片时，可以拍摄房屋倒塌、山体滑坡、人群飞奔疾走等这样一组特征鲜明的镜头。总之，摄像师要按镜头的组接规律，整体策划，分解拍摄，以保持镜头与镜头、场景与场景间的有机关联，体现彼此间的补充与照应。

3. 用心揣摩和捕捉具有生动细节的画面，让画面传神

本书第三章已讲过细节对专题片的重要性，电视专题片摄像应当增强拍摄细节的意识，更多地让画面自身说话，尽可能地给观众留下想象的空间。通过细节对人物或事物、事件进行具体形象的描绘和刻画，发挥电视非语言符号的诸多优点，从而充实画面内涵。

4. 按照电视画面语言的运动特性，尽可能使人与物活动的过程得以完整展现

运动是艺术表现的主题，每种艺术对运动的表现都有自己独特的手段。电视画面的运动是完整的运动，是对现实生活的改进与凝缩，它使影视艺术获得了独特的表现领域，使影视艺术能够真切地、声情并茂地再现生活艺术，因此它的画面构成应该是充满活力、动感十足的。一个好的摄像师应当善于把握画面自身富有的动感和活力，在被拍摄者自身运动的过程中，寻找动情点和闪光点。可以适当采用主观镜头来表现被拍摄主体在运动过程中的视觉及心理感受，在被拍摄物体无法运动时，合理采用运动镜头。

5. 有意识地运用"推、拉、摇、移、跟"等方法，通过不同的景别、方向、角度来展现被拍摄主体的运动形式

拍摄画面时，可以采取运动摄像机镜头如推、拉、摇、移、升、降、跟的拍摄手法，使画面产生符合具体要求的、流畅的运动形态。摄像师要特别注意捕捉被拍摄主体的细微变化与特有信息，通过人物的动作、神态、语言特征来表现和深化主题。

专题片的拍摄技巧还有很多，但不管用什么技巧，最重要的是摄像师必须要有很强的工作责任心，要有编导意识。专题片的每个画面、每个镜头都是客观的，摄像师一定要在每个镜头里都倾注自己的情感，这样才能使专题片更人格化，更为观众所接受。

第五章　电视专题片的后期制作

　　一部电视专题片要经过前期拍摄与后期制作才能完成，前期拍摄是基础，后期制作是升华。后期工作室是电视专题片已拍摄素材的熔炉，剪辑师在后期制作中起着非常重要的作用。剪辑怎样体现专题片的主题思想？如何协调和处理好画面、同期声、字幕、解说词等方面的关系？如何通过素材剪辑渲染气氛？这一系列的问题都要在后期制作中逐一解决。

第一节　电视专题片后期制作的主要流程

　　电视出现之初，后期制作一般采取线性剪辑，自20世纪90年代以来，随着高速处理器和数字技术的发展，使得计算机图形图像技术的应用范围逐渐渗透到广播电视的各个领域，非线性数字化编辑系统闪亮登台，线性剪辑逐渐退出电视片制作领域。通常情况下，人们把线性编辑称为传统剪辑，把非线性编辑称为数字化剪辑。电视专题片的后期制作也经历了从传统剪辑到数字化剪辑的转变。

　　所谓数字化后期制作，就是用数字的方式剪辑影片，通过数字化的资料，剪辑者可以在电脑上利用各种软件来编辑作品，单纯的镜头剪接、转场特效、多轨合成，甚至3D动画制作，都能利用日新月异的软件来完成。由于数字化剪辑带来相当多革命性的优点，让剪辑不需如传统般，非得从头一步步剪，而是可以任意剪辑已拍摄素材中的某一部分，这也是数字影片剪辑又称"非线性"剪辑的重要原因。目前，电视专题片的剪辑基本上都采用数字化的剪辑方式，总的来说，其剪辑流程包括下述步骤。

一、观看素材

　　在正式剪辑开始前，专题片的剪辑师首先要观看已拍摄的所有素材，带着问题去思索。在观看素材的阶段，剪辑师应该与编导多加沟通，以便明确编导的意图及专题片所要表达的主题。剪辑师的工作并不是简单地把素材串联起来，而是要在观看素材时揣摩采用哪种方式来体现编导意图，并将之记录下来。

二、纸上预编

　　这个阶段又可以称之为笔头编辑，即根据素材记录，分析每个镜头，基本确定编辑的顺序。在观看完素材之后，剪辑师不要急于马上动手进行剪辑工作。一个好的剪辑师应当先整理一下所观看的拍摄素材，根据内容表达的需要和编导的创作意图做一份剪辑提纲，然后再开始实际的剪辑工作。

三、正式编辑

进行正式编辑时，一般是按照预先设想的编辑顺序进行，其基本步骤如下：

1．初剪

初剪，也称为粗剪。剪辑师首先要把拍摄素材经过转磁后输入到电脑中，才能开始初剪。初剪阶段要注意"卡时间"，即按照预定的时间长度来进行剪辑。制作者将拍摄素材按照预编的顺序拼接起来，剪辑成一个没有视觉特效、解说、音乐、字幕等的版本。这个版本尽管粗略，却是在经过漫长的策略企划、创意构想和拍摄阶段之后的成果，为之后的编辑和操作打下了基础。

2．初审

电视专题片经过第一轮的粗剪之后，通常要提交上级领导或客户进行初审。初审是给上级领导或客户看粗剪形成的专题片雏形版本，这也是整个制作流程中上级领导或客户第一次看到制作的成果。这个环节虽然可以起到通过预先沟通协商，为后期的完善提供意见或建议的好处，但也具有一定的风险性。因为一部没有视觉特效和声音的专题片雏形，在总体水准上总是比完成片逊色很多，很容易令客户或上级领导感到不满，以至于提出一些难以应付的修改意见。所以，制作人有时候会宁愿麻烦一点，在添加特技和音效以后再给客户看片。

3．精剪

精剪也就是在初剪的基础上，综合客户或上级领导的意见进一步剪辑。其主要步骤如下：

（1）根据要求精确控制时间长度。一般来说，电视专题片需要精确控制时间长度，以适应播出的要求。除了同期声以及节奏与情绪的需要而留出的空白时间外，电视专题片往往通篇使用解说词。所以在编辑的时候，可以先按照播音的速度来卡解说词的字数。播音速度一般是每分钟180～220字。据此速度，解说词的字数则为每分钟200字左右。因此，一部20分钟长的专题片解说词的字数不得超过4000字。有时候为了精确起见，有经验的制作者会对解说词进行预先配音。经过预先配音后，制作者会对解说词的长度进行适当的调整，从而搭建起专题片基本的时间分配框架，以便剪辑工作的有效进行。

（2）声音的复合录制，即将同期声、解说、音乐三者的声音有机地结合在一起进行录制。由于解说词在专题片中起着非常重要的作用，所以专题片的剪辑模式往往是"循声填画",即根据解说词来选择画面,因此在电视专题片的精剪中往往先录音。混录工作中要注意音响设备的准确操作。例如,什么时间加入音乐或解说,同期声、解说、音乐三者的音量大小如何处理等。通常情况下,当三者同时出现时,解说首位,同期声次之,然后是音乐。

(3)加入特技、字幕等。粗剪形成的专题片雏形是一个没有特效、字幕等元素的版本,而这些元素对专题片的表现力来说起着非常重要的作用。特技可以制作出直接拍摄所无法得到的镜头,能使拍摄的画面产生更丰富的视觉效果;字幕是电视专题片不可或缺的组成部分,是对声音、图像的一种补充,它可以明确地传达出许多画面难以表述清楚的含义,比如,因为人物的口音或语种的原因,受众便很难听清或听懂,这时就需要用字幕来弥补。所以在精剪阶段,这些重要元素都要编辑进专题片。

(4)利用插入编辑,做局部修改。加入特技、字幕等元素之后,如果还有不恰当的画面,或者有些镜头的衔接不流畅,可以使用插入编辑功能,将不需要的画面替换掉。如某段谈话镜头太长,易使人厌烦,这就需要插入其他画面以调节观众的情绪。需要注意的是,插入编辑功能只能替换原有画面的长度,不能进行镜头的增删。

四、再审

通过精剪后的电视专题片并不能直接播出,还需要通过客户或上级领导的再次审查。初审是给客户或上级领导部门看没有视觉特效和声音的雏形版本,再审则是将融入了特技、解说词、旁白、音乐和字幕的完成片给客户或上级领导看。这时的完成片一般已经与最后播出的成品片比较接近。

五、修改及定稿

再审结束后,编导要根据客户或上级领导提出的问题,进行第二次修改。如果客户或领导没有反映重大的创作问题,那么编导的这次修改主要就是润饰完成片,以便让画面更加好看、更有效果。

这次修改结束后,编导还要跟客户或上级领导进行协调,以确定再审之后对影片的修改让客户或领导满意。若客户或领导方面未提出异议,专题片便可以定稿。至此,一部完整的专题片就制作完成了。

六、播出审批

值得注意的是,特殊电视专题片在经过拍摄审批及编辑制作完成后,还必须要经过播出审批，才能真正与观众见面。1999年1月1日发布并生效的《关于制作播出理论、文献电视专题片的暂行规定的实施办法》第十条规定："经国家广播电影电视总局审定的理论、文献专题片（含电影纪录片），由总局颁发'理论、文献专题片播出（放映）许可证'。没有播出（放映）许可证的理论、文献专题片和电影纪录片，一律不得播出和放映。"大型历史文献片《西南联大启示录》就是因为没有获得播出审批而被管理部门出文暂停播出，待该片修改并经国家广电总局审查批准后再行播出。

《西南联大启示录》视频截图

图片来源于 http://www.chinanews.com.cn

第二节 电视专题片的剪辑技巧

剪辑是选择的艺术，是有的放矢地去选择特定环境中的典型人物与典型事件，选择富有形象化的语言、故事的艺术。剪辑工作的实质是导演视听构思的最后完成。电视专题片的剪辑就是将已经拍摄的图像与声音素材进行分解与组合，经过选择、取舍、分解与组接，最终完成一个连贯流畅、含义明确、主题鲜明并有艺术感染力的作品。它是对拍摄的一次再创造。电视专题片强调声画给人的美感，所以在后期剪辑制作时非常强调剪辑技巧的运用。

一、电视专题片多采用表现性剪辑

一般来说，影视作品的剪辑性质可以分为两种：再现性剪辑和表现性剪辑。再现性剪辑重在客观事实的陈述，主要功能是写实；表现性剪辑则更注重创作者主观情感的抒发，主要功能是写意。再现性剪辑一般用来叙述某一事实的发展经过，把若干叙述性镜头按事物发展的逻辑顺序排列，以达到把事物说清楚的目的。而表现性剪辑则多用来描绘某种情绪、气氛或形象。表现性剪辑既要保证镜头与镜头组接的自然、连贯、流畅，又要突出镜头内在涵义的表现性效果。

电视纪录片的拍摄多采用长镜头，且尽量保证镜头的完整性，目的在于力求真实可信，所以其剪辑性质属于再现性剪辑。而电视专题片很大程度上是以声音为主体、以解说词为主线，与画面形成一种"声画并位"的关系，所以其画面切换的节奏较快、频率较高。再者，电视专题片的本质是"代人立言"，其"主题先行"的特点容易使观众产生抗拒心理。如何展现内在逻辑，引导观众思考并接受创作者的预设观点，是剪辑是必须面对的问题。为了凸显主题，通常情况下，电视专题片的制作者不按照事件的发展顺序来组织声画素材，而是按镜头内在的逻辑把某些看似本不相干的镜头组接在一起，营造一种氛围，酝酿一种情绪，创造节奏和情节悬念，乃至表达一种立场、思想，带有强烈的主观劝服性。因此，电视专题片多采用表现性剪辑。

电视专题片《西藏的诱惑》就是运用表现性剪辑的典型代表作品。如片中介绍女作家龚巧明时，制作者运用了一张龚巧明端庄肃穆的黑白照片；当龚巧明为了西藏而失去生命时，制作者依然运用了同样的照片，但却将这张照片渲染成了红色，以表现女作家对西藏的无限热爱。在表现西藏沐浴节少女沐浴的场景时，河水的色彩随着歌词的变化而变化：歌中唱到"忏悔是心灵的洗浴"时河水变成黄色，唱到"省悟是血肉的再生"时河水变成了蓝色，内容、色彩、情感很好地融为一体，为整部专题片增添了丰富的意蕴。

再现与表现双重功能的辩证统一，是剪辑艺术技巧运用于影视创作的总则。电视专题片多采用表现性剪辑，但并不意味着它就拒绝必要的再现性剪辑。其实，各种剪辑方式的区分不可能是截然分明的，在实际剪辑中，不应该人为地拒绝什么，比如，影像本身固有的具体指向性，使得表现性剪辑处理的段落就不可能不含有一点叙事信息。因此，这就要求剪辑师既要讲技法，又不能受传统技法的约束；既要讲章法，又要勇于突破章法；从实际出发，潇洒自如，才能长葆创新活力。

二、电视专题片剪辑的常用手法

电视专题片的剪辑经过几十年的发展历程，形成了自己独特的风格和特有的规则。随着时代的迅速发展，电视专题片也适应不断变化的发展和要求，以新的技巧和手法展示时代，展示社会，展示人类。作为电视专题片常用的剪辑方式——表现性剪辑的手法也日益丰富起来，归纳起来主要有如下几类：

1. 隐喻法

隐喻法是指通过类比揭示事物之间的联系，往往将具有类似特征的画面加以并列，充分运用视觉形象来喻示所要表达的思想，引发观众联想，增强作品的情绪感染力和形象表现力，使专题片生动而富有哲理。

如《开国大典》中就以黄河汹涌澎湃的气势来喻示中国革命势不可挡。

2. 对比法

对比法是将一些对比性较强的镜头或画面进行并列，制造出一定意义上的抵触或冲突，以此紧紧抓住观众的注意力，使他们产生某种对比联想。

如电视专题片《巾帼风流》的开头就运用表现性剪辑展现了两组充满写意性的画面：一组是白桦林和红纱巾，象征着现代女性的妩媚与风流；另一组是石磨与老妇人，则喻示着传统中国女性的命运。正是在这样一系列的对比中，使现代中国女性与传统中国女性的差别得以彰显，从而艺术化地传达出专题片的主题。

3. 累积法

累积法是把代表一定寓意的镜头、场面在适当的时候累积出现，构成强调，给观众留下深刻印象。

如北京申奥片、上海申博片中都大量采用了不同人的"微笑"画面，集中展现了北京人、上海人"笑"迎各方宾客的情怀。

4. 交叉法

交叉法是通过画面和场景的灵活切换，使多条事件线索得以交替表现。

如刘郎的《西藏的诱惑》就运用这种方法，将摄影家孙振华、作家龚巧明、画家韩书立及日本画家平山郁夫游历西藏的场景交叉展现。同时，西藏大自然的景观、宗教艺术的美、藏人的精神及其古老的传奇等也穿插其间，使得西藏的魅力得以多角度地展现在观众面前。

三、电视专题片剪辑的转场技巧

尽管经过创作构思和分镜头摄录，但电视专题片的生动性效果，最终还有赖于剪辑能否控制关键镜头的安排，其场景的转化也多注重技巧的运用。在电视专题片的表现性剪辑中，常用的转场技巧主要有以下几种：

1. 特技转场

运用电子特技生成的技巧性画面来实现画面的转场。现代电子技术的发展为镜头间的组接提供了越来越多的特技视觉效果，包括暗转、定格、多画面、叠化等方式。

2. 情绪转场

利用情绪渲染的延续性作转场处理。当人物的情绪渲染达到饱和点，观众沉浸在激情的感染中时，借助情绪的贯穿性来转换场面，紧凑而不露痕迹，起到承上启下、一气呵成的作用。

3. 空镜头转场

当电视专题片蕴含的情绪发展到高潮以后，为了使观众能够更好地回味作品的情节和意韵，稍稍缓和一下他们的情绪，这时可以适当穿插长度合适的空镜头。

4. 多画屏转场

通过多画屏技巧，即将单个屏幕分成多个板块，巧妙地将前一个场景与后面的场景同时呈现在屏幕上进行转场。

除此之外，电视专题片剪辑过程中运用的转场技巧还有特写转场、运势转场、声音转场等，这些技巧都是为了保证画面组接的连贯流畅。值得注意的是，剪辑并没有成规，没有"放之四海而皆准"的剪辑标准，一般来说，剪辑都是以模拟观众接受习惯的视听效应为基础，根据创作者不同的意图有不同程度的偏重。这就需要电视专题片的制作者们在实际操作中灵活运用。

第三节 后期制作过程中要注意的问题

电视专题片的剪辑属表现性剪辑，其后期制作讲求精致华美，所以电视专题片的后期制作相对电视纪录片的后期制作要更为复杂，有很多地方值得注意。

一、把握编导的意图，精选画面

俗话说："磨刀不误砍柴工。"一个好的专题片剪辑师必须要有与编导良好沟通的能力。不理解编导的意图，就无法驾驭素材，无法最大限度地发挥剪辑师的作用。

由于制作流程的限制，电视专题片的后期编辑者通常只有在编导完成稿本撰写、前期拍摄，甚至解说配音后才能进行编辑工作。有时编导将大部分时间花在了前期工作上，而留给后期剪辑的时间比较有限，这时就需要剪辑师的快速能动反应。在前期拍摄阶段，剪辑师可以先与编导沟通；而在采集配音或素材上载阶段，剪辑师就可以抓紧时间熟悉素材，更好地领会专题片的主要内容、主题思想以及编导对片子的构思。

剪辑技术是一项复杂而又带有灵性的艺术。剪辑师要根据编导的意图有的放矢地去选择特定环境中的典型人物与典型事件，选择富有形象化的语言、故事，从典型化的采访个体中去感受具有普遍意义的群体，表达编导的创作意图。这不是一朝一夕可以练就的，而是需要剪辑师在日积月累的剪辑工作中认真体会出来的。

二、发挥剪辑空间，形成个人特色

苏联著名导演安德烈·康查洛夫斯基（Andrei Koncha lovsky）曾经这样形容过剪辑创作：当那些分散在各个镜头中的力量汇入统一的轨道时，就会激起冲天的波浪，这是艺术家内心激情的凝聚，就像散乱的彩色碎片，它们在瞬息之间会在万花筒般的剪辑台上汇成斑斓的图案。这个比喻非常形象贴切地说明了剪辑的重要性。很多人都觉得：剪辑师只是编导的手，或者说是"键盘操作工"，编导的思想左右着手的操作。其实不然，电视专题片的表现性剪辑很能体现后期编辑工作者的个人特色。剪辑，不是把一个个镜头简单地连接起来，它不仅是一种技术手段的处理，更是一种思维、一种艺术创作。

在专题片拍摄前，编导对片子有一个整体把握，但只停留在构思和纸面上，拍摄的素材就是一些散乱的碎片，只有在实际剪辑中，编导的构思才能具体地体现出来。剪辑师在面对拍摄好的素材时，如何修剪组合，一个镜头用多长，如何衔接，不是由编导说了算那么简单。比如，抒情的长镜头剪辑，看似简单，但其中的情绪和氛围表达全靠剪辑师的功力，靠对感觉的微妙判断，差别一秒，效果都不一样。这些都给后期剪辑者提供了很大的艺术发挥空间，同时也考验着剪辑师的镜头感觉，所以剪辑师要起到后期编导的作用，剪辑创作应有个人的风格与特色。

三、真实性与艺术性的双重原则

专题片中强调的"纪录"是对客观事物的真实记录，它强调的"表现"是对客观事物的艺术再现。所以在电视专题片的后期制作中，制作者要把握好真实性与艺术性的双重原则。

专题片的真实性是以客观存在为依据，强调所记录的人物、事件、地点都必须是真实存在着的或真实存在过的。专题片中报道的事实和观点都必须是经过深入的采访、严格的调查取证之后形成的。因此，真实性是专题片的生命，编导在创作过程中不能任意拔高人物形象或胡编乱造故事情节，否则就失去了专题片存在的意义。

专题片的艺术性也是建立在真实、客观、准确地表现生活的基础之上的。艺术创作离不开想象，但是有人一提想象就觉得脱离了专题片创作中真实性的原则。这里所指的艺术创造，其实质是指考虑用什么样的方式更能表现出被拍摄对象的精气和韵味。编导可以借助不同的方式，为营造一种良好的意境、气氛，有意识地将被拍摄对象在不影响其真实性的前提下，重新加以提炼。

如电视专题片《邓小平》的序幕里，制作者用代表性画面概述了邓小平的生平业绩，当邓小平晚年在亲属的陪同下视察南方的画面出现时，编导加入了背景音乐——《春天的故事》，深沉委婉，拉近了伟人与百姓的距离，为作品营造出一种亲切温馨的基调。

总之，电视专题片要将事件的真实性与表现的艺术性结合起来，达到真实性与艺术性的统一。

四、恰当选用特技效果

特技是现代影视艺术中的一种表现形式，如果运用得当，独具匠心，无疑可以激发观众的欣赏兴趣，增强观众的记忆。

在制作专题片时，特技效果的选用要特别慎重，宁缺毋滥。特技效果如果运用得当，可以使观众对影片的理解和记忆有所加深。但特技的应用必须建立在现实生活经验的基础之上，是合乎情理的塑造，不能随意发挥，不能为了追求特技效果而使用特技，否则，特技镜头就会成为一个个孤立的视觉元素，产生的效果事倍功半，观众也难以接受。

电视专题片特技的使用应遵循以下原则：可用可不用的坚决不用；效果相同，其他剪辑手段能表现时，坚决不用；过渡特技非特殊情况尽量控制在三种以内；可用简单特技说明问题的，坚决不用复杂的特技效果。有的剪辑师在制作时，唯恐哪个特技没用上，殊不知滥用特技效果，不按片子的需要，只图花哨，没有经过深思熟虑就随意加上特技，其结果只会降低片子本身的特色，观众也会觉得凌乱，从而对片子产生不信任感。另一方面，采用 3D 动画等特技耗资比较大，一秒钟就可能耗资达千元甚至上万元，滥用特技会使制作成本大大增加，影响其他部分的资金运作，从而影响片子的顺利产出。

五、档案、资料的使用

资料镜头是专题片中的关键和重要组成部分，编导要不遗余力地去收集相关的历史资料片，借以提高专题片的真实可信度。专题片到后期制作时，要积累足量的相关影像资料、照片、实物、文字等，建立影像资料库，充分利用历史实物加以阐释，使片子更具有说服力和史料价值。

1999年全国获奖作品《亲历——国歌奏响》中,毛泽东主持政协讨论国歌的画面,即是电影资料。《新中国》中,介绍苏共中央政治局委员米高扬来到西柏坡,用的就是其与毛泽东合影的照片;在追述旧民主主义革命时,用了一段孙中山先生阐述"三民主义"的录音,虽然是几十年前的声音,但由于同时对孙中山的照片、当时的报纸等进行了特技处理,仍使观众如临其境。理论文献片《邓小平》因为原始素材中录像机没有录到声音,后期编辑时,制作方特意找到同一次实地采访的电台记者,用他们录下来的声音,运用声画对位的方式编辑起来。片中,邓小平性格的呈现,就是由这些资料片段建构完成的,如撒切尔夫人访华,邓小平关于吸烟的议论;深圳之行,他关于特区问题的发言等,通过各种特技处理,使一位世纪伟人的形象跃然屏幕之上。

在使用档案、资料时,要注意知识产权的问题,不要使用有明显知识产权侵权的资料。当缺乏重要资料而片中必须取用时,可以采取手绘后再拍摄的方法。

六、重视字幕的妙用

字幕在电视专题片的众多表现元素中往往容易让人忽略。其实,对于电视专题片来说,字幕是形象建构的一个重要方面。字幕的恰当运用,可以有力地烘托专题片的主题。

字体是体现专题片风格样式的最直接的表现形式,这一点要引起编导们的重视。字幕可以根据专题片的题材、内容、风格样式来确定所要表现的字体。隶书、魏碑、仿宋显得庄重、严肃,有一种凝聚力,能提高专题片的思想性;行书、楷书是流线型字体,给人一种流畅、明快的感觉;变格式的美术黑、白字体,以粗犷的线条,给观众造成一种惊险、紧张、激烈的情绪,能紧紧地抓住观众注意力,使片子更加吸引人。可见,不同体裁、不同风格样式的专题片应用不同的字体来表示,这样不仅可以避免千篇一律,而且可以展示作品独有的风格与特色。

在专题片中,字幕的颜色不但能给人们一种视觉上的色彩印象,同时,也能直接反映专题片的内涵与意韵。如红色给人热烈奔放之感,黄色给人阳光喜悦之感,白色给人朴素简洁之感,蓝色给人和平静谧之感,绿色给人充满生机与希望之感,黑色则给人神秘肃穆之感。字幕的色彩选择要根据专题片的内容来定,特别是片名的字幕:表现活跃、庄重气氛的片子,可选择暖色调字幕;而表现沉静、严肃气氛的片子,可选用冷色调字幕。而说明性的压底字幕以白色为最佳,因为相较而言,白色有时尽管稍微显得有些单调,但它与其他背景色的协调度最高。

此外,从电视屏幕的字幕色彩效果来看,常会出现一些问题,如颜色扩散,即跑色现象,使得边缘轮廓不清。有的则由于键控使字幕的颜色被吃掉,造成颜色的缺损。为使字幕突出,字迹清楚,除了认真调试机器设备外,还可为字幕镶一个其他颜色的轮廓边，如黑色边或白色边，更便于观众观看。

　　字幕的颜色还可以表达某种隐含意义、突出某种心理暗示，在专题片制作时要从细节出发，考虑不同年龄与文化背景的受众的接受程度，根据文本背景分析配色规则，以达到最好的艺术效果。

练习题

1. 简要分析严格意义上的电视专题片与电视纪录片的异同之处。
2. 电视专题片可分为哪些类型？
3. 摄制电视专题片有何价值？
4. 拍摄电视专题片的前期准备工作有哪些？
5. 何为电视专题片解说词的"平民化"与"故事化"？举例说明。
6. 简要介绍电视专题片的后期制作流程。
7. 策划一部特殊电视专题片，时长不限，提交详细策划书。
8. 策划一部3～5分钟的电视专题片，题材不限，形成分镜头脚本并提交节目成品。

主要参考文献

1. 高鑫．电视专题片创作．北京：中国广播电视出版社，1998
2. 朱羽君．中国应用电视学．北京：北京师范大学出版社，1993
3. 李佐丰．电视专题片声画语言结构．北京：北京广播学院出版社，1999
4. 陈晋．大型电视文献专题片使命解说本．上海：上海人民出版社，2001
5. 张子扬．专题片解说词荟萃．北京：作家出版社，1998
6. 张华．新形式新思路——大型专题片的选题策划中应重视的若干问题．现代传播，2001（2）
7. 丁沂．追寻民间的文化记忆——从《徽州》看区域文化专题片走向．电视研究，2004（11）
8. 张亚敏．电视新闻专题片的艺术化表现．中国广播电视学刊，1993（2）
9. 张松华．对电视专题片创作的再认识．中国广播电视学刊，2004（9）
10. 谢忠波．专题片创作趋势谈．中国广播电视学刊，2004（8）
11. 信欣．试谈电视新闻播音和专题片配音．中国广播电视学刊，2001（2）
12. 马琪．浅议电视科技专题片的创作．中国广播电视学刊，2000（12）
13. 潘娟芳．谈电视专题片的剪辑．电视研究，2001（9）
14. 孙鸿翔．电视专题片同期声运用"二要"．视听界，2005（1）
15. 李柯．专题片解说词的写作门道．新闻前哨，2000（7）
16. 李曼丽，汪帆．刍议电视文艺专题片的审美追求．当代电视，2003（9）
17. 陈文彩，李泳．细节在电视专题片中的魅力．理论观察，2003（3）
18. 卢春光．纪录是真实的回归——纪实性专题片的创作．记者摇篮，2009（3）
19. 刘景峰，李美鸿．电视专题片制作讲"六要"．新闻传播，2005（5）

20. 靳江红. 电视专题片中的音乐与音响. 新闻采编, 2006 (4)
21. 钟志聪. 电视专题片的节奏把握. 视听纵横, 2007 (2)
22. 邹亮, 罗涛. 如何写好电视新闻专题片解说词. 青年记者, 2009 (8)
23. 李强. 浅谈企业电视专题片的制作技巧. 大众文艺, 2008 (8)
24. 刘春. 高举专题片的手. 南方电视学刊, 2004 (5)
25. 王雪林. 静画面在专题片中的"点睛"作用. 记者摇篮, 2005 (11)
26. 薛磊, 史会青. 人物专题片的美学原则. 新闻传播, 2009 (7)
27. 刘海萍. 电视专题片也要包装. 青年记者, 2003 (3)
28. 田华文. 浅析电视专题片的听觉元素. 中国有线电视, 2004 (16)
29. 邵丽君. 电视专题片解说艺术. 新闻采编, 2006 (2)
30. 吴镝. 如何挖掘电视专题片的细节. 记者摇篮, 2009 (3)
31. 华平. 谈谈解说词在专题片中的位置. 电视研究, 2000 (6)
32. 张帆. 纪实性手法在电视专题片中的运用. 新闻爱好者, 2005 (4)
33. 张书省. 略论电视新闻专题片的主题定位. 新闻知识, 2005 (4)
34. 王石. 电视专题片的艺术品格. 当代电视, 1988 (8)
35. 郑琦. 电视专题片的意境与生命力. 新闻传播, 2009 (3)
36. 阮柳红. 因为有爱——大型文献纪录电影《情归周恩来》. 电视研究, 2008 (6)

TV SPECIAL PROGRAMMES AND THEME ACTIVITIES

第二部分　电视纪录片

- 第六章　电视纪录片简史
- 第七章　电视纪录片的类型、价值与策划
- 第八章　电视纪录片的拍摄
- 第九章　二度纪实纪录片的摄制

第六章　电视纪录片简史

纪录片自诞生起就与电影有着很深的渊源。如今，纪录片这个艺术种类已走过了近一个世纪，经历了岁月的淘洗和积淀，留下无数可资借鉴的经验。龚自珍说："出乎史，入乎道，预知大道，必先为史。"为了探寻电视纪录片的发展规律，加深对电视纪录片的认识，为今后的创作提供更多的参考，有必要将纪录片的发展史进行一番梳理。

当代历史学家黄仁宇先生的大历史观主张把视野放宽到历史的全过程，强调时间上前后纵向和空间上中西横向的观照和比较，受此启发，本章在电视纪录片发展历史的介绍中注重时空对比，以期获得更多的启示。

纪录片的发展脉络有两个鲜明的方向：首先，纪录片诞生于西方，其后逐渐发展至东方；其次，脱胎于电影母体的纪录片，随着电视的诞生，逐渐发展为电视纪录片。目前，电视纪录片已成为电视节目中最有品味、最具魅力、最能体现电视纪实艺术的片种之一。

第一节　国外纪录片简史

要谈电视纪录片的发展，就不得不首先梳理电影纪录片的发展脉络。电视纪录片与电影纪录片一脉相承，如果撇开电影纪录片来谈电视纪录片的发展，不仅阐述不清其发展脉络，更有数典忘祖之嫌。电影的诞生距今仅有 100 多年，其间，许多人都为电影的发明、发展做出过贡献，但幸运女神最终将无限的荣光降射到法国人卢米埃尔（Lumière）兄弟身上。有趣的是，卢米埃尔这个词在法语中的意思就是"光"。这乍听起来颇为玄秘，然而事实确实如此。

卢米埃尔兄弟照片

图片来源于 http://www.acgidd.com

一、纪录片前传

1895年12月28日,巴黎卡普辛大道14号大咖啡馆的印度厅内正式公映了由路易·卢米埃尔摄制的《工厂的大门》、《火车到站》、《婴儿的午餐》等12部实验性的影片,这些活动影像代表着纪录电影的开端。这些影片一出现,即刻风靡一时,它们的放映员兼摄影师还源源不断地送上几百部影片,其中不乏《俄国沙皇尼古拉二世加冕》、《那不勒斯王子在罗马的婚礼》、《麦金莱当选美国总统》等颇具历史价值的新闻纪录片。

《工厂的大门》视频截图

图片来源于 http://space.tv.cctv.com

《火车到站》视频截图

图片来源于 http://space.tv.cctv.com

《婴儿的午餐》视频截图

图片来源于 http://space.tv.cctv.com

第六章 电视纪录片简史

在卢米埃尔兄弟派往国外拍摄影片的摄影师中有两位值得一提，他们就是开创了纪录片两种截然不同拍摄手法的费利克斯·梅斯基奇和弗朗西斯·杜勃利埃。梅斯基奇擅长于在旅行中拍摄活生生的异域见闻，对物质现实进行实地摄录，这无疑为日后讲求客观纪实的纪录片的出现打下了基础。而杜勃利埃则在一部为掩饰自己的失职而拍摄的影片中，将一些与影片真正内容毫不相关的影像组接在一起，讲述了当时的一个热门新闻事件。这种制作方式，无疑对后来主张"对现实的创造性处理"的格里尔逊式纪录片产生了重大影响。

19世纪末，电影开始用于新闻题材的报道，英王亲临奥林匹克运动会开幕式、西班牙的斗牛、澳大利亚的竞走等新闻事件，都搬上了银幕，成为初期纪录电影的主要题材。但是这一阶段的纪录片仅仅是照相术的一种延伸，不能看作具有独立价值的纪录片作品。

二、纪录片正史

以1923年弗拉哈迪的杰作——《北方的纳努克》的公映为标志，纪录片真正成为与故事片相对的一大电影片种。为了更好地追溯国外纪录片的发展轨迹，阐述在各个不同时期纪录片的创作理念和特点，我们将1923年以来，纪录片80余年的发展历程分为4个阶段。

1. 纪录片的萌芽起步阶段（1923年—20世纪中叶）

这一时期的突出特征是出现了很多享誉世界的纪录片制作大师，其中有三位杰出的纪录片大师被冠以"纪录片之父"的美誉，他们是创作出第一部真正纪录片的罗伯特·弗拉哈迪（Robert·J·Flaherty）、第一位建构出纪录片拍摄理论的吉加·维尔托夫（Dziga Vertov）和为纪录片命名的约翰·格里尔逊（John Grierson）。

（1）弗拉哈迪与《北方的纳努克》

在卢米埃尔制造的影像刺激渐渐消退，原始表浅的纪录影片日暮途穷的时候，美国人弗拉哈迪为纪录影片指引出一种全新的美学观念——在创作上坚持扬美避丑，强调人类学记录与故事性原则。1923年，弗拉哈迪以一部《北方的纳努克》突破了原先纪录电影简单照相式地复制生活片断的模式，这部影片是一部具有人物、情节、字幕等要素，同时充满牧歌情调的、再现真实生活的纪录电影，它标志着纪录电影在艺术创作上进入了一个全新的发展阶段。

罗伯特·弗拉哈迪肖像

图片来源于 http://space.tv.cctv.com

《北方的纳努克》中纳努克一家的生活场景

图片来源于 http://www.dianyingchang.com

（2）维尔托夫与"电影眼睛"派

1923年，维尔托夫以"电影眼睛"派的名义发表了题为《电影眼睛：一场革命》的宣言，标志着纪录片史上"电影眼睛"学派的成立。摄影师们把摄影机的镜头看作电影的"眼睛"，认为"电影的眼睛"比人眼更完善，更具有分析力。1929年，维尔托夫拍摄了《带摄像机的人》，该片展示了摄像机在街上移动并捕捉生活的能力，甚至反过来展示摄像机自身。维尔托夫的推崇者将这种风格的影片和其主编的《电影真理报》联系起来，称作"真理电影"。但维尔托夫也因爱用特技而屡遭批评，然而各种各样的特技手法又时常给人留下深刻印象。维尔托夫对电影的原创观念直接影响了"真实电影"和"直接电影"的出现。

维尔托夫肖像

图片来源于 http://space.tv.cctv.com

《带摄像机的人》视频截图

图片来源于 http://www.cctv.com

（3）格里尔逊与"格里尔逊"式

如果说弗拉哈迪为纪录片进入主流文化贡献了聪明才智，那么将纪录片发展成为影响波及全世界的影片形式的，则是格里尔逊。格里尔逊创作了纪录片历史上很多佳作，并撰写过大量关于纪录电影的论文，培养了一大批电影工作者，开创了英国纪录电影学派。1926 年，格里尔逊首先使用 The creative treatment of activity 为纪录片命名，把纪录片创作定义为"对现实的创造性处理"，指纪录影片包含着创作主体对所反映的现实世界的社会倾向，在从现实

格里尔逊肖像

图片来源于 http://space.tv.cctv.com

生活中挖掘素材、提炼细节后，使用戏剧化的表现手法对现实生活事件进行"搬演"甚至"重构"。格里尔逊的代表作《漂网渔船》在公映后大获成功，成为英国纪录片的开山之作。他本人也顺理成章地成为英国纪录电影学派的领军人物。在他的倡导下，英国纪录片运动还产生了诸如《夜邮》、《锡兰之歌》等优秀纪录片。

《漂网渔船》视频截图

图片来源于 http://wiki.jxwmw.cn

《锡兰之歌》视频截图

图片来源于 http://wiki.jxwmw.cn

《夜邮》视频截图

图片来源于 http://static.chinavisual.com

在纪录电影不断发展的同时，电视纪录片也迈开了它稚嫩的脚步。20 世纪 40 年代末，出现了世界上最早的现场新闻报道式的电视纪录片。1951 年，世界上第一个定期播出的电视纪录片系列《现在就看》（See It Now）及后来的《海上的胜利》（Victory at Sea）出现后，电视纪录片才有了新的样式。

2．纪录片的拓展成长阶段（20 世纪六七十年代）

尽管在 20 世纪 20 年代就已经出现了有声电影，但为了实现声画同步的目标，拍摄者常需要携带一些笨重的设备，给拍摄带来诸多不便。在 20 世纪 60 年代前后，出现了轻便的 1/4 英寸盘式录音机和 16mm 摄影机、高感光度的电影底片、便携的灯光器材以及使摄像机和录音机保持同步的电影制作技术。随着摄影技术的进步，在 20 世纪 60 年代，纪录片领域产生了"直接电影"和"真实电影"两种不同的理论。

（1）直接电影

"直接电影"是 20 世纪 60 年代初美国纪录电影制作中一场独具风格的运动。"直接电影"是由美国人罗伯特·德鲁和理查德·利科克为骨干的摄影小组创立的。德鲁小组的开山之作《初选》（1960 年），宣告了一种新的电影思考方式的诞生。罗伯特·德鲁认为，电影应该记录生活的"本来模式"，而不是反映那些经过拍摄者修饰过的生活。[1]

这一流派后来又产生了人物传记片《不要回顾》（1966 年）、《蒙特莱·波普》（1968 年）、《推销员》（1969 年）等佳作。为了追求更大的客观性，"直接电影"主张摄影机永远只作旁观记录，它利用同期声、无画外解说和无操纵剪辑，忠实地呈现事件，使观众产生一种身临其境的感觉，这种"纯粹纪录"的方式又被称为"观察电影"。它要求观察者"手持摄影机处于紧张状态，等待非常事件的发生……事物的真实随时可以收入摄影机"。[2] 作为格里尔逊式纪录片的彻底颠覆者，"直接电影"

---

[1] 朱景和. 纪录片创作. 北京：中国人民大学出版社，2002：274

[2]（美）埃里克·巴尔诺. 世界纪录电影史. 北京：中国电影出版社，1992：245

似乎让人们触摸到了纪录片的真谛。但是，它在向世人展示不断逼近生活本质的客观纪实精神的同时，也渐渐把"纯客观"、"不介入"、绝对化、教条化形成一种模式，陷入"肤浅真实"的怪圈，鲜有佳作。另外，这类影片的主题选择十分有限，它在表现诸如历史与未来、探微与抽象等现实具体物象之外的题材时往往显得捉襟见肘。

（2）真实电影

"真实电影"学派的创立者是法国社会学者让·鲁什。他主张无搬演、无导演、无操纵剪辑，真实地纪录生活，认为"真理电影"不能消极地等待事态的发展，而应积极地利用一切机会，实现人和人之间的沟通。1960年，让·鲁什与艾德加·莫兰合拍了纪录片《夏日纪事》，并借用苏联"真理电影"的译词，将他们的影片副题命名为"真实电影的一次实验"。

让·鲁什肖像

图片来源于 http://www.1926cn.com

让·鲁什的"真实电影"又被称为"触媒电影"，他主张不回避摄影机的存在，而让它大胆地接触人群，促成媒介事件的发生。因此，拍摄者往往充当了事件策动者的角色，他们不惜抛头露面，常常公开参与到影片所涉及问题的讨论之中，而且不回避自己对事件的看法。

在这一时期，纪录片在创作体制上出现一些变化，大批独立纪录片制作公司如雨后春笋般涌现，纪录片的创作题材得以不断扩展。一些电视台开办了很多优秀的电视纪实栏目。1968年，世界历史上最为成功的电视纪录片《60分钟》由哥伦比亚公司制作推出，并以新闻杂志类栏目的形态开始播出，开创了调查式纪录片的先河，被社会学家们誉为"美国社会的一面镜子"，它还培养了麦克·华莱士等著名主持人。在此节目中，纪录片的内容和方法都融入了商业因素，被带到商业电视之中，并探索出一种适合媒介需求的新模式，它的每期节目都是由几个严肃和轻松的故事组成，以引人入胜的情节结构展现重大的社会问题，观众不仅目睹了一个个令人触目惊心的真实故事，而且积极参与其中，寻求解决之道。《60分钟》的模式很快被其他媒介机构所模仿，产生了诸如ABC的《20/20》等纪录片栏目。在CBS内部也设置了《48小时》和《西街57号》两个类似节目与之竞争。20世纪70年代中期，CBS著名节目主持人沃尔特·克朗凯特主持的《宇宙》、《20世纪》、《21世纪》、《历史的见证》等片则是大型纪录片的杰出代表作。

3. 纪录片的发展建构阶段（20世纪80年代—90年代中期）

20世纪80年代，美国出现了一种新纪录片类型——自省式纪录片。这种影片把评述者的议论夹杂在采访谈话之中，通过适当的画外解说与屏幕文字相结合，恰当地表达创作者的意图。由于这一时期美国电视界已经成功地培育出诸如沃尔特·克朗凯特、丹·拉瑟、彼得·詹宁斯等大牌主持人，他们以个人身份在片中串场，评古论今，颇具"舆论领袖"的感召力，所以这类影片又称作"个人追述式"。

另一方面，自省式纪录片的出现，也与强调自我表现的现实主义思潮有关。"真实电影"那种"主题的声音隐藏在向我们讲话的人物背后"的策略，乃至"主导的声音的削弱、减少都不同程度地存在"的倾向是现实主义者们所不能忍受的。

自省式（Self-reflexive）电影纪录片把评述和采访、导演的画外音与画面上的插入字幕综合在一起，从而明白无误地证明了纪录片过去总是限于再现，而不是向"现实"敞开的明亮窗户，导演向来只是目击者——参与者，是主动制造意义和电影化表述的人，而不是一个像在真实生活中那样中立的、无所不知的记者。目前的历史环境下，在可供选择的多种发展的风格中，自省式纪录片的明显可见的毛病要比直接解说式、"真实"式或采访式更少些。[①]自省式纪录片所推崇的"互动的主观"，打破了纪录片界一度曾形成的唯"客观纪实"为正统的模式独大的局面，丰富了纪录片创作的风格样式。

在20世纪80年代，从美国兴起的调查性纪录片模式开始为一些西方国家的电视机构效仿，出现在英、法、德、日等国家的电视屏幕上，颇受观众的青睐。一些大型纪录片不但展现宇宙世界、科学天地，而且放眼预测未来趋势。在表现手法上，这些大型纪录片采取纪实手法，用长镜头在现场跟踪拍摄，往往耗时三年五载。在某种程度上讲，大型电视纪录片的创作往往是电视机构的人力、物力、财力等综合实力和专业水准的反映。因为要推出大型纪录片，必须具备三个先决条件：重大题材、高手云集的创作班子和雄厚的资金。由于大型纪录片的制作周期长、耗资巨大、题材难以驾驭，电视机构大都对题材的选择持极为慎重的态度，未经充分的科学论证绝不轻易开机。总的说来，电视摄制技术出现以后，其简易和接受面宽广的优势得到极大彰显，进一步把纪录片的内容做了横向扩展和纵向延伸，甚至有业内人士认为，"电视业即便在最初几年对纪录片所作的贡献，就超过电影业60年的总和。"[②]

4．纪录片的多元成熟阶段（20世纪90年代末至今）

20世纪90年代末，美国学者林达·威廉姆斯高举起"新纪录电影"的大旗，大胆地扮演了传统纪录片恪守"非虚构性"这一信条的叛逆者的角色。他在《没有记忆的镜子——真实、历史与新纪录电影》一文中首次提出"新纪录电影"这一概念并对其进行了系统论述。他对传统纪录片的定义提出质疑，积极肯定已被"真实电影"和"直接电影"批评得体无完肤的搬演和虚构手法，主张创作者应当完成从一个中立旁观者向一个主动制造意义、主动参与电影化表述的角色过渡，借用一切手段和策略达到真实。

新纪录电影的出现有着深刻的时代背景：一方面，计算机成像技术（CGI）的发展使得历史复活、情景再现成为可能，从而大大拓展了纪录片的表现领域，使得以前很难涉足的历史事件成为新纪录电影的首选题材；另一方面，也与文化产品市场

[①]（加）比尔·尼柯尔斯．纪录片的人声．世界电影，1990（5）
[②] 李亦中．中国纪录片跨世纪三大演变．现代传播，2001（5）

全球化紧密相关，文化工业将纪录片纳入其庞大的商业机器中。在这种情况下，为探索更深层次的真实，试图通过虚构来揭示"生活是如何成为这样子的"的新纪录电影手法，很快就被商业所利用，发展成今天蔚为大观的"探索频道"式生产模式。

如果说"真实电影"重在对生活的展示，那么新纪录电影则偏重于对生活的思考。威廉姆斯认为，传统纪录片否定搬演和虚构，不但束缚了自己的手脚，也缺乏历史参照和深度，因为单纯的纪实只能记录"肤浅的真实"。他把新纪录电影的"虚构策略"称为"新虚构化"，这种"新虚构化"与弗拉哈迪时期采用搬演手法时的被动相比，显得更为积极主动。这一学派的实践者克洛德·莱兹曼在解读自己的影片《证词：犹太人大屠杀》（1985年）时曾自豪地宣称："通常所说的虚构，即电影工业中的专业人士和那些善于进行分类的专家所说的与'纪录片'相对的'故事片'的'虚构'，与我们纪录电影采取的'虚构'相比显得相形见绌。"[①]可见，新纪录电影的出现，是对弗拉哈迪的继承和赶超，更是对格里尔逊式的否定之否定，是纪录片创作历史的又一次观念轮回与超越。

第二节　中国电视纪录片简史

在国外纪录片如火如荼发展的同时，中国纪录片亦在蹒跚前进。从某种程度上来说，中国是一个非常适合拍纪录片的国家，因为这里不仅发生着一场又一场的重大变革，而且在这些变革中涌现了很多富有典型性、特征鲜明的真人真事，需要借助影视纪实的手法加以表现。中国纪录片从业者用真实成就纪录片，用信念支撑纪录片，透过时代变迁和历史积淀寻求着时间的重量，拍摄出中国社会的一个个特定缩影，留存中国近50年的真实，照亮被时代遗忘的细节。

一、中国电视纪录片前传

电影自1896年就漂洋过海来到中国。在国人观看了近10年的电影之后，1905年，中国最早的纪录影片《定军山》诞生，这部取材于《三国演义》的京剧名段，由北京丰泰照相馆老板任庆泰搬上银幕，由慈禧太后的御用京剧名角谭鑫培出演。

之后，中国纪录电影在很长一段时间内，都以政治和战争为主要题材。敏锐的知识分子拍下了震惊中外的辛亥革命和另

纪录影片《定军山》中谭鑫培的扮相

图片来源于 http://www.shijiejilu.org.cn

[①] 林少雄. 多元文化视域中的纪实影片. 上海：学林出版社，2003：284

两次革命的过程——《武汉战争》和《上海战争》，这是中国早期电影纪录片中最重要的两部作品。

1931年，"Documentary 纪录影片"作为一个专用名词进入由梁实秋主编的《实用英汉词典》。"九一八"事变拉开了中日战争的序幕，也开启了中国纪录片的"烽火时代"，一些电影公司在中国共产党和一些抗日团体的支持下，毅然派出摄制人员奔赴前线，这些影视摄制者以铁肩担起时代与国家之道义，冒着生命危险拍摄抗战纪录影片，从此，在相当长的时期内，战争成为这一时期中国纪录片的中心主题。

在抗战初期，中央电影摄影场作为国民党第一个官办的电视设置机构，也拍摄了多部反映国民党正面战场抗击日军侵略的纪录片，如《抗战实录》、《东战场》及《克服台儿庄》等。其中《东战场》纪录了国民党从南京撤退前在南京郊区的战斗情况及中国军队在江南一带的抗敌行为。

在抗战进入相持阶段之后，国民党中央宣传部发布了"战时电影、戏剧取材和作风"三项办法，用以限制抗战新闻纪录片的拍摄。然而，在国民党的严厉限制下，一些新闻电影工作者仍心怀正义，勇敢地用镜头纪录了共产党领导的抗日力量，拍摄出《西北线上》（后更名为《延安内貌》在香港公映）、《风雪太行》等一系列反映中国共产党领导抗日的新闻纪录片。

1949年3月5日至13日，尚未入城的中国共产党中央在河北省平山县西柏坡村召开七届二中全会，会议决定将全国的工作重心转向经济建设，中共纪录片的重点内容也相应转变——从以军事报道为主，转为军事、政治、经济、文化、人民生活以及国际交往和世界各国面貌介绍并重，重点反映国家经济恢复和发展的情况。[①]建国后，纪录片工作者拍摄了大量的反映新中国建设成就和人民生活的纪录影片，取得了很大的成就。

二、中国电视纪录片正史

中国纪录影片在经历了"影戏时代"、"科学和民主时代"和"烽火时代"之后，随着"大跃进"的锣鼓声声响起，中国第一个电视台——中央电视台的前身——北京电视台诞生，中国电视纪录片的历史帷幕正式拉开。

1. 中国电视纪录片创作的起步期（1958—1977年）

1958年5月1日，中国第一个电视台——北京电视台诞生。事实上，在北京电视台建立一开始就确立了"新闻是电视节目的重点"的原则，新闻纪录片作为纪录片母体的意义在中国尤为明显。成立当天，北京电视台就播出了一部广义上的纪录电影《到农村去》。同年，又播放了第一部电视纪录片《英雄的信阳人民》。当时的中国电视纪录片基本沿袭了电影纪录片的制作方法，注重纪录片的教化作用，画面、

[①] 方方. 中国纪录片发展史. 北京：中国戏剧出版社，2003：177

音乐都十分注重形式美和造型美，倚重解说词和蒙太奇剪接效果。作为一种新兴产物，它客观细致地纪录现实生活，初步展现了其独特的魅力。

由于这一时期电视技术尚处于初级阶段，电视屏幕上出现的纪录片依然是新闻纪录电影，但传播的载体由电视屏幕取代了电影银幕，播放的场地由单个家庭取代了电影院，可以说，中国电视纪录片脱胎于新闻纪录电影。从传播对象上讲，这一时期全国性的电视传输网络还不健全。到1975年年底，全国电视机的平均拥有率仅为每1600人一台，因此，电视作为当时的一种奢侈品，还远远称不上是一种大众传媒。纪录片的传播对象仅限于部分领导和有关学者。而后，随着纪录片观众的日益扩大，纪录片的作用和影响在当时已经不可同日而语。

这一时期，中国电视纪录片明显受国外纪录片模式的影响较大。由于宣传功能是这一时期中国纪录片的最主要目标和价值，格里尔逊的"画面+解说"的模式成为当时中国纪录片的主导甚至唯一的模式。但当时中国纪录片采用这样的一种模式并非是受格里尔逊的直接影响，而是一种为表现政治主题的自觉。真正影响中国纪录片的是政治上更为亲近的苏联纪录片，苏联纪录片的概述式的样式和形象化政论观念，都曾经成为中国纪录片创作的模子和指南。中国电视纪录片在起步阶段发挥了纪录片的客观记录优势和电视媒介的传播优势，为纪录片的繁荣和发展奠定了坚实的基础，还产生了《收租院》（1965年）等优秀纪录片，但也存在着明显的问题和缺陷，如由于技术局限和观念导致的声画剥离以及浓重的说教味。

总的来说，这一时期中国电视纪录片的题材面还十分狭窄，艺术形式和手法僵化、公式化、概念化以及形式主义的作风在创作中多有体现。尤其是特殊时期，在错误路线的指导下，题材选择受到限制。伴着随之而来的文化大革命，"高八度"的解说词，报喜不报忧的基本格调，精密周到的事先安排，使纪录片沦为政府的红头文件和高规格奖状。

2. 中国电视纪录片创作的初步发展期（1978—1992年）

1978年的"真理大讨论"之后，久遭压抑的中国人民终于蹒跚着迈出了摆脱政治迷信的步伐。此时，一个全国性的电视广播网络已初步建成，全国人口的电视覆盖率达到36%。另一方面，经过改革开放的洗礼，人民生活水平不断提高，电视走下了高高不可以企及的神坛走进千家万户，"电视热"已在全国蔓延。而中国纪录片创作也走进了一个新的发展阶段。与此同时，处于垄断地位的新闻纪录电影遭遇到了新的挑战。1978年9月30日，中央电视台开办节目《祖国各地》，开启了我国专门为纪录片开设节目的时代。20世纪80年代，中国电视纪录片的个性已经形成，不再依靠新闻片而存在，电视纪录片甚至成为一个电视台水平和审美取向的重要标志。

这一时期的纪录片创作观念出现了一些新的特点。"文化大革命"结束后，"解放思想，实事求是"成为新的主流观念，为电视纪录片创作理念的变革提供了很好的社会环境,同时,ENG技术革新也为纪录片从拍摄到创作观念带来新的发展契机。这一阶段的纪录片创作虽仍有主题先行的弊病,但所表现的主题已从完全的"帮政治"转向人文精神和民族精神。纪录片的镜头开始在普通人身上聚焦。

这一时期的电视纪录片创作形式也有了一些新的变化,主要表现为题材拓展、品类丰富和专栏涌现等三个特点。纪录片题材开拓出人文、历史、自然科学等新的创作领域,其中尤以山水风光和历史文化风貌为题材的纪录片为最盛;纪录片品类日趋丰富,不管从内容、手法,还是从篇幅大小上来说,这一阶段的电视纪录片都堪称品类繁多;栏目化播出是电视纪录片发展逐渐成熟的一大表征。这一时期,中国观众的电视屏幕上陆续出现了如《人民子弟兵》、《动物世界》、《地方台50分钟》、《神州风采》等纪录片栏目。

日本的纪录片创作方式对中国产生了较大的影响,中日通过合拍大型纪录片的国际合作模式,产生了《望长城》(日方播出的版本叫做《万里长城》)等优秀大型纪录片。在创作中,中方纪录片摄制人员获得了不少有关纪录片拍摄的新方法和新观念,促进了我国纪录片的发展。

3. 中国电视纪录片创作的兴盛期(1993—20世纪末)

随着1993年电视纪录片和专题片的分立、新的"制片人"承包制的正式实行以及《纪录片编辑室》、《生活空间》等纪录片栏目的开播,中国纪录片迎来了第二个发展高潮,在各方面都取得了巨大进步。1993年4月和11月关于中国电视专题片和纪录片的界定工作,使纪录片得以回归到自己的本体,名正言顺地追求与专题片截然不同的发展之道,进入一个梳理、规范和学理化的时期,成为当时社会的一门显学,呈现出欣欣向荣的气象,出现了《毛毛告状》、《重逢的日子》等优秀电视纪录片。

《毛毛告状》视频截图

图片来源于 http://bnu-documentary.blog.sohu.com

由于纪录片创作目标的分化,这一时期的纪录片创作出现了"下里巴人"式的大众文化纪录片和"阳春白雪"式的精英文化纪录片的分野。大众纪录片是指那些以纪录普通人的普通生活为主要表现主题的纪录片,在创作风格上力求纯朴自然,以《生活空间》、《纪录片编辑室》的系列作品为代表,以平民化为特征。而精英纪录片则是由一批知识分子式的电视人创作,他们往往带着深沉的人文关怀,寻找被主流文化遗忘的社会、艺术与人类学景观，发掘生活中被湮没的尊严与价值，并作出自己的思考。

这一时期的电视纪录片创作群体表现出明显的文化地域特征，出现了以京派、海派和西部创作群体为代表的三足鼎立之势。京派创作群体以中央电视台的孙增田、陈晓卿为典型代表。孙增田拍摄的《最后的山神》、《神鹿啊神鹿》都带有对少数民族文化的关注，试图探索其发展前景；陈晓卿则创作了表现安徽农村女孩北上打工生活的《远在北京的家》和表现广西农村孩子上学难的《龙脊》。海派创作群体崛起于20世纪80年代末90年代初，以上海电视台为据点，以该台国际部创作人员为主体，以《纪录片编辑室》为平台，关注现实生活、本土文化，紧跟现代化都市发展步伐，聚焦社会热点和百姓生活。而几乎同期，在青海、宁夏、四川等西部电视台也出现了一大批风格迥异的纪录片创作者。他们大多是土生土长的西部人，带着对当地文化深厚的情感和深邃的思考，用人类学的眼光，将西部丰富的自然与人文资源幻化成一帧帧精致的画面。

《神鹿啊神鹿》视频截图

图片来源于 http://space.tv.cctv.com

《远在北京的家》视频截图

图片来源于 http://space.tv.cctv.com

《龙脊》视频截图

图片来源于 http://space.tv.cctv.com

美国直接纪录片大师弗雷德里克·怀斯曼对这一时期的中国纪录片产生了很大影响,他不仅激发了当时处于创作低潮期和迷茫期的中国纪录片人的创作热情,而且其拍摄手法也影响了整整一代中国纪录片人。1993年,怀斯曼被邀请到北京与中国纪录片创作者进行交流,怀斯曼将纪录片剪辑比作将逻辑思维连接起来的过程,他还说过:"我的片子的主要目的是反映人类行为的复杂性,而不是以意识形态(ideology)的标准来把人类简单化。我认为任何以意识形态为主导的电影方式只会使你的电影变得很狭窄,而不能使你了解更多的东西。"[①]这种创作手法和理念对于当时的中国纪录片创作人而言无疑是一缕春风。

弗雷德里克·怀斯曼肖像

图片来源于 http://www.infzm.com

弗雷德里克·怀斯曼代表作《提提卡蠢事》(1967)视频截图　　弗雷德里克·怀斯曼代表作《芭蕾》(1995)视频截图

图片来源于 http://www.infzm.com　　图片来源于 http://www.infzm.com

---

① (美)弗雷德里克·怀斯曼. 怀斯曼的电影世界——美国纪录片大师怀斯曼谈纪录片创作. 见:林少雄. 多元文化视阈中的纪实影片. 北京:学林出版社,2003:431

弗雷德里克·怀斯曼代表作《模特》（1980）视频截图

图片来源于 http://www.infzm.com

4. 中国纪录片创作的多元化时期（21世纪初至今）

这一时期所表现出来的对主流社会现实的重新关注，是中国电视纪录片最有价值的一次回归。责任与影响力作为纪录片的两大重要品性在这一时期的中国电视纪录片界开始获得重视。这一时期的电视纪录片，最明显的特征是创作者尝试走出纪实主义的桎梏，对各种新理念、新手法兼收并蓄，同时又注重展现个性，形成了新的多元化发展态势。

格里尔逊曾放豪言："我们有理由相信，在一切电影中最有男子气概的纪录片的表现方法不能无视当今的重大社会问题。"在这一时期，中国许多纪录片创作者开始重新关注典型社会题材，并创作出了诸如《英与白》、《平衡》等优秀纪录片，体现了创作者社会责任的理性回归。而一些栏目也努力改变纪录片苍白乏力的病态，开始瞄准一些具有普遍社会价值的题材，如《村民的选择》对中国农村民主改革进程的关注，《我们的留学生活》展现了对海外学子生活与命运的深切关注，《颖州的孩子》讲述中国受艾滋病影响的儿童的真实生存状态。这一时期的电视纪录片创作者通过社会责任的理性回归，走进了纪录片创作的更高境界。

《英与白》视频截图

图片来源于 http://www.mtime.com

《我们的留学生活》DVD 封面

图片来源于 http://www.mtime.com

《颖州的孩子》视频截图

图片来源于 http://www.cnr.cn

  这一时期关注底层和边缘人物的独立创作队伍不断成熟和壮大，使他们成为中国电视纪录片创作的一支重要力量，如吴文光、蒋樾、张元等，拍摄出了《江湖》等优秀纪录片作品。更重要的是，在他们的影响下，出现了一大批类似的边缘题材作品，这些作品关注边缘人群的生存状态，契合时代的精神。

  另外，随着小型 DV 摄像机的普及、电视台 DV 栏目的播出、各种 DV 作品大赛的举办，这一时期民间纪录片大量涌现。事实上，很多人就是从"玩"DV 开始拍纪录片的，这使得纪录片的"精英化"概念被轻松化解。纪录片褪下了最后一层神秘的面纱，成为大众文化的一部分，这在很大程度上推动了中国电视纪录片的社会化进程。

  伴随着中国成功加入 WTO，在自身市场条件还很不成熟的情况下，新出现的市场化运作机制，成为制约中国纪录片发展的致命的瓶颈，直接影响到它的生存状态。面对市场因素的突然闯入，中国纪录片的处境显得有些尴尬。市场因素不仅改变了中国纪录片制作的机制、流程，也改变了中国纪录片的形态，甚至动摇了传统的中国纪录片观念。在这一时期,由于市场的刺激、制片人角色的逐渐完整和市场链的修复,我国出现了《圆明园》、《南京》这样名利双收的优秀纪录片,"川林樾公司"这样崭露头角的私人电视节目制作公司和"阳光卫视"这样的专门播出历史专题纪录片的纪录片频道。

另一方面,随着国际交往的增多,特别是在中国举办的国际纪录片电视节的影响力不断增强,越来越多的外国电视媒体和机构,发现并瞄准中国这个潜在的巨大纪录片市场,纷纷落户中国,如美国的国家地理频道和 Discovery 频道。其中 Discovery 频道还在中国实施"新锐导演计划"。这些国外电视机构的加盟在另一方面也促进了中国电视纪录片的国际化进程。

第三节 影响电视纪录片发展的主要因素

100多年的电影史、80多年的电视史,是纪录片不断发展、不断突破创新的历史。本章在第一、二节主要论述了中外纪录片的发展历程,并分析了当前我国纪录片的生存状态,本节是对前两节的总结与展望,并从技术、制度、观念三个层次分析纪录片发展的影响要素,以期得出规律性认识。

一、技术之于纪录片

《纪录与真实:世界非剧情片批评史》的作者巴萨姆曾说:"技术的发展超过了美学的力量,并强烈地影响了这个新电影的'外貌'。"[①]纪录片作为科技和艺术的产物,技术是其存在的物质基础和条件,艺术是其长足发展的保证。随着时间的流转,技术、艺术及社会观念的变化,电视纪录片也必将随之发生变化。

1. 技术对纪录片的推进作用

电影技术与电子技术的不断发展,每一步的跨越,都给纪录片带来很深的影响。抓拍、抢拍等拍摄技法的实施得益于电子自动曝光、预热装置及轻便摄影机的使用,ENG、DV等技术因素也分别赋予了各个时期电视纪录片最显著的特征。技术为纪录片记录和揭示现实提供了更多的可能,也为纪录片创作者实现自己的创作理念提供了物质保障。

(1)技术促进了纪录片纪实手段的发展

纪实手段的运用与现代科学技术的发展水平密切相关。20世纪60年代,具有轻便同步录音的摄影器材的出现,使摄像机可以近距离接近拍摄主体、同步录制拍摄主体的声音;20世纪70年代,摄影器材日益小型化、轻便化,便于拍摄者个人

---

① 理查德·巴萨姆. 王亚维译. 纪录与真实:世界非剧情片批评史. 台湾:台湾远流出版公司,2002:403

自由地进行影像纪录，电子新闻采集系统（Electronic News Gathering，ENG）在1978年首次引入中国之后，影片拍摄所得的画面更加清晰，声音的保真效果更好，能在真实的时间、真实的地点，记录真实的人物和事件；20世纪90年代以后，数字合成技术快速发展，摄像与影片编辑亦进入数字化时代，现场纪实得到原汁原味的展现的同时，电脑制作给纪录片真实性的本体要求带来了巨大的冲击。

（2）技术使声画一体变成现实

电视传播的声画一体是指声音和画面传播的具体内容完全一致，以视听语言为手段，声画功能互补共同完成叙事的影片表现形式。我国20世纪70年代以前的纪录片都是声画剥离的，这受当时的技术水平局限较大。电子新闻采集系统（ENG）在1978年首次引入中国后，记录系统逐渐实现了声画一体。20世纪80年代以后，中国电视纪录片广泛采用这种技术，摆脱了对电影语言模式的长期依赖，以声画一体为重要特征的电视纪录片语言真正成长起来。

（3）技术使情景得以再现

随着高科技数字影像技术的不断发展，很多纪录片都大量采用电脑特技进行处理，使情景再现成为可能。

在《圆明园》的制作过程中，影片为了再现圆明园"万园之园"的奇观，采用大量的三维特效对场景进行模拟和还原。为了在影片中展现老北京城的全景，制作人员找来从康熙到民国民间的全部京城地图，翻阅了大量历史资料和老地图，还原了每一间房子的位置，使得战争的场景既逼真又符合历史真实，使纪录片更富震撼力和感染力。

2. 技术对纪录片的制约因素

技术犹如一把双刃剑，在推动纪录片不断向前的同时，也会对纪录片的发展有所制约。

（1）技术指标的制约。人的想法总是领先于技术的发展，只有当人类出现某种需求后，才会衍生出满足这种需求的技术或产品，所以技术指标的形成是建立在人类认识的基础上的。然而，当技术达不到人们的要求时，电视纪录片创作者脑海中再精妙的构想也只能是一种空想。

影片《英与白》在第六届四川电视节上获得了"金熊猫"四项大奖，这部影片的导演张以庆表示，影片《英与白》在后期编辑过程中，大量运用暗示、象征、对比、强化等手段来表达影片的内容和思想主题。即便如此，画面和音响也没能够把"英"和"白"的生活给予人们的警示表达出来。可见，技术手段的不成熟会给纪录片的创作带来极大的限制。

（2）对技术过于依赖，易忽略纪录片的思想性、艺术性。技术对纪录片的发展具有一定的制约作用，由高新技术设备生产的图像产品，尤其像纪录片这样记录人物或事件的原生态的视觉图像，其客观性和真实性往往容易遭受人们的质疑。一些导演在拍摄和制作纪录片的过程中，过分依赖视觉技术手段，华而不实，常忽视纪录片的思想性和艺术性。

纪录片善于将艺术性和思想性含蓄地隐藏在屏幕画面和造型语言之中，由观众去感受、领悟。这种思想性、艺术性渗透在作品中，体现了创作者对叙事内容的理性思考。但是，技术只能为纪录片的思想性、艺术性的实现提供可能，它的实现和完成仍然要靠创作者自身的文化修养。

二、制度之于纪录片

电视纪录片终究脱离不了它所处的具体时代。中国电视纪录片更是脱离不了具体的社会环境和社会制度。制度对电视纪录片创作的影响具体体现在以下几个方面：

1. 国家制度之于纪录片

恩格斯在《家庭、私有制和国家的起源》中提到，国家是制度进化的结果，是一部"暴力机器"。作为一种特殊的电视节目形态，纪录片受到国家制度框架的影响是必然的，也是不可避免的。

在"二战"时期的德国，犹太籍纪录片创作者由于受到迫害，纷纷避往国外。在苏联，纪录片制作曾一度被用于宣扬斯大林的个人极权思想，由国家统一管理，按照定额分配的制度下的纪录片创作，总是有其共同的局限性。在我国，从纪录片传入到"文革"时期，这种节目形态几乎成了政治的载体。文化大革命时期，层层激进的政治审查，使纪录片成为政府的红头文件和高规格奖状。而当时采用的大乐团演奏掩盖一切现场声的音响效果的做法，则具有很深的隐喻意义。在那个年代，纪录片在对内传播方面往往体现为一种国家行为，通过纪录片的宣传与教育，达到统一认识、统一意志的目的；在对外传播上，肩负着传播国家形象的作用，代表国家向世界发出声音。于是，大批纪录片"只报成绩，不提缺点；只见英雄，不见平民"。

进入20世纪80年代，我国的政治体制相比前期而言较为宽松，人们精神生活日益丰富，那些重大而统一的时代主题已经不能涵盖民族的精神走向，人们呼吁"多元"和"自由"。20世纪90年代以后，纪录片的拍摄手段泛社会化，纪录片制作者将镜头对准普通大众和社会上的弱势群体，才逐渐开始摆脱"宣传与教化"的政治化创作理念的束缚。政治环境的宽松化也使新兴的记录手段走进了人们的生活，比如手机视频、家用DV、相机和交通监控的摄像头。随着民主化进程的加快和国家体制的改革，中国电视纪录片的前景将更加光明。

2. 电视机构制度之于纪录片

国家的政治制度对于所有电视文本都具有宏观上的影响，而电视机构制度对纪录片的影响则更为具体。电视机构制度包括电视台制度和电视公司制度。世界上大致有三种电视机构制度，即以商业化为主的运作模式、以公有化为主的运作模式和以国有化为主的运作模式。不同的电视机构制度对纪录片产生了不同的作用。

（1）商业化电视机构以美国的 ABC、CBA、NBC 等电视机构为代表。它们不受政府干预，所制作的纪录片能够根据观众多样化的收视需求来进行选题策划。由于电视机构是在市场环境中谋求生存与发展，它们更注重纪录片拍摄、制作技术的更新与发展。但是由于商业电视机构拍摄纪录片的资金来源是广告商、赞助商，因此，容易在纪录片的经营管理和业务运作上受广告商、赞助商的牵制，反映某些利益集团的目的和要求。

（2）公有化电视机构以英国的 BBC 和日本的 NHK 等电视机构为代表。这些电视机构拍摄、制作纪录片的资金来源于受众缴纳的视听费和国家拨款，因此它们制作的纪录片强调为公众服务，重视纪录片内容的真实、全面、客观、公正，在表达立场上能够保持政治上的多元化，避免政府的过多干预。公有化的电视机构体制使纪录片的话语方式为知识精英话语权，能够在保护本民族文化传统的同时，避免外来文化、商业文化的冲击。

（3）国有化电视机构以中国的电视传媒为代表。国有化电视机构的直接领导者和管理者是政府，因此纪录片的拍摄及播出受政治干预较多；纪录片的拍摄、制作经费大多来自国家拨款，因此纪录片的话语方式基本上是"政治话语方式"，其表达的内容充满着浓厚的主体意识和教育灌输色彩，重视对政府、领导负责，强调纪录片的社会效益。在这种体制下，纪录片容易忽视对受众多样化需求的满足，市场观念与媒介意识比较淡薄。

总之，不管是国家制度框架还是电视机构制度都对电视纪录片的创作造成了巨大的影响。制度与文本的关系往往表现为文本的受限和突围，这一点贯穿着整个纪录片的历史。那么这种关系可不可以被超越呢？应该是可以的，如制度保持其本色，不用介入文本冲突之中，而只是作为文本冲突的"守夜人"。当然这不是说制度应该不作为，而是说既然文本之间的冲突不可避免，无法消除，制度就应作一种"次坏的选择"，尽量减少冲突的负面因素，比如给不同文本平等的机会、适当抑制冲突过激等，而不必再介入其中，以免造成更多冲突。这样做既可以避免制度和文本的对立，又能保证制度的客观公正。优化制度是一条途径，但是在很大程度上，大部分人对于既有制度只能是"无作为"的，如何在现存制度的框架下，表达自由意志，坚守纪录精神，则是每一个纪录片人应该深思的问题。

三、观念之于纪录片

伴随着纪录片的丰富发展，其制作观念也多种多样，往往众说纷纭、莫衷一是，多种理念竞相争锋。创作观念的变化，对纪录片的发展产生巨大的作用。

1. 纪录片观念争锋

在纪录片的创作发展过程中，纪录片是以忠实反映客观事物为目的，还是以反映创作者主观心理为目的，一直是一个争论不休的话题。M.H.艾布拉姆斯在他的经典著作《镜与灯：浪漫主义文论及批评传统》（*The Mirror and the Lamp: Romantic Theory and the Critical Tradition*）中，以"镜与灯"为比喻，提出西方文论发展史的四要素，至今仍为东西方学者研究文学理论所广泛使用。在这里我们不妨再次以"镜与灯"为喻，以便更好地理解"观念对于纪录片的影响"。

"镜"是指纪录片按照客观事物的本来面貌，如实地、不加任何修饰地反映、表现事物，力求避免因主观创作者的意图而破坏事物的客观记录，追求对客观事物的真实再现。20世纪20年代，维尔托夫开创了"出其不意地捕捉生活"的"电影眼睛派"；20世纪50年代，法国电影理论家安德烈·巴赞在西方电影界开创了一种以"照相本体论"为核心的现实主义流派；20世纪60年代兴起的"直接电影派"主张纪录片应该记录生活的本来面貌，反对人为地修饰。这种观念下创作的纪录片可以更好地满足人们获取更直接、更丰富、更真实信息的需求。我国以反映纪录客体原生形态为主要特征的纪录片有《广东行》、《远在北京的家》、《望长城》等。

"灯"是指纪录片在表现客观事物时，不经意地融入创作者的主观因素。创作者根据自己对主题的理解来选择纪录片素材，并通过掌握的技术手段来表现主题，重视造型表意和创作者主观情感的表达，使一部纪录片从选题策划、采访拍摄到后期剪辑都或多或少地包含着个人色彩。格里尔逊曾提出把纪录电影当作"打造自然的锤子"，主张纪录影片是"对现实的创造性处理"，创作者可以对影片的素材进行戏剧化的处理和提炼；英国纪录电影运动的成员保罗·罗沙也曾表示，纪录片"出于各种不同的目的来处理自然素材，结果可以各有不同，从不表明任何态度的画面报道，直到具有强烈社会性的作品"，其意是纪录片创作者会将自己的观点、倾向巧妙地隐藏在事实背后；20世纪60年代创立的"真实电影学派"，即认为创作者可以利用一切机会，参与到影片所涉及问题的讨论中；20世纪80年代出现的自省式纪录片已经开始通过采访谈话、画外解说等形式，在影片中合理而恰当地表达创作者的意图。在这种观念下创作的纪录片往往隐藏着创作者的主观意图。我国的纪录片《雕塑家刘焕章》和《最后的山神》都属这类作品。

纪录片的这两种观念——像"镜子"一样以反映客观事物为目的，还是像"灯"一样以反映创作者主观意图为目的——就在二者的此消彼长中不断发展与完善。纪录片的照相本性是重要的，但并非绝对的。一部优秀的纪录片不仅需要如实反映客观事实，也需要反映创作者隐含的意图，因为纪录片的选题、拍摄和剪辑都是由人来完成的。优秀的纪录片创作者应该根据纪录片表现主题的需要，努力寻求两种观念之间的平衡点，在严守真实性的同时，合理地表达观点或主题，在写实的同时注意写意。

2. 观念转型与纪录片多元化发展

纪录片及人类的一系列问题都牵涉到特定时代的集体意识。当一种主流观念风行时，个体观念就会遭到压制。比如，在格里尔逊时代，拍摄教条化模式是集体模式，个人拍摄就成为异类，很难出人头地。历史的积效性和时代的政治问题都通过作用于人的集体观念，进而影响纪录片的形态与手法。

对于现代人而言，多元化已是日常生活最大的特征之一，多元化是人类文化发展的重大成果。长期以来，我国的纪录片创作理念主要受苏联和欧美的影响。苏联的纪录片多着重于纪录片的政治宣传功能，单一的"画面+解说"的说教模式，容易使观众产生厌倦感；欧美的纪录片更侧重于个性表达，他们关注自然、关注历史、关注人类本身，对于看惯了说教模式纪录片的中国观众而言，欧美的纪录片往往更能令人耳目一新。

时代在变化，纪录片的创作观念也要随之变化。把握历史和时局发展，深刻理解人类历史"正反合"的发展规律，以此指导纪录片的创作，促进纪录片的多元化发展，是电视纪录片的发展方向。

第七章　电视纪录片的类型、价值与策划

中国纪录片自诞生以来,便以客观记录的纪实风格和强烈的艺术感染力在整个电视界甚至社会各个领域产生了广泛而深刻的影响。电视纪录片的类型不同,其价值取向也有所不同,使得其策划重点也千差万别。本章将在第六章的基础上,论述电视纪录片的类型、价值及其策划。

第一节　电视纪录片的类型

随着电视技术的快速发展和纪录片创作观念的日益更新,电视纪录片所涉及的题材越来越广,类型也越来越多,其分类方式主要有以下几种。

一、按内容来划分

从纪录片的内容来看,纪录片的类型有自然纪录片、人文纪录片、历史文献纪录片、社会学纪录片和人类学纪录片等类型。从逻辑上看,上述的类型划分可能是交叉关系、并列关系或包含与被包含关系。我们既要充分认识并了解这些错综复杂的关系,又要承认它们在实际操作中的实用性。

1. 自然纪录片

自然纪录片是以自然界的存在为表现对象的纪录片,其中有两大类型值得重视:一是生物学纪录片,如《人与自然》、《动物世界》等栏目播出的纪录片;二是风光类纪录片,这类片子很多是以反映西部的自然风光为主要内容的纪录片,如王海兵的风光片《四姑娘山》,没有解说词,也不需要解说词,纯粹把自然界唯美的一面摄入镜头,如行云流水一般呈现在观众眼前。但是,自然电视纪录片拍摄周期长、投资大、成本回收慢,需要强大的技术支持,大大增加了摄制成本,这些无疑成为自然纪录片发展的障碍。

2. 人文纪录片

人文纪录片是以讲述历史、介绍文化遗产、展现自然风光、挖掘地域传统等为

主题的纪录片。由于饱含文化内涵，其对被拍摄方而言会带来更明显的正面影响，因此，与自然纪录片相比，人文纪录片更容易受到官方与普通观众的双重认可，投拍风险相对较小。中国早期的人文纪录片表现元素相对单一，恰似唯美的音配画的电视散文。而随着21世纪初《复活的军团》等大型纪录片的成功拍摄，人文纪录片吸引了更多观众的眼球。

3. 历史文献纪录片

历史文献纪录片是以沧桑变幻的历史事件、风流倜傥的历史人物为表现题材的纪录片。如大型历史文献纪录片《共和国大阅兵》，以权威的素材、宏伟的场面、超豪华的制作、精致的包装，解密共和国历次大阅兵的历史，再现共和国历次大阅兵的壮观和威严。

4. 社会学纪录片

社会学纪录片是侧重对当下社会重大现实问题进行深度挖掘的纪录片。这类纪录片创作者有着强烈的问题意识和改造社会的强烈愿望。中国的社会学纪录片发展还不是很成熟，因为这类片子需要更宽松的社会环境。相较而言，西方的社会学纪录片发展得更为快速和成熟一些，较有影响力的如《华氏911》。目前来看，中国具有社会学意义的纪录片中代表性作品有彭辉的《平衡》、陈为军的《好死不如赖活着》等。后者讲述的是河南"艾滋村"的一个家庭面对AIDS所发生的故事。社会学纪录片由于时常涉及敏感题材，投拍风险相对较大。如摄制于2001年的《好死不如赖活着》，尽管这部纪录片曾在2003年、2004年数次获得国际大奖，但是这部纪录片的DVD版本直到2005年才得以在中国大陆出版发行。

5. 人类学纪录片

人类学纪录片是指运用文化人类学的观点和方法进行拍摄，体现了生活在不同文化地域环境中的人类的生存状态的纪录片。在中国纪录片创作中，人类学纪录片无疑曾创造过其他纪录片片种所不能企及的辉煌。

1991年，康健宁和高国栋合作拍摄的人类学纪录片《沙与海》获得第28届亚广联大会的"亚广联电视奖大奖"，开创了中国人类学纪录片在国外获奖之先河；同年，王海兵的《藏北人家》获第一届四川国际电视节"金熊猫"奖。从1990—2000年，中国20部获国际大奖的纪录片中有12部是人类学纪录片。

《沙与海》视频截图

图片来源于 http://space.tv.cctv.com

二、按创作风格来划分

对专业纪录片工作者而言，比较实用的一种划分方法，是把纪录片按照其创作风格大体划分为以下三种类型：

1. "格里尔逊"式

这类纪录片是1929年以西方纪录片创始人格里尔逊的名字命名的纪录片形式。这种创作风格的纪录片主张富有创造性地利用影像资料，有强大的宣传目的和强烈的改造世界的欲望；形式上，一般人将其理解成"解说词+画面+音乐"，以解说词为核心。这种模式或形态的纪录片与前文所说的狭义专题片非常接近。

2. "真实电影"式

这类纪录片的形态可追溯到1922年苏联导演、理论家维尔托夫的"电影眼睛"流派，其创作倾向是彻底地让拍摄主体淡出，讲究纯粹地直接呈现。它力求给人以客观真实感,剔除掉拍摄主体的痕迹,使用"长镜头+同期声",追求绝对真实、绝对客观的倾向,是巴赞的纪实主义理论的极端化表现。

3. 反射式

这类纪录片是在拍摄过程中把拍摄者与被拍摄者之间如何运作和互动拍摄进来,融合观察、访问以及摄影机拍摄前后的互动等多重框架。

20世纪90年代的《望长城》中,主持人作为纪录片的形式要素与内容要素进入纪录片。在这部纪录片中,主持人不是串场式的,而是介入式、反射式的,他本身就是寻找者,通过介入推动核心事件的发展进程。比如,寻找某位目标拍摄者,那么主持人的寻找过程本身就是一个故事,充满悬念,具有看点。

三、按文化形态来划分

纪录片专家张同道将纪录片分为主流纪录片、边缘纪录片、精英纪录片和大众纪录片,分别与主流文化形态、边缘文化形态、精英文化形态和大众文化形态相对应。

1. 主流纪录片

所谓主流和边缘,并不是从数量,而是从纪录片所处的政治地位来看的。主流纪录片是指价值取向符合主流意识形态,题材主流、方法主流的纪录片种类。主流纪录片又分为两种模式:一种是重大事件或人物,如《周恩来外交风云》、《飞越太平洋》(江泽民访美纪实)、《世纪庆典》(香港回归)等;另一种是小人物大主题,如《村民的选择》讲述的是中国农村民主选举制度,《龙脊》描述的是希望工程,《麦贤德和他的妻子》讲的是嫁给战争中受伤英雄的好女人等。现在的纪录片中,大部分属于后一类型。

2. 边缘纪录片

边缘文化形态是相对于主流意识形态而言的,由于远离话语中心,它常常以地下状态的形式存在,无法进入公众传播领域,大多在海外参加电影节或发行。这一类纪录片往往把镜头对准中国社会体制之外的边缘人,倾听他们的隐秘心声与情感陈述,充满人道主义关怀,如吴文光的《流浪北京》、蒋樾的《彼岸》等。

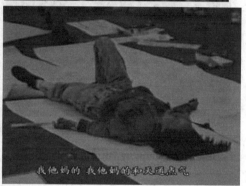

《流浪北京》海报

图片来源于 http://space.tv.cctv.com

3. 精英纪录片

精英文化形态纪录片（简称精英纪录片）是指以精英意识为主导的纪录片，选材主要集中于人类学、社会学、文化学、民俗学和艺术、宗教等方面。它所追求的不是娱乐效果或宣传目的，而是力图观照人类生存处境，探索人类精神、艺术与社会的发展之路，显示出一定的思考深度与理性光辉，如《最后的山神》、《复活的军团》、《圆明园》等。

4. 大众纪录片

大众文化形态纪录片（简称大众纪录片）是中国纪录片目前最主要的类型，它把镜头对准社会，对准普通人，朴素地纪录他们的生活状态和精神风貌，刻画出当代中国普通人的群体形象。1988年上海电视台推出的《纪录片编辑室》、1993年中央电视台"生活空间"提出的《讲述老百姓自己的故事》等以电视栏目的形式出现的电视纪录片，形成了中国纪录片的平民化景观。这一类型的作品数量巨大，佳作迭现，如近年来的《小人国》、《舟舟的世界》、《老头》等都是其中的杰作。

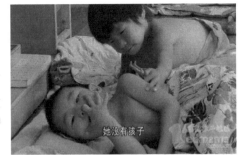

《小人国》视频截图

图片来源于 http://www.cctv.com

《舟舟的世界》视频截图

图片来源于 http://space.tv.cctv.com

《老头》海报及视频截图

图片来源于 http://www.1926cn.com

这四种文化形态的纪录片共同构筑了中国电视纪录片的格局，品质各异，风格多样，矛盾而又丰富，汇成多元共生的局面。

除了上述三种分类方式外，还有其他几种分类方法，如按体制来划分，纪录片可以分为体制内纪录片和体制外纪录片。体制内纪录片往往会附着一种价值观，被用于某种政治或道德诉求，比如提升民众的文化水平和道德修养，丰富大众的科学知识等。制度外纪录片是纪录片突围的结果，这些纪录片往往是个性的释放，处于主流价值观念的边缘，因而又被称为边缘纪录片。这些纪录片往往代表了先锋艺术、实验艺术，与主流艺术形态不同步，比如《东宫西宫》、《江湖》、《贡布的幸福生活》、《去天国的路上》等。

第二节　电视纪录片的价值

总体说来，电视纪录片的价值主要体现在文化、经济、政治三个方面。电视纪录片首先是一种文化形态，它扎根于人类的认知价值和审美价值。纪录片文本的文化价值主要体现为审美价值、认知价值和历史价值。文化价值通过市场的方式转化出来就是商业价值。同时，电视纪录片又以文化整合的形式辅助政治，实现其政治价值。

一、电视纪录片的文化价值

单从文本而言，电视纪录片的文化价值主要有认知价值、审美价值和历史价值。文本价值是从人类的精神价值出发，扎根于人类精神生活。而人类的精神生活则是从人类的感性和理性出发，感性导向审美，理性导向认知。从时间维度来思考，历史价值是综合审美价值和认知价值而产生的，包括纪录片文本的历史审美价值、历史认知价值以及历史文献价值。

1. 认知价值

电视纪录片文本的认知价值是指纪录片本身具有的真实性所带来的价值。电视纪录片通过纪实手法解释历史、分析现在、预测未来，审视并再现了人类社会的各个方面，并通过视觉信息和听觉信息的综合运用，让观众更好地认识世界、把握世界，使他们获得丰富的知识。电视纪录片文本的认知价值最主要体现在以下三个方面：首先，电视纪录片通过对事实的呈现来拓展深化人的经验世界、锐化人的情感，而不像虚构类影视作品那样"编造"世界。博尔赫斯曾说过："现实要比虚构神奇得多。"其次，纪录片是对时间的流畅表达，它不像影视作品那样生硬地切割时间，纪录片能更好地呈现"时间的绵延"，其结尾往往是"未了的结局"，像一个有缺口的圆环，等待观众的"生产"和"弥补"，纪录片文本具有很大的开放性，能给观众更多的想象世界和认知世界的可能。

纪录片以其影像形象性和客观实录的精神，成为满足人类求知渴望和精神探索需求的重要途径。它犹如时代的多棱镜和社会的万花筒，在纪录片所观照出的特定社会和特定时代的文化精神中，人们总可以观察到一幅幅社会生活的斑斓图景，可以体会到不同时代的风云起伏和沧桑变迁。

2. 审美价值

纪录片文本具有独特的审美价值。首先，作为一种影视文本，它具有纸质文本所不具备的综合性审美要素和独特的审美价值。纸质文本的记录符号是文字和图画，影视文本的记录符号则是声音和运动的画面。文字的审美价值是由阅读和想象来实现的，往往缺乏直观的感受，过多依赖于已有经验和想象力的发挥。而影像文本更具直观性、生动性，这是影视文本与纸质文本的审美价值差异所在。比如，王扶林导演的电视剧《红楼梦》没有红遍大江南北之前，"一百个读者就有一百个林妹妹"。但随着陈晓旭的出现，当人们再提到林黛玉时，头脑中首先浮现的恐怕都是陈晓旭在剧中或梨花带雨或西子捧心的柔美扮相了。

而同为影视文本，纪录片文本的审美价值与非纪实类影视文本的审美价值亦大相径庭。二者的差异颇类似于新闻与文学的区别。非纪实类影视文本恰如以神话为滥觞的小说，它以虚构为主要创作手法，强调的是"艺术的真实"；而纪录片文本则通过对真实的人、事、景、物、情的叙述和描绘，以灵活的笔调，情文并茂地造就"真实的艺术"。对真实的追求成就了纪录片文本独特的审美价值，它所达到的真实境界是其他艺术望尘莫及的。在纪录片平实的记录里，人物真实的情感流露、人生真实的坎坷磨难都呈现得生动而自然、立体而丰满、纯粹而震撼，这种不期而至、转瞬即逝所携带的力量令许多虚构艺术望尘莫及。但从某种程度上讲，纪录片由于其真实性本质的要求，限制了创作者想象力的发挥，与故事片相比，纪录片的审美价值稍逊一筹。

3. 历史价值

美国史学家怀特在1989年的《美国历史评论》上曾发表文章提议创立"影视史学"，试图让历史借助现代传媒重新走向民众，从而达到振兴历史学的目的。影像史学突破的是一种传统治史模式，即阅读材料、认知史实、表达理解或进行叙述的一贯思路。

可以说纪录片的出现是历史学上一场完全的颠覆与革命——通过纪录片影像记录，历史以最大限度接近真实的方式呈现在人类面前。纪录片的历史价值是由纪录片求真求实的美学品质产生的辐射效应，如果没有真实，那么纪录片的历史价值就无从谈起。纪录片提供了白纸黑字所不能达到的另一种摹写历史的效果，它让我们和我们的后代更有勇气和自信以历史影像的形式去抵抗时间和遗忘。

第一次世界大战中身穿各色军服的年轻士兵和腾起的硝烟是对那个痛苦时代的

无声记忆；第二次世界大战中希特勒的咆哮和丘吉尔的演说开始激荡人们的耳膜；当人们的表情由黑白变成彩色，当人们的嘴唇不再是沉默地翕合，纪录片的魔棒在瞬间使历史复活——那是由影像和声音构成的细节天堂，那是人类通过艺术探寻和挖掘出的深层空间。通过注视和聆听，你可以感受季节变换，看到风起雨落；你可以触摸人情冷暖，看到世态炎凉；你甚至可以听到汗滴泪下，看到潮起尘没。中央电视台原副台长、中国视协纪录片学术委员会名誉会长陈汉元说："一部纪录片就是一段有声有色的历史。"①

二、电视纪录片的经济价值

所谓经济价值，是指电视纪录片的盈利能力。由于电视体制和市场化程度的不同，纪录片的经济价值在不同的国家有不同的认识和表现。在纪录片萌芽起步时期，仅具雏形的纪录片就为卢米埃尔兄弟带来了巨大的财富，第一部严格意义上的纪录片《北方的纳努克》更是使影院爆满，带来了丰厚的商业利润。20世纪90年代，世界经济随着信息经济的崛起而迈向经济全球化，纪录片领域则以美国探索频道（Discovery）制播的纪录片为标志，纪录片的商业娱乐性受到前所未有的关注。精明的资本家们为纪录片的拍摄慷慨解囊的背后，是纪录片播放后带来的丰厚的显性商业收入和更为巨大的隐形商业宣传和品牌推广作用。

从Discovery探索频道的营销经验来看，纪录片的经济价值主要表现在广告价值、票房价值、订阅价值和延伸价值等方面。Discovery探索频道制作的节目，投资非常大，一般每期节目的投入都是几十万甚至上百万美元。这些高投入也带来了丰厚的效益，节目除了在世界各地播出外，还被刻录成光盘，销往世界各个角落，节目类型已涉及历史、自然、健康、探险和人类冒险、科学与科技成果等各个领域。Discovery探索频道早已成为世界上最具经济实力的电视机构之一，截至2007年，Discovery探索频道已在全球170多个国家和地区进行播放。除此以外，Discovery探索频道还致力于纪录片延伸产品的开发，各类科普文化产品订户累计近14亿。②"华尔街对Discovery品牌价值的估计，则达到了100亿～200亿美元。"③究其在全世界成功的原因，除了Discovery探索频道深入挖掘纪录片作为"世界语"的特性，竭力淡化意识形态，用故事化的方法、灵活的叙事方式把自然、地理、人文等内容结合在一起，最大限度地满足不同文化背景下的观众等因素外，把纪录片作为一种有价值的资源来"经营"，恐怕是更重要的因素。

---

① 陈汉元．一部纪录片就是一段有声有色的历史．见：中国纪录片年鉴2006．北京：中国广播电视出版社，2006：36
② 张萍，蒋宏．当今科普纪录片运作分析——以Discovery探索频道为例．载：新闻界．2007（5）
③ 张晓航．近年来知名企业纷纷更换品牌标志．载：中国质量报．第12版，2008-11-27

现在，已经有越来越多的国际电视机构抓住纪录片真实、客观、中立的特性，进行全球资源采集，以便在全球播映，提高其经济价值。

一般来说，纪录片以在电视台或影展上播放为主。但是，优秀的纪录片还可以在影剧院直接上映获得票房价值。2006年9月首映的国产纪录片《圆明园》，截至同年10月14日，全国总票房就超过了500万元。2003年发行的纪录片《迁徙的鸟》（travelling birds）也曾在美国创下1100万美元的票房收入。可见，优秀的纪录片所产生的经济效益也不容小觑。而对于中国纪录片来说，"低收视率"、"入不敷出"仍是描述中国纪录片现状的关键词。国内很多纪录片创作者仍处于"赔本赚吆喝"的尴尬境地。随着我国纪录片创作的媒介生态环境的改善——题材资源逐渐丰富、市场不断扩大、纪录片展播和交易平台日益通畅、独立的制片公司日益增多、制作和播出方式多样化、观众的节目消费观日益成熟，以及专门的纪录片营销人员对纪录片的市场营销意识的加强，中国纪录片将会得到长足的发展。

三、电视纪录片的政治价值

电视纪录片在政治方面的功用主要体现在以下两个方面：一方面，它可以为主流意识形态服务；另一方面，它也可以对其进行批判——但这种批判往往局限于主流意识形态所容许的范围之内，以改良社会为目的，是"带着镣铐的舞蹈"。

中国文论历来重视对现实的观照，王充在《论衡》中即有"文为世用"，《诗·大序》中解释《诗经》中的"国风"为"上以风化下，下以风刺上，主文而谲谏，言之者无罪，闻之者足以戒"。同样，在电视纪录片的创作中以针砭现实为题材的作品一直居于纪录片创作的主流，构成纪录片流派中分量最重，并且最能体现纪录片类型特点的部分。而现实题材就必定涉及政治。

从本源上看，纪录片是西方中产阶级知识分子用来探讨社会的武器，以反映社会、探讨现实为己任，不以观赏和休闲为目的。纪录片具有鲜明的目的性，比任何其他电视作品更深地切入而不是避开社会现实。

纪录片的政治价值突出表现为"上对下"的教化功能和"下对上"的讽喻功能。在实际操作中，教化是以文化整合的方式进行的，通过影响人们的价值观念，进而引导舆论。在这类纪录片中不得不提的是德国天才导演莱妮·里芬斯塔尔的杰作《意志的胜利》，片中强烈的政治意图使之沦为强权政治的宣传片，为战争鸣锣开道，使之失去了纪录片应有的冷静和基本客观。导演的唯美主义和政治家的阴谋加在一起，促成了一次颇富成效的政治美化行动。

另一方面，纪录片还有"下对上"的讽喻功能，即通过对现行社会问题进行揭露批判，促使相关政策制度的改革和完善。这类纪录片具有更独立的个人思考，对社会现实也有更深入的分析，渗透着理性精神和科学精神，绝不仅是照相式地反映和记录。但无论是专制社会还是民主社会，都是"上以风化下"易，"下以风刺上"难。统治者凭借各种资源优势很容易通过纪录片达到意识形态渗透的目的,而纪录片创作者如果要冲破政治禁忌,追求独立的现实思考和政治品行,则是难上加难。

英国第四频道在 2007 年播出的纪录片《查尔斯:爱管闲事的王储》中,声称查尔斯在国内事务中"过于政治化"和"多管闲事",同时在私人领地——康沃尔公爵领地的财务方面也存在问题。法国人则在一部名叫《一个真实的雅克·希拉克》的公映纪录影片中将前任法国总统希拉克描写为一个既愤世嫉俗又有些天真幼稚的角色,对他 40 余年的政治生涯进行了幽默辛辣的讽刺。在中国,这样的纪录片往往会陷入"养在深闺人未识"的难堪境地或是通过评奖而出现"墙内开花墙外香"的无奈局面。

纪录片可以反映现实,针砭时弊,具有很大的政治讽喻价值,但并不是说一定要赋予纪录片强烈的思想性和政治性。与快捷直白的新闻性专题节目相比,纪录片的政治价值的体现应该更为深沉含蓄,更有自己的艺术品位和思辨精神。

第三节 电视纪录片的策划

电视纪录片的创作是一个系统工程,整个流程由前期策划、现场拍摄和后期制作构成。根据每个阶段的创作特点,其整个过程也可喻为探矿—采矿—冶炼的过程。其中,前期策划尤为关键,因为如果"探矿"不成功,"采矿"和"冶炼"就只是一纸空文。而前期策划的过程其实是一个选择的过程,也是一个酝酿准备的过程。电视纪录片策划主要围绕以下内容进行考虑:选定题材,提炼主题,设计主要人物、片子结构与观众反应,预定将要进行的访谈要点和纪录片的形式要素,预计将会遇到的困难及应对的办法,做好经费和时间预算,组建强大而默契的摄制队伍。下面仅就选题策划、前期调研、前期采访等主要方面进行探讨。

一、选题策划

创作一部电视纪录片,如同开发一座矿藏。矿的蕴藏量、矿材的质量,是开发者首先要考虑的问题。选对"矿脉",将事半功倍;选错"矿脉",将事倍功半。电视纪录片的创作也是如此,创作者在创作过程中首先需要解决的问题是如何选择一个好的题材,否则可能会劳而无功。那么,电视纪录片的选题应该遵循哪些标准和要求呢?事实上,由于纪录片类型的不同,选题的侧重点也有所不同,在实际的策划过程中,题材的选择可以从以下几方面进行。

1. 找准目标定位

在电视纪录片的选题策划中，首先必须明确的是其目标定位，即所策划的纪录片是用于日常播出，还是评奖或售卖。不同的目标定位对纪录片的具体策划有着不同的要求。用于栏目日常播出的电视纪录片往往讲求综合的社会效益，并且在策划的过程中要注意进行播放的电视台的技术要求，如画面分辨率等；参与评奖的纪录片则要根据奖项的要求来进行具体的策划，选题注重认知性与审美性，要更多地讲求人文价值与文化品味；用于售卖的纪录片则倾向于大众化的口味，选题策划要更多地讲求经济效益。

2. 确立价值诉求

电视纪录片的价值诉求与其制作方的性质关联紧密。电视纪录片的制作方主要有三类：电视媒体、纪录片制作公司和独立制片人。我国电视媒体承担着舆论导向的重要作用，所以其纪录片的选题策划较注重社会效益，承载着更多的文化价值与政治价值；纪录片制作公司则追求经济效益的最大化，其纪录片的选题策划更多地强调经济价值；独立制片人较为注重创作者个人的爱好和兴趣，所以其纪录片的选题策划较为注重文化价值。当然，电视纪录片的选题策划中对主体价值的重视并不能忽略或排斥其他次生价值。

3. 题材优选原则

电视纪录片题材的优选不妨遵循"钩子 — 锤子 — 镜子"原则。"钩子"原则是指从经济效益的角度来考察纪录片选题，要想使作品获得更多的经济价值就必须选择能勾住观众眼球、吸引人的题材；"锤子"原则是指从文化的角度来考察纪录片选题，要想使作品获得更多的文化价值就必须选择能给人以心灵震撼的题材；"镜子"原则是指从人文思考的角度来考察纪录片选题，要想使作品获得更多的精神价值就必须选择能反映人类生存境遇，能引人深思的题材。这三重原则层层推进，"镜子"为纪录片选题的最高原则，"锤子"次之，"钩子"则为选题的最低原则。当然，有时候题材的选择难以达到纪录片创作者的理想标准，则可采用选题的退步原则，依照"镜子—锤子—钩子"的顺序递推。

另外，切入点的选择在选题构思当中也是十分重要的一点，一个好的切入点不仅可以引起观众的兴趣，更可以在整个纪录片中起到四两拨千斤的作用。纪录片导演往往会选择一个较小的切口，进入纪录片叙事场景。这有点像《桃花源记》中从"仿佛若有光，初极狭，才通人"的山之小口，"复行数十步"，再"豁然开朗"的描述。从一个窄小的甚至是逼仄的入口进入一片开敞明阔的境地，不仅是中国文人对人生境界的追求，亦可作为纪录片编导引以为鉴的良方。在另一方面，切入点的选择体现了纪录片编导的策划意识。策划对电视纪录片而言是一个必不可少的程序，它应该贯穿于纪录片创作的整个过程。创作人员通过对现实生活中的人或事的观察，利用自身知识和经验的积淀，进行选题立意，以保证以最优的方式制作出最好看的节目，达到最好的社会和艺术效果。

二、前期调研

电视纪录片在选定题材之后与实际拍摄之前，往往需要进行前期调研。整个调研过程充满了刺激、选择和权衡，而在前期调研时所做出的选择也会在实际拍摄过程中不断地被修正，这种渐进式的调整与定位将使纪录片的选题逐渐显出轮廓，并在记录真实的前提下达到最优的传播效果。

1．调研步骤

纪录片工作者的职责是洞察表象和揭示真相。纪录片的创作涉及到很多方面，其前期调研工作主要有以下几个方面：

首先，通过对社会现实状态和发展变化的研究分析，找准受众普遍关注的热点、难点问题。这就要求编导对现实生活要有敏锐的嗅觉，对社会动态要有明智的把握。其次，做好背景资料的收集和分析工作。背景资料大致包括：展示事物间相互关系的资料、提供人物必要经历的资料、数据性的事实等。收集并分析这些背景材料对纪录片创作的全过程有巨大的推动作用，包括帮助记者获得采访机会、迅速进入采访角色和取得采访对象的信任。另外，通过网络资源、图书馆资料查阅、与当地相关部门交流、实地调查、观摩前人的记录成果等各种方法，了解相关地域的宏观的社会、历史、地理、政治、经济、文化背景。纪录片拍摄是一个影像化的创造过程，必须要预先考察当地的自然环境、拍摄计划的工作日期内的气候状况、交通情况、物资供应、生态环境、民情民俗等。这一步相当重要，比如，特异性气候对拍摄器材有很大的挑战性，交通情况会在很大程度上影响纪录片拍摄的进程，特殊的民族禁忌也会对拍摄造成影响。如果前期的宏观调查工作做得不到位，创作者在拍摄时往往会遇到意料之外的问题，甚至危及生命。

在进行了详尽的宏观调查之后，还要对拍摄对象进行第二轮的微观调研，并提倡尽可能地亲临现场与被拍摄者做面对面的交流。在整个调研过程中，导演往往是通过现象观察、采访谈话和参与实践的方法，带着问题去调查——我能揭露什么？我对这个选题了解多少？他们说的是真实的吗？是否有足够的影像资料来成就一部影片？我还剩下多少时间（电视纪录片的拍摄往往有刚性的时间限制）？

2．调研技巧

人都有留存自己形象和言行的内心冲动，但这对于大多数人来说很难实现，所以当你带着笔、麦克风或摄影机去采访他们的时候，人们通常会热情地接纳你，并感激你对他们的关注。通常受访者给予你的不会只是一顿晚饭,而是一份深刻的个人情感。你不止要对"事实"之类抽象的东西负责,对那些和你分享他的人生的人更应有强烈的责任感。而对那些你并不喜欢或不认可的人,你在承担这样的义务时就需要一定的技巧。制作一部纪录片常会有许多关于道德的难题,会产生极大的压力,这时就需要拍摄者看清现实情况,在不违反法律和基本道德原则的条件下,尽量实现参与双方的共赢。

在调查采访对象时,可能涉及以下一些人物:事件的亲历者、见证者、两极对立的人、偏离常规的人、权威人士、所要拍摄的纪录片的主角等。针对不同的人物身份和人物心理以及他们在片中的作用,调研者在扮演抛砖引玉的角色时,也要注意不同的采访技巧,但是在实际的纪录片创作过程中,毅力比技巧要重要得多。纪录片中决定采访最终效果的首要因素不是技巧而是时间,不是规则而是情感的投入。要在调研者和被调研者之间建立友谊,而这种友谊绝不是简单的利用关系,而是真诚的人与人之间的惺惺相惜。

3. 调研时要注意的问题

在调研期间,注意不要给受访者你可能做不到的承诺,如不要承诺一定会在拍摄阶段采访他,这样才能避免让别人失望。有时,为了使某个重要人物高兴,需要拍一些特定的场景或某人物。但这种外交手段会影响纪录片的整体效果,是应当避免的。此外,也不要承诺会把成片拿给受访者看,不要以为这种承诺无关紧要,这以后的压力将会使你做出不得已的改变,因为受访者的意见可能会导致影片最后的剪辑失控。

纪录片像一面镜子,但单纯呈现真实是不够的,因为那只会使片子流于平庸,所以纪录片创作者应身兼纪录片工作者及艺术家两职,发掘出比题材本身更多且超出观众预料的亮点,从诗人及戏剧家的角度去看待片中人物,在日常生活中发现神话与传奇。在这个意义上,导演所要做的就是在看似冗杂琐碎的生活片段中寻找到如戏剧矛盾般紧凑的生活现实。

三、前期采访

在前期调研或搜集资料的过程中,为了更好地保证素材的真实可信,纪录片创作者往往需要进行采访。这种拍摄之前的采访称为前期采访。之所以要进行前期采访,是为了便于对即将拍摄的题材有一个整体的把握,了解什么可用和什么不可用。前期采访将会为后期工作节省大量时间、费用和心血。在前期采访阶段,要尽可能多的收集大量不同的观点。最初的判断通常来自于简略且有时不太有代表性的材料,因此要通过采访来验证推论是否正确,这就要借助于不同人的不同观点。一些人生活阅历丰富,他们能够尽可能地帮创作人员筛选出一些可靠的信息。很有趣的是,对一些人尤其是知名人士，向其问同一件事情，会得到完全不同的答案。偏袒一方观点或存在偏见都在所难免，但采访者必须知道他们为什么这样说，这样可避免做出肤浅的判断。

前期采访，其实在某种程度上就是对前期工作的查漏补缺。通过前期采访，可以对所拍摄的题材和对象有更多更全面的洞察和了解，以便下一步拟订计划，顺利进行拍摄。

四、拟订计划

在做好上述准备工作之后，就要拟订一个具体的工作计划来指导下一步的拍摄工作。在讲述应该怎样制定拍摄计划之前，可以先看看这样一段有趣的逸事：

格里尔逊邀请弗拉哈迪拍摄一部反映英国工业化进程的电影，拍摄前，英国政府的某个上层人士想要看看稿本，可是弗拉哈迪从来没有写过剧本，他只好回到旅馆像隐士一样呆了几天。最后，他给了格里尔逊一打纸，第一页写的是：关于手工业者的电影，导演罗伯特·弗拉哈迪。第二页写的是：电影剧本——工业化英国的场景。此外什么都没有。

专业纪录片的拍摄者倾向于无大纲操作，特别是采取直接电影风格的纪录片。但是在实际操作中，特别是针对初学者，拟定一个较为详尽的拍摄计划和现场采访计划，可以在很大程度上规避一些因为经验不足而出现的问题。

1. 拍摄计划

电视纪录片的拍摄还需要形成书面的策划文案，针对不同的播出载体强调纪录片选题的不同方面。比如，从事栏目纪录片选题策划时，受制于播出压力和收视率杠杆作用，在选题上就要更倾向于追求戏剧化，同时栏目纪录片还要考虑使上述戏剧冲突尽量在一个相对局限的行为空间、相对集中的时间里完成，以保证拍摄能够具有相当程度的可操作性。在策划文案中，一般包括选题简介、选题背景、主要人物、可能的纪实事件、戏剧冲突、纪录片的时间结构及故事发展所需的背景资料如何展现、市场卖点、资金预算与拍摄计划 10 个方面的内容，这不仅是为了在实际拍摄中可以清楚地指导拍摄者的工作，也是为了让上级审批部门清晰地了解选题，预测结果。

拟定计划的关键在于选定主题和切入点。就选定主题而言，重要的是在选材之后进行适当的策划和点化，要善于点化题材的价值——小小的水滴能折射耀眼的太阳，小水滴不是价值，折射的太阳才是价值。弗拉哈迪的妻子弗朗西丝在回忆丈夫时说道："观察和发现是所有艺术家进行创作的方式。"看似普通的事件在善于发现者的眼睛里往往别具一番风情。同样的事件和人物在不同的人眼中也有不同的映像，同一个唐璜在拜伦和莫里哀笔下就有天壤之别。一般来说,不要在拍摄前决定主题,但是在拍摄的过程中预设是不可缺少的环节,片子做出来以后应该有一个相对清晰的思想和相对集中的主题。纪录片的成熟实际就在于主题的多元性、深刻性。事实上,应反对用设定的主题去切割事实,而不是反对主题本身。

2. 现场采访计划

现场采访,是记者在拍摄现场通过观察、谈话的方式寻找、挖掘事实内涵的活动。纪录片注重纪实,很多场景的拍摄无法重复进行,所以现场采访非常重要,而现场采访计划的拟订尤为关键。采访提纲是记者逻辑思维和思考问题层次的体现,一个好的采访提纲,能够帮助记者坚定信心,临阵不乱,掌握采访的主动权,使采访得到良好的结果。通常情况下,采访计划包括以下要素:时间、地点的预约;第二方案的制定;采访内容的拟订,包括问题的准备;事前对采访对象背景的了解和资料收集。美国内华达新闻学教授拉鲁·吉尔兰德曾在拟定采访提纲方面推出了设计问题的辅助公式,有一定的指导意义。他提醒采访者在设计提问时应该涉及到下列一些具体的问题:

目标———你们(或组织)要实现的目标是什么?

障碍———你们遇到过什么难题吗?目前的阻力是什么?

解决———你们是怎样对付这些难题的?是否有解决矛盾的计划?

开始———这一设想是什么时候开始的?是根据谁的意见提出的?

当然,采访提纲的拟订还与采访者本人的采访习惯、交流方式有很大的关系,但确保问题的独到、准确、连贯、深入、引人入胜是更为重要的因素。

在拟订现场采访计划时要注意:在现场采访时,要事先询问被采访者是否可以录音;对主题的把握要丝丝入扣,尽量不要离题;对时间的控制要恰到好处,并注意自己的表情和语速、吐词的清晰明了;采访时遇到不清楚的地方要及时提问,绝对避免主观编造或任意添加,并在采访后向被采访者询问是否可以提供相关资料。

值得注意的是,严格意义上的电视纪录片讲求原生态地展现事件和人物,因此拍摄的前期工作布置应讲求对"度"的把握,切不可由于前期干预影响到纪录的原生性;在拍摄中,也尽量不要由拍摄者"采访",而是通过外因刺激来引发片中人物的反应,促使他们开口推动情节发展,可采用实验法、"他者"进入叙事等方式来自然置入。

如王海兵导演的纪录片《山里的日子》中,画家罗中立既是纪录片中的一个重要的被叙述的对象,他跟这里的人们那种"亲缘"般的关系、他的创作的原冲动、他与《父亲》原型的交往等,都成为纪录片叙述的故事;同时他又是编导在《山里的日子》里面安插的叙述者:通过罗中立与他人的交流,纪录片成功地展现了中国农村的现状及中国农民的精神状态。

第七章
电视纪录片的类型、价值与策划　121

《山里的日子》视频截图

图片来源于 http://www.swtv.com.cn

第八章　电视纪录片的拍摄

拍摄是电视纪录片创作过程中的中心工作，也是后期编辑工作的基础，同时还是纪录片在制作过程中较难驾驭的环节。

严格意义上的纪录片主要运用的纪录和表现手法是长镜头和同期声，而解说词相对较少甚至没有。由此可见，通过摄像采集的声画要素传递着电视纪录片的核心信息，是其审美意蕴所在。与其他影视文艺作品相比，电视纪录片的特点是现在进行时的拍摄，可预见性较弱，主观干预也相对较弱。电视纪录片的拍摄有着不同于专题片的显著特点。

第一节　电视纪录片的基本拍摄要点

摄像是电视工作的基础环节之一，电视工作从业者往往是由摄像而入门的。按照麦克卢汉的人体延伸论的观点，摄像的实质是人类外在延伸的"眼睛"。作为眼睛的"延伸"，摄像在发现、纪录世界中与人眼的显著差异主要在于：它可以控制景别、控制拍摄对象与画面边框之间的关系；通过构图控制画面内各要素的空间关系、控制光线角度的形成；摄像所得的画面边界较为清晰、内容选择性较强、其运动轨迹较平滑连续等。

在电视纪录片的拍摄中，由于摄像设备、技术、环境条件的不同，成像效果也会有所差异，从而通过画面传递出不同的主题信息。因此，熟悉电视摄像的基础常识，掌握其基本操作是电视纪录片创作所必备的条件。

一、摄像的基本知识

纪录片重纪实性，所以拍摄这一环节对于纪录片创作来说至关重要。本节将首先对摄像的基本常识作出阐释。

1. 镜头

首先，镜头的字面本意是指构成摄像设备所必要的光学器件。在影视作品中，镜头往往指从开机到关机所拍摄下来的一段连续完整（起幅到落幅）的画面，或两个剪接点之间的片段。

（1）镜头的分类

镜头依据不同的标准有不同的分类，以下主要依照镜头的光学特性对其进行分类。

① 按镜头的外形功能分类：球面镜头、针孔镜头、鱼眼镜头；
② 按照光圈分类：固定光圈式、手动光圈式、自动光圈式等类型；
③ 按镜头的视场大小分类：标准镜头、广角镜头、远摄镜头、变倍镜头、可变焦点镜头；
④ 按镜头的焦距分类：短焦距镜头、中焦距镜头、长焦距镜头、变焦距镜头。

使用不同的光学镜头拍摄下的画面，通常也可依据其镜头命名，如利用广角镜头拍摄出的一个大场景片段，也称作一个广角镜头。

（2）不同镜头的审美功能

不同的镜头具有不同的审美功能，适合于不同的表现场景。本书选取了电视纪录片拍摄中经常使用的几种镜头，分别进行分析。

① 标准镜头：标准镜头是焦距长度和所拍摄画面的对角线长度大致相等的镜头，其视角一般为45°～50°。标准镜头所拍摄的画面的透视效果与人眼现场观看到的实际透视效果吻合，它基本上是对原有事物的复制，是一般拍摄时使用的镜头。

② 短焦距（广角）镜头：短焦距镜头的视角大、物距近，适合表现开阔的空间和宏大的场面，有利于表现宏伟的群众场面、壮观的建筑物等多层景物的场景。这种镜头景深大、形变较大、透视效果强，有利于在较近的距离拍摄全景和远景，展现大范围景物全貌和大环境。

③ 长焦距（窄角）镜头：长焦镜头指焦距长于标准尺寸的摄影物镜。它的视角小、物距远、景深小、透视弱，背景向主体靠拢，画面比较生动，适合特写。在远距离拍摄时，长焦距镜头也能够拍摄出被拍摄主体的小景别画面，造成远处景物被移近的银幕效果，从而使被拍摄主体的表现更加突出。另外，长焦镜头景深小，在拍摄人物特写时很容易虚化背景，把人物从纷繁复杂的背景中突出出来，能造成虚实相生的唯美画面效果。

④ 变焦距镜头：变焦距镜头可以在摄像机机位不动的情况下，通过改变镜头焦距值，跨越复杂空间，完成移动机位所不能完成或不易完成的推镜头和拉镜头，实现画面景别的连续变化。变焦距镜头可以代替一组不同焦距的定焦镜头，在拍摄时可以不必频繁地更换镜头，加快了现场拍摄速度，给摄制人员的实际拍摄带来很多便利条件，也给编导提供了更加充分地实现创作意图的技术保障。现在的摄像设备大多具有变焦功能。

2. 景别

景别是指被拍摄主体和画面形象在电视屏幕框架结构中所呈现的大小和范围。景别的变化主要在于摄像机与被拍摄对象间的距离远近，以及摄像机镜头的焦距长短。不同景别可在同一角度、同一焦距下，以与被拍摄物体的不同距离摄得，也可用同一角度、同一距离的不同焦距的镜头来摄得。

（1）景别的分类

按照画面中人物的大小，景别通常可分为如下几种类型。

① 远景：远景是视距最远的景别，是摄像机远距离地拍摄包括人物全体和人物所处的环境的一种画面。通常，广角镜头能够最全面地拍摄远景镜头。

纪录片《喜马拉雅》视频截图，图中景别即远景

图片来源于 http://www.cctv.com

② 全景：全景的表现范围比远景小，只包括所要表现的事物的全体、全貌，而不包括它的周围环境。全景镜头是摄像机摄取人物全身形象或场景全貌的一种画面。

纪录片《喜马拉雅》视频截图，图中景别即全景

图片来源于 http://www.cctv.com

③ 中景：中景和全景相比，取景范围小，是摄像机拍摄人物膝盖以上部分或同等比例的镜头，重点在于表现人物上半身的形体动作。

第八章 电视纪录片的拍摄

纪录片《喜马拉雅》视频截图，图中景别即中景

图片来源于 http://www.cctv.com

④ 近景：摄像机拍摄人物的腰部或胸部以上或同等比例的画面，近景有时也摄取景物中的某一部分。

纪录片《喜马拉雅》视频截图，图中景别即近景

图片来源于 http://www.cctv.com

⑤ 特写：特写通常指用来表现人物肩部以上的头像或某些被拍摄对象的细节画面的镜头，根据需要也可采用大特写来表现人的某一局部或某些被拍摄对象的局部细节的画面，如手的特写、花瓣的特写等。

纪录片《喜马拉雅》视频截图，图中景别即特写

图片来源于 http://www.cctv.com

（2）不同景别的审美功能

① 远景：镜头距离拍摄对象较远，拍摄画面开阔，景深大，能交代事物发生的地点和周围环境，充分展示人物活动的空间环境，表现出宽广、辽阔的场面和雄伟、壮观的气势。远景多用来渲染气氛，营造某种意境，抒发作者或人物的情感。

② 全景：全景能再现拍摄对象的总体风貌，如实地介绍和平叙，富有客观、冷静展示的品格，既能清楚地交代外部环境，又可表现被拍摄对象与环境的关系，因此可用来表现空间中人物的整体活动过程，展现人物的整体动作以及人物和周围环境的关系。它常常用于拍摄人物在会场、课堂、集市、商场等一定区域范围内的动作，是表现环境中的人或物的主要手段。

③ 中景：中景的位置适中，被拍摄对象占画面空间的比例较大，观众既能看清人物的活动过程，又能细致地观察到人物的面部表情，展现人物的心理情绪变化，适于观众的视觉距离，是影视作品中使用较多的基本景别。

④ 近景：与中景相比，近景画面视野较狭窄，被拍摄人物占据了画面的大部分，使再现空间大大缩小，观众难以看到人物的整体活动过程和外部环境的变化，只能将注意力放在人物的肖像和面部表情上，常用来表现人物的感情和心理活动，突出人物的面部表情和重要的动作。近景还可以用来表现人物的容貌、神态和衣着等，是刻画人物性格最常用的景别。

⑤ 特写：特写是在视觉上距离被拍摄对象最近的一种景别，画面内容较为单一。通过对被拍摄对象细微特征的描绘，使观众着重于观察某种关键性的细节，产生强烈而清晰的视觉形象，以此揭示被拍摄对象的内部特征及本质内容。特写景别的独特价值在于直接作用于人的心理：或惊心动魄，或发人深思，或愉悦性情。特写画面分割了被拍摄对象与周围环境的空间联系，常被用作转场镜头。

3. 景深

光学镜头能把景物空间中一定范围内的物体在像平面上都形成清晰的像，这个范围所对应的纵深距离为景深（或拍摄某景物时，可保持该景物前后其他景物成像清晰的范围）。从被拍摄主体到最近清晰点的距离称为前景深，从被拍摄主体到最远清晰点的距离称为后景深，后景深大于前景深，二者之和称为全景深。

（1）影响景深的因素

景深的范围可调，画面的景别不一样，景深也不一样；摄像要求不同，对景深的需求也不同，从而对画面表现产生一定影响。小景深虚化背景，可让观众视线集中于主体或前景，突出其细部特征；反之景深范围大，每个层次的影像都十分清晰，可以让观众的视线在画面中的不同层次上停留较长时间。影响景深的因素大致有以下几个。

① 焦距：摄像机与被拍摄物体的距离固定，光圈固定时，镜头焦距越短，景深

范围越大；反之则越小。

② 光圈：当焦距、物距固定时，光圈越小，景深范围越大；反之，景深范围越小。

③ 物距长短：当焦距、光圈为一定值时，物距越长，景深范围越大；反之越小。

4. 光线

光线是电视纪录片拍摄最基本的条件与表现手段之一。可以说，摄像作为光与影的艺术，其本质就是对光线的把握。光可以用来塑造不同性格、不同层次的人物形象，还能刻画人物内心世界及其微妙的变化，营造典型人物的典型环境，创作各种各样的环境气氛，烘托人物、表现情节。光线可以突出作者或编导想要着重表现的某个重要部分，对事物进行美化和渲染。

（1）光线的分类

光线的分类方式有很多种，这里简要列举几类在电视纪录片拍摄中常用的光线进行分类。

① 按光线的不同来源分类

自然光：自然光是在室外完全依靠太阳光照提供的光源，在电视节目的拍摄中，用得最多的就是自然光。

人造光：在实际拍摄时，现场光线若不能满足物体的亮度需要，就必须增加额外的光源，这就是人造光。人造光多以碘钨灯、电瓶灯、聚光灯等为主。

② 按光源的投射方向分类

顺光：顺光是光源从摄像机后面照向被拍摄物体的光线。顺光是实际拍摄中最常使用的光线，可以使拍摄物体表面均匀受光，产生柔和、明快的视觉效果。

侧光：当光线投射方向与摄像机拍摄方向存在夹角时，就形成了从侧面照明。侧光能使被拍摄物体产生明暗程度不同的影调变化，表现出被拍摄对象的轮廓线条和立体形态。

侧顺光：又称斜侧光，是光线投射方向与摄影机镜头成45°角左右时的摄影照明，在摄影艺术创作中，常用作主要的塑形光。这种光线照明能使被拍摄物体产生明暗变化，较好地表现出被拍摄物体的表面质感、立体感和轮廓，并能丰富画面的阴暗层次，起到很好的造型塑型作用。

侧逆光：亦称反侧光、后侧光，是光线投射方向与摄影机拍摄方向大约成水平135°角时的照明。侧逆光照明的景物，大部分处在阴影之中，景物被照明的一侧往往有一条亮轮廓，既体现轮廓又对线条有一定的表现力。

逆光：逆光是当光源在被拍摄物体背后，与镜头光轴方向相对时，形成的逆光照明。逆光照明使被拍摄物体正面处在阴影之下，只能勾勒出它的轮廓形态，显示其明暗反差。

顶光：光线来自被拍摄物体上方的照明。景物水平面照明范围最大，缺乏中间层次，拍摄人物形象易造成前额发亮、眼窝发黑、鼻影下垂、两腮阴影突出等反常、特殊的艺术效果，不利塑造人物美感，但可形成严肃感。

脚光：脚光是指光源低于被拍摄物体，由下往上的照明，常被用作表现画面中的特定光源，如台灯、篝火等照明效果；或是刻画带有特殊情绪的人物形象、渲染特殊气氛等。根据脚光的前后位置、光线强弱，也可达到对拍摄对象的丑化或是修饰细节的效果。脚光常用作辅助，作为效果光使用。

③ 按光线的造型作用分类

主光：主光是塑造形体的最主要的光线，它是照明灯发出的直射的光束，能使被拍摄的主体景物明亮。主光是描绘被拍摄物体的形状和表面结构等方面的主要光线，在照明时还需要其他光线对主光进行辅助照明，以形成所需要的光效。

辅助光（又称副光、补光）：辅助光用于照明主光照不到的阴暗部分，使阴暗部分的细节也能得到表现，减弱主光与阴暗部分之间光线的强烈反差。辅助光主要采用柔和均匀的散射光来照明。

修饰光（又称装饰光）：修饰光主要用来修饰被拍摄物体的某些细节或局部，使其更加突出，有时也用来消除被拍摄物体表面的一些小缺陷，能够美化画面，使画面更加生动。

轮廓光：轮廓光是用来照亮被拍摄物体外形轮廓的光线。它能给物体勾画出鲜明的轮廓，使被拍摄物体与背景之间产生明显的界限而能清楚地区分开来，增加形象的立体感和画面的空间感。

背景光（又称环境光）：背景光主要用来照亮被拍摄物体所在的背景及其周围能够拍摄到的环境，可以渲染气氛，表现主体周围环境的时间与地点等特征。在布光时必须予以重视，才能使背景得到良好的表现。

效果光（又称气氛光、模拟光）：效果光主要用来制造特殊的光线效果，能够增加环境的真实感，根据剧情渲染气氛、感染观众，如雷电光效等。

（2）光线的功能

不同的光线强度、颜色效果、角度变化方式等对视觉效果会产生不同影响，可在画面中呈现被拍摄物体的形态、体积、质地和色彩等的丰富变化。光线在具体拍摄中的功能主要有以下几种：

① 塑造人物形象，反映人物性格，表现人物内心世界的矛盾冲突。除了依靠服装、化妆、道具和剧本之外，光线也是塑造人物形象的重要手段。光线不仅可以刻画人物的气质和性格，还可以呈现人物内心世界的矛盾和冲突，成为推动故事发展的内在依据和动力。

② 运用不同的光效，创造特定气氛，烘托环境氛围。光线能使被拍摄对象和被拍摄的环境富有某有"情感"，创造出某种特定的氛围，如庄严肃穆感、富丽华贵感、

单纯质朴感、阴森恐怖感、沉闷压抑感等。由于光线的作用，环境氛围的表现更加浓郁、明显、突出。

③ 丰富画面构图、均衡画面。摄像画面构图要求重点突出、主次分明，利用光线手段可以较为轻易地达到这一效果，因此光线是构图的重要手段。光线照明产生的明暗效果可以突出主体、掩盖陪体，合理运用光线的投影可以丰富画面构图、均衡画面。

5. 角度

拍摄角度是摄像机与被拍摄对象在摄像机垂直平面上的相对位置，或者说在摄像方向、距离固定的情况下，摄像机与被拍摄对象之间的相对高度。

（1）角度的分类

根据摄像机与被拍摄对象之间的相对高度，摄像机的拍摄角度可分为以下几种。

① 平拍：平拍是摄像机和被拍摄对象在同一个水平线上进行拍摄。

纪录片《迁徙的鸟》视频截图，其拍摄角度即为平拍

图片来源于 http://www.cctv.com

② 仰拍：仰拍是摄像机低于被拍摄对象时向上拍摄。

纪录片《迁徙的鸟》视频截图，其拍摄角度即为仰拍

图片来源于 http://www.cctv.com

③ 俯拍：俯拍是摄像机高于被拍摄对象时向下拍摄。

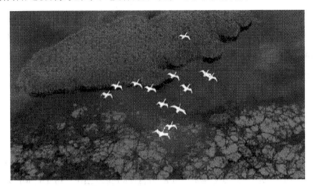

纪录片《迁徙的鸟》视频截图，其拍摄角度即为俯拍

图片来源于 http://www.cctv.com

（2）不同角度的审美功能

① 平拍：由于摄像机位于人眼高度，画面具有平视、平稳的效果，符合人的视觉习惯和观察景物的视点，是一种纪实性较强的角度，在电视纪录片拍摄中多有运用。平拍角度拍摄出来的画面透视关系、景物大小对比和人眼观测的大致相同，使人产生认同感和亲切感。平拍视角是正常环境中多数情况下的拍摄方式。

② 仰拍：仰拍代表观众向上仰望的视线，改变了人眼观察事物的视觉透视关系，产生高大、挺拔、雄伟、壮观的视觉效果，在感情色彩上往往有舒展、开阔、敬仰的感觉，有利于深化主题，丰富画面的内容。但是，在采用仰拍角度时也要注意，仰拍会使面部表情过于夸张，在不合适的场合使用这种视角可能会扭曲、丑化主体。因此，这种效果不能滥用，如果运用过多，则会适得其反。

③ 俯拍：俯拍代表观众向下俯视的视线。在拍摄景物时，可以将景物由近及远地在画面上自下向上充分展开，有利于表现地平面上景物的层次、数量、位置，介绍环境、地点和规模，展示物与物之间的关系方位感。俯角拍摄有利于表现多景次的地面景物，表现被拍摄对象的立体感。在拍摄人物时，俯拍能使地面扩大、人物变小，带给观众阴郁、渺小、压抑的感觉，可以用来适当表现人的悲剧命运或是人物的卑劣品性。

6．构图

电视摄像构图是指在实际拍摄过程中，根据剧本的要求，把人、景、物等被拍摄对象按一定的规律安排在电视画面中，以特定的画面逻辑突出事物的表意特征，表达作者或编导的思想感情，努力取得较为完美的画面效果。

（1）电视画面的结构成分

① 主体：主体即电视画面中所要表现的主要对象，既是反映内容与主题的主要载体，也是画面构图的结构中心。

② 陪体：陪体是指与画面主体有紧密联系，在画面中与主体构成特定的关系，或帮助主体表现主题思想的对象。

③ 前景：在画面中位于主体之前或靠近镜头位置的人、物、景物统称前景。它有时可能是陪体，但大多数情况下是环境的组成部分。

④ 后景：位于主体之后的人物或景物称为后景。在画面中，后景多为环境的组成部分或是构成生活氛围的实物对象。

⑤ 环境：环境是指画面主体对象周围的人物、景物和空间。环境包括前景、后景和背景，是组成画面的重要因素之一。

⑥ 背景：背景可理解为在画面中距镜头最远的景或物，它与画面主体构成了底与图的关系。背景能够表现人物或事件所处的时空环境，造成一定的画面气氛、情调，并帮助主体解释画面的内容。

⑦ 空白：空白是指画面中看不出实体形象而趋于单一色调的部分，形成实体形象间的空隙，以沟通画面间各个实体。

（2）构图的形式

构图的分类方式很多，按照摄像机和被拍摄物体的水平拍摄关系大致可分为正面构图、侧面构图和背面构图；按照摄像机和被拍摄物体的垂直拍摄方向可分为平拍构图、仰拍构图和俯拍构图。还可根据画面几何布局分为水平构图、垂直构图、三角形构图等；根据画面结构变化与否分为静态构图、动态构图等。以下重点介绍几个较为常用的构图概念。

① 静态构图：是指画面造型元素及结构均无明显变化的构图形式。被拍摄对象与摄像机均处于静止状态，镜头内的构图关系基本固定，也不出现明显的光影和色彩变化。

② 动态构图：是指画面造型元素及画面结构发生变化的画面构图形式，画面中的视觉主体、构图结构均发生变化。拍摄中进行动态构图通常是在一个镜头内部通过场面调度、镜头焦点虚实变化等多种手法实现。

③ 水平构图：水平构图的主导线形是向画面的左右方向（水平线）发展的，适宜表现宏大、宽敞的横长形景物，及大场面景物、大型建筑物等。

④ 垂直构图：景物多向画面的上下方向发展。采用这种构图的目的往往是强调被拍摄对象的高度和纵向气势。如高层建筑、高山、树木等。

⑤ 斜线构图：斜线在画面中出现时，一方面能产生运动感和指向性，易引导观众的视线，随着线条的指向去观察；另一方面，斜线能给人以三维空间的第三维度印象，增强空间感和透视感。如对角线构图。

⑥ 曲线构图：曲线构图又称 S 形构图，给人一种韵律感、流动感，能有效表现被拍摄对象的空间和深度，还可有效利用空间，把分散的景物串连成一个有机的整体。如河流、羊肠小道、沙丘等。

⑦ 黄金分割构图：是指按黄金分割点（1:0.618）来安排主体的位置，分配画

面空间，安排画面中地平线的位置等，形成不对称且较生动的构图。

⑧ 九宫格构图：此种构图方式包括井字形构图、田字形构图等，将主体安排在这些交叉点是最理想的位置。如摄录多对象多景物画面时，按九宫格的连线和交点来排布位置、分配空间，能使画面更为和谐。

（3）构图的基本规范

① 摆正：以画幅边框作为参照线，将被拍摄对象置于画面中的适当位置。由于电视画幅的固定性（4:3 或 16:9）及拍摄中构图的现场一次性，为避免后期制作出现不必要的麻烦，需要在开机前确定被拍摄对象的正确位置。

② 视线留空：如果画面要表现人物的视线关系，应该根据视线方向对画面进行留白处理，否则容易造成视距结构不稳。

③ 视点变化时注意从左往右。电视画面构图可以在摄像过程中不断变化视点，进行多角度摄像。但除非特殊情况，通常视点变化应当符合人的视觉心理习惯，从左往右进行拍摄。

④ 注意构图结构的整体性。电视节目的完整内容通常是由几个乃至几十、上百个画面所传达的，内容往往从上一个画面延续而来或向下一个画面发展下去，故单个画面的构图可能不完整，但在一系列画面组接之后，会形成构图结构的整体性和传情达意的规律性。因此，一系列镜头的整体结构和组合关系会对单个镜头的构图产生特定的要求。

⑤ 慎用非常规构图。特定情况下，非常规构图会对画面造成一定冲击力，达到渲染气氛的效果。但在大多数拍摄中，非常规构图易使单个镜头与段落中其他镜头难以协调，并且不符合人的视觉特性，从而造成表意含混或带来观影的不舒服感等。

7．镜头运动

通过镜头的运动，摄像产生了多变的景别和角度、多变的空间和层次，形成了多变的画面构图和审美效果。在屏幕上直接表现人们在生活中流动的视点和视向，不仅赋予电视画面丰富多变的造型形式，也使电视成为更加逼近生活、逼近真实的艺术。

（1）镜头的运动方式

镜头运动包括摄像机通过自身机位的运动或光学镜头焦距的变化两种方式，使观众从画面中看到（感知到）镜头的运动。

（2）镜头运动技巧

① 推：推摄是摄像机向被拍摄主体的方向推进或变动镜头焦距，使画面框架由远而近，向被拍摄主体不断接近的摄像方法。用这种方式摄录的运动画面称为推镜头。推镜头有利于突出画面主体、细节，形成步步深入的效果，其推摄的速度则可影响、调控画面节奏。

② 拉：拉摄是摄像机逐渐远离被拍摄主体，或变动焦距（从长焦到广角），使

画面框架由近至远，与被拍摄主体拉开距离的摄像方法。拉镜头形成视觉后移的效果，有利于表现主体和主体所处的环境关系。其景别连续变化，保持了画面表现时空的完整和连贯，较能发挥感情上的余韵，常用作转场镜头，使得场景转换连续、流畅。

③ 摇：摇摄是指摄像机的机位不动，借助于三脚架上的活动底盘或摄像师身体，变动摄像机光学镜头轴线的摄像方法。有水平移动镜头光轴的水平摇、垂直移动镜头光轴的垂直摇、中间带有几次停顿的间歇摇、各种角度的倾斜摇、摇速极快的甩镜头等。摇镜头通常用于展现空间、扩大视野，有利于通过小景别画面传递更多的视觉信息，交代同一场景中多个主体的内在联系。

④ 移：它是将摄像机架在活动物体上（如交通工具、人体、摇臂、移动轨道车等）随之运动而进行的摄像。在移镜头中，摄像机的运动使画面框架始终处于运动之中，画内的物体无论是处于运动状态还是静止状态，都会呈现出位置不断移动的态势。移镜头通过摄像机的移动，开拓了画面造型空间，在运动中展示了一个除长和宽之外还有纵深变化的立体空间，在表现大场面、大纵深、多景物、多层次的复杂场景时具有气势恢弘的造型效果。

⑤ 升（降）：摄像机借助升降装置等一边升（降）一边摄像的方式叫升（降）摄像。升（降）镜头的升（降）运动带来了画面视域的扩展或收缩。当摄像机机位升高后，视野向纵深逐渐展开，能越过某些景物的遮掩，展现出由近及远的大范围场面；机位降低时镜头离地面越来越近，所展示的画面范围也逐渐逼窄。

⑥ 跟：跟摄是摄像机始终跟随运动的被拍摄主体一起运动而进行的摄像。画面始终跟随一个运动的主体（人或物），由于摄像机的运动速度与被拍摄对象的运动速度相一致，这个运动着的被拍摄对象在画框中处于一个相对稳定的位置上，景别固定，而背景或环境则始终处于变化中。

⑦ 复合运动：是指在一个镜头中，把推、拉、摇、移、跟、升（降）等各种运动摄像方式，不同程度地有机结合起来的摄像方式。镜头运动技巧的综合运用产生了更为复杂多变的画面造型效果，增强了画面的表现力。

（3）变焦

变焦是指在摄像机机位不变的情况下，通过改变焦距值而实现镜头的运动变化，通过焦点虚实的变换，达到画面视觉中心的转移，能够使观众产生走进被拍摄主体或远离被拍摄主体的感觉。但是，变焦不宜滥用，毫无规律章法的变焦，非但不能产生预期的拍摄效果，还会使观众产生晕眩、晃动的感觉。

变焦的实现方式大致可分为以下两种。

① 跟焦：运动摄像中，由于被拍摄物体的运动与摄像机的运动往往不同步，为了保证画面清晰，要不断调节其焦点，这个过程叫跟焦。

② 移焦（虚焦）：通过对不同远近的被拍摄物体的虚实转换，将观众的视线时而集中在近处景物上，时而集中在远处景物上，以达到画面视觉中心的转移，这个

过程叫移焦。

二、摄像机机位设计

1. 单机拍摄

单机拍摄，顾名思义，就是在拍摄现场使用一台摄像机进行拍摄。电视专题片拍摄中，单机拍摄运用较多，占主体地位。但单机拍摄也有一定的局限性：由于单个摄像机的工作量大、镜头活动量多，容易显得单调，使观众感到视觉疲劳，产生厌倦心理。在拍摄中，单机拍摄对场面把握不全面、角度局限大、对细节捕捉不够充分和及时等缺陷比较突出。而且，纪录片拍摄的是"现在进行时"的对象，往往是一次性行为，单机拍摄只能拍摄某一方向的某一局部，对场景中其他必要要素的记录则需要借助另外的摄像机同步完成。

2. 多机拍摄

（1）多机拍摄的概念

多机拍摄是使用两台或两台以上的摄像机，面对同一场面同时拍摄不同角度和景别的画面。如在某些规模宏大的场景中，人物众多、场面调度较为复杂，而纪录片拍摄又具有不可重复性，因此，要保证摄制的顺利进行，一般都需要多机位进行拍摄。

例如，在2009年国庆阅兵庆典拍摄中，天安门广场共安排了57个机位，从广场核心地段到空中航拍皆有部署，保证了对庆典活动的全方位记录。

需注意的是，由于多机位拍摄涉及的场地、工作人员、机器、灯光等布局较为复杂，且多机拍摄成本也相对昂贵，因此拍摄过程中对各个机位的协调非常重要。

（2）如何分布多个机位

多机拍摄通常以所有摄像机中的 1~2 台为主，拍摄大远景或表现主角的场面时，可根据需要另编数台摄像机补充摄录该场面中的相关部分。以 3 台摄像机为例，一般编为一台游动机、一台中间机获取整个场景的全景画面、一台机器靠近被拍摄对象摄取特写镜头表现细节。或是正反打镜头中，采用双机位拍摄同景别两个人物对话时的过肩正反打：一台机器拍摄一个人物的对话镜头，另一台机器反打对方的反应或者对话。

（3）多机拍摄的优缺点

优点：多机拍摄在影视制作中较为常见，一般都可以一次完成拍摄，一方面可以节约剪辑时间，另一方面因为无须重新选择机位、反复布光，能够提高拍摄进度。同时，多角度的镜头拍摄能为后期剪辑提供丰富的素材，对时效性要求很高的电视节目来说，可以节约很多后期剪辑时间。

缺点：可能使导演变得懒惰而不去构思镜头调度，而且为防止相互穿帮，各个摄影机的走位都基本保守；为拍摄过程中的布光、同期录音等带来一定的难度，同时胶片的消耗量也较大，拍摄成本增加。

三、电视纪录片拍摄准备程序

在进行具体拍摄之前，电视纪录片的制作者首先应该掌握摄像机的基本构造。不同型号的摄像机其构造也会有所不同。从共性上看，电视纪录片的具体拍摄准备程序主要体现为以下步骤。

1．光影调度

纪录片主要为纪实性拍摄，通常采用自然光照明。而自然光受不同天气条件、不同拍摄角度等的影响，亮度、色温等均有不同。因此，为保证画面质量，应根据拍摄内容与主题，对画面色彩和光线进行适当调整。比如，对时间、地点要求不甚确切的场景，可以选取晴天光线充足的地方进行拍摄，必要时还可采用人工布光以突出被拍摄对象，渲染影像气氛。

2．调整白平衡

在摄像中，当光源或色温变化后，为保证色彩还原准确，需要对白平衡进行调整。简单地说，就是在不同色温条件下保证色彩的真实正常。具体操作时，将镜头对准白色物体（如白纸、白布等），一般来说白色物在画面中应占50%以上的位置，聚好焦，然后按下白平衡调节开关，使镜头画面中的白色与镜头前的物体一致。若无白色物体，而画面中色彩种类丰富且较为均衡，则可直接根据肉眼判断调节。此外，在拍摄中若需要达到某些特殊效果，则可采用反转色，调出其反差色调，如用发黄的白纸调白平衡，画面将偏蓝色，形成阴冷色调，这也是在光线较强时拍摄夜景效果常用的方法。

3．检查话筒

在拍摄工作开始前应当要检查摄像机的话筒是否完好，各项主要的技术指标是否达到应有的水准，若录音环境不理想可以适当选配外接麦克风。这些细节都应加强重视，因为一旦开始实地拍摄，哪怕是一根线、一个插头出现问题，都会影响拍摄，严重的还延误整个拍摄进程的开展。而在专业拍摄中，为保证声画一体效果更出色，通常会采用专门的集音设备进行分离录音，以达到音效更逼真、音质更纯净的现场同期声效。

4．对焦

在拍摄时以拍摄主体在画面正中央为对焦的点，避免拍摄主体前有走动的物体影响红外线测距。摄像机一般可采用自动对焦，但是在专业拍摄中需要精确确定聚焦对象，且对前后景深均有较高要求，而部分专业级以上的摄像机一般不具备自动对焦功能，这就需要摄像师手动调节镜头的焦点。

准备工作完成之后就可根据需要确定构图与运动方式，正式开机拍摄了。

第二节　电视纪录片的主要拍摄手法

摄像不仅是一项技术，更是一种艺术，也是一种社会工作方式；不仅是体力劳动，更是脑力劳动。探讨电视纪录片的拍摄，不得不提到电视纪录片拍摄手法的历史沿革。我国电视纪录片拍摄手法到20世纪80年代形成了"画面+解说"的模式，往往是先写好解说词再配画面。进入90年代后，观察式纪录片悄然兴起，原生态、长镜头、故事性、同期声，构成了纪录片拍摄的主要特点。进入21世纪后，纪录片的拍摄更是呈现出多样化的趋势，其主要拍摄手法有以下几种。

一、跟踪拍摄

电视纪录片强调纪实性，强调纪录时空的原始面貌，所以在纪录片创作过程中，跟踪拍摄是经常会运用到的拍摄方式。所谓跟踪拍摄，就是记者对将要发生或正在发生的事件不预先进行采访，而是直接跟随事件的发生、发展过程进行采拍的一种方法。挑、等、抢、抓是跟踪拍摄的主要手段。它有别于那种先行采访——经过记者的构思、选择、提炼、谋篇布局之后再行拍摄的方法。先采访后拍摄的方式，往往要采访对象重复说话、重复做事，这就会使被采访者产生心理上的戒备或压力，出现人工摆布的痕迹，结果还容易导致事实的扭曲，给人一种虚假的感觉。跟踪拍摄采访时，采访与拍摄同步进行，事先不做任何安排，记者追随人物或生活中不可预测的情节，忠实地纪录生活的真实流程，从而使客观生活中的一系列形象对观众起到心理上、情绪上和视觉上的感染作用，使观众如身临其境般地参与镜头所描述的场面。跟踪拍摄的运用，是为了强调纪实性纪录片"现在进行时"的特征及情节发展的不可预期性。记者与被拍摄主体共同参与故事的开始、发展、演变、转折等过程，充分调动观众对未知结局的期盼情绪来进一步渲染纪实美在整个纪录流程中的展现。

随着科技的发展，很多先进的设备被研制出来，专门用于跟踪拍摄，如《动物世界》这类电视纪录节目当中就有运用。《帝企鹅日记》中，为了拍摄新出生的小企鹅，摄影师杰罗姆·梅森设计了一种单脚滑行车，把摄影机固定在上面，以便在冰上绕着小企鹅滑行拍摄；雅克·贝汉在拍摄《鸟的迁徙》时更是大费周折，为了跟踪鸟群拍摄，他们动用了五六种不同的飞行器，包括传统滑翔机、热气球、直升机、小三角翼飞机、载摄像机的遥控飞行器等。在这些飞行器的帮助下，摄影机跟着迁徙的鸟群，或者直接混入鸟群，拍下了许多无比震撼的空中飞行镜头。比起《帝企鹅日记》、《鸟的迁徙》，更令人拍案惊奇的是《微观世界》。为了将这个微观世界搬上胶片，一对法国生物学家夫妇专门花费两年时间开发各种新的摄影技术与设备。比如，在一个遥控飞机模型上装了轻如薄翼的摄像机，可以跟着蜻蜓一起飞；开发运动控制摄像系统，由计算机直接控制镜头的运动，能多角度拍摄高清晰的影像而不破坏镜头流畅的诗意等。

《帝企鹅日记》视频截图

图片来源于 http://www.mvgod.com

《微观世界》视频截图

图片来源于 http://www.cctv.com

二、交友拍摄

　　交友拍摄既是纪录片拍摄的一种有效手段，又是完美表现纪录片真实性和艺术性的最佳方法。所谓交友拍摄，即事先同被采访对象进行情感沟通，双方成为朋友后再投入拍摄工作。交友拍摄有利于消除被拍摄对象对镜头的陌生感和戒备心理，双方经过交流沟通后再进行拍摄，就能够最大限度地保证画面的自然、生动，真正达到客观记录的目的。

弗拉哈迪首创了"交友式"拍摄的纪录方法。在拍摄《北方的纳努克》的过程中，弗拉哈迪为了挖掘生活、有效地把握和组织材料，三度深入实地，和被拍摄对象朝夕相处，等待"故事"逐渐成型。在弗拉哈迪的影响下，纳努克热爱上了电影。他不仅积极配合弗拉哈迪拍摄，而且给弗拉哈迪出了不少主意。作为向导，纳努克不仅把弗拉哈迪带进了一个个爱斯基摩人的生活现场，同时也带他进入一种生机勃勃的文化传统中。在拍摄程中，弗拉哈迪与爱斯基摩人朝夕相处，打成一片。弗拉哈迪改变以往"旅行片"拍摄那种走马观花式的工作方法，第一次把游移的镜头从风俗猎奇转为长期跟踪一个爱斯基摩人的家庭，表现他们的尊严与智慧，关注人物的情感和命运，并且尊重他们的文化传统。弗拉哈迪开创的纪录方法就是把拍摄活动和现实中人与人的交往有机地融合在一起。这种与被拍摄者长期共处，藉以掌握其真实面貌的拍摄方式，被后来的纪录片作者长期采用。

三、摆拍

所谓摆拍，就是编导根据自己的设想，创造一定的环境，设计一定的情节，让被拍摄者表演，最后由摄像师拍摄完成的过程。很显然，摆拍的摄影作品往往具有更好的用光和构图、更优美的背景、更漂亮的模特、更具戏剧性的情节。在讲究纪实性的纪录片中运用摆拍，向来争议很大。但摆拍可以强调突出某些特定时空和特定内容。

如伊文思的《博里纳奇矿区》中的"矿工反镇压"，就是运用的摆拍方式。伊文思的本意是重现工人活动，不料被警察发现，前来镇压，于是演变成真正的激战。

当然，摆拍是一种不可轻易使用的方法，纪录片拍摄应当尽可能地运用"现场进行式"的手法。

电视纪录片中情节摆拍程度严重的，内容和表现形式必然失真，雕琢痕迹明显，不能得到大多数观众的认可。但如果摆拍痕迹不明显，而且运用得恰当合理，在电视纪录片不得不用的情况下依然能起到很重要的作用。有很多优秀的纪录片也采用了摆拍的形式。

如获亚广联大奖的电视纪录片《最后的山神》有一个小鸭子走了又回来的片段，就有摆拍的成分。再如《舟舟的世界》中有一个场景：舟舟在剧院大门的台阶前做自我介绍："朋友们好，这个武汉乐团的指挥是我，我是胡忆舟……"这个镜头非常稳，画面构图也很讲究，不排除摆拍的可能。编导在这个片段中很巧妙地补充进了一句解说："舟舟有即兴发表演说的爱好，不过是在他高兴的时候。"解说词既符合舟舟特殊的身份和性格，又将摆拍的痕迹巧妙地融进合理的情景之中。

四、长镜头拍摄

长镜头是指连续地用一个镜头拍摄一个场景、一场戏或一段戏，以完成一个比较完整的镜头段落，而不破坏事件发展中时间和空间连贯性的镜头。一般认为，电影史上最早应用长镜头的范例是"世界纪录片之父"罗伯特·弗拉哈迪拍摄的纪录片《北方的纳努克》。长镜头作为纪录片的主要拍摄手段，近年来越来越受到创作者的关注。纪录片力求真实可信，而长镜头具备时空连续性，在真实性上显示出明显的优势，更能接近现实生活的原型，平实质朴。

如纪录片《下山的路》讲述的是一个小山村修路的故事。为了生存，山村村民决定集体修路。为了表现村民们的决心，片中多次运用长镜头拍摄。其中有一个村民杨建林吹唢呐的镜头长达一分多钟：摄像机巧妙地推拉摇移，从杨建林的脸部特写、手部特写，到村民们吸烟的场景，再到远处的苍山……其间没有人物对白，没有解说，没有更多的人物动作，只有起伏的唢呐声和苍凉的山谷回音，却将悲伤、艰难、欢乐与希望极富感染力地交织在一起，给观者留下了深刻的印象。

当然，运用长镜头进行拍摄时，摄影师还须注意场面调度及信息含量，绝不能在一个没有意义的画面上停留太久。

第三节　拍摄过程中的介入

电视纪录片要求拍摄的是客观存在的生活、"原生态"的生活，这样才能达到最高的真实性。但是在实际拍摄过程中，有些电视人或多或少地介入了他们所拍摄的生活中，对生活进行了某种介入，从而使所拍摄的对象发生了一定的变化。

一、刺激性纪实

拍摄过程中纪录片创作者对所拍摄对象的生活所进行的介入，从某种程度上来讲可以理解为一种刺激性纪实。"真实性"、"非虚构性"是纪录片的本质属性。随着时代的发展，纪录片的观念在多元化发展的同时，对传统中"真实"的概念也有了新的突破。其中，纪录片拍摄过程中创作者的介入就属于突破之一。

如张以庆的《幼儿园》，这部反映中国幼儿教育现状的纪录片，其中一个重要的组成部分是创作者与小朋友的话语交流。创作者尽管不入画，但他对小朋友的提问则造成了刺激性纪实的效果。其中的一段对话是这样的：

创作者：那如果给你的钱，你收到以后是交给你的领导还是自己拿回家呢？

> 小朋友：交给领导，也分一点，都分一点。
> 创作者：如果不分，自己拿回家行不行？
> 小朋友：不分？那不行，如果我的领导没钱怎么办？

正是这种以提问的方式介入拍摄对象的方式，可以让观众从中领悟到小孩由于受到社会环境中消极思想的影响而以成人的思维看问题，这是单纯的无介入的纪实片所无法淋漓尽致地表达出来的。

《幼儿园》视频截图

图片来源于 http://www.ce.cn

也有人认为拍摄过程中的介入违背了纪录片真实性的原则，尤其是那些对纪录片的"真实性"做浅表化理解的纪录片创作者们更是反对这种介入。这些创作者们往往认为纪录片的"真实性"应该为：结局的开放性，主题的无目的性，碎片化、零散化、非线性化。如2007年多伦多电影节中开幕影片《布什之死》将"可能发生的"、"即将发生的"事情也纳入了纪录片的实验范畴。相较这类所谓的纪录片对纪实的消极表现，拍摄过程中创作者的适度介入，只要不违反"实有其事，实有其人，实有其理"的纪录原则，从某种程度上来讲更能体现出真实性，更能展现事件或人物的本来面貌，所以将这种方式称之为"刺激性纪实"并不为过。

二、参与式拍摄

纪录片拍摄过程中创作者的介入,有时体现为一种参与式拍摄。

如美国参与式纪录片《华氏911》。该片从2000年美国的总统选举丑闻开始谈起,引发人们对伊拉克事件的思考,其中,9·11事件是该片所要展现的关键。该片导演摩尔亲身参与其中,甚至出现在画面之内,并运用滔滔不绝的话语来表达其几乎所有的观点。影片运用大量的实地摄影,配以相应的电视资料来构成多种蒙太奇,分析了将美国陷于9·11事件的一连串因素,并揭示了美国对伊拉克发动战争的原因,认为"华氏911"是"自由开始燃烧的温度",并通过一系列采访、官方文件、新闻舆论等来论证这一观点。

纵观纪录片发展的历史,其实也是"真实"这一概念被不断解构、重构的历史。历数纪录片的数次起承转合,都表现为对"真实"的不同理解。

香港凤凰卫视副总裁钟大年先生认为:"纪录片的创作,是创作者把平时对社会生活的观察和认识进行综合、概括、组织,形成自己的艺术化感受,再把这种感受传达给观众的过程。"无疑,从这个角度来讲,《华氏911》仍不失为一部真正意义上的纪录片。

三、"平衡"性原则

纪录片拍摄过程中创作者的介入,应遵循平衡性原则,即如何在"真实性"、"思想性"和"娱乐性"之间找到最为恰当的平衡,如何在导演主观感受与客观真实之间寻求平衡。在拍摄过程中,如果纪录片创作者片面追求客观真实性,主动拉开与被拍摄对象的距离,聚焦于被拍摄主体的重重困难与矛盾之中,拍摄者与被拍摄对象之间形成的"鸿沟"有可能会显得缺乏人文关怀而产生消极影响。相反,如果创作者适度的介入,观众可以通过画面内容真切地感受其态度和魅力,无疑会为纪录片添加几分积极的效果。

如中央电视台记者张泽群在拍摄纪录片《云来雾去》时,遇到了痴迷于当演员的农村青年王吉才。但无论是从客观情况还是从自身素质来看,王吉才的演员梦并不合适,这个梦想还给他自身的生活带来了很多艰辛。客观地看到这种情况的张泽群"感到深深的忧虑和无法相助的悲哀",他完全可以冷静地以旁观者的姿态拍摄所发生的一切,让王吉才听任命运的摆布,甚至可以使纪录片达到一种戏剧化的效果。但张泽群为了帮助王吉才少走人生弯路,"通过一些小问题,对他进行有意识的引导"。这种适度的介入虽然没有使王吉才觉悟,但其中的人文情怀却让观众备感温暖亲切。

四、介入与"摆布"有本质不同

创作者在纪录片拍摄过程中可以适度介入所拍摄对象的生活,但这种介入并不是说可以不受任何束缚,这种介入与"摆布"有着本质的区别。某些创作者为了创造戏剧化的轰动效应,不惜摆布被拍摄者的生活,让被拍摄者在创作者的摆布下演出并不存在甚至尚未发生的事情,拍摄结束,这些被拍摄者的生活恢复原态。

适度介入的根本动因则是纪录片创作者对人的关怀,对人的生存状态的关注。

如在纪录片《德拉姆》中,对天主教牧师、马帮青年、瞎子老太太、藏传佛教喇嘛、小学女代课老师等一系列典型人物形象的挖掘,都是通过创作者与这些人物面对面的谈话而获得的。横断山脉中茶马古道上人们的日常生活融入到一段段创作者与不同人物的谈话之中,这种谈话其实就是一种适度的介入。而正是在这种谈话中,这些被拍摄者内心深处蕴藏着的对生活和情感积淀的力量表露得淋漓尽致,深深地触动了观众的心。该片导演田壮壮对片中所涉及的宗教、民族、资源等问题并没有进行具体的辨析与评价,但正是那种对人的生存状态予以关注的人文精神,以谈话的方式所进行的适度干预,用真实的细节展示取代人为的戏剧化情节的描述,彰显出了极大的魅力。以至于张同道教授看过《德拉姆》之后感慨万千地说:"我很震惊,这个片子的每个镜头让我想起一种我们已经沦落的尊严。"

《德拉姆》视频截图

图片来源于 http://www.ce.cn

第四节 拍摄过程中的录音

同期声是指在拍摄过程中,与画面同步记录下来的和事件相关的人物语言与现场音响。一部纪录片的成功与否在很大程度上取决于对细节的拥有量和对细节的处理,这个细节便包括同期录音。

一、同期声在纪录片中的主要功能

电视作为一门视听艺术，具有多种表现手段，画面和声音则是构成电视的两大基本元素。其中，画面的地位毋庸置疑，但声音的作用也不可小觑，这里的声音包括解说、音响和同期声等听觉内容。所谓同期声，是指电视拍摄过程中所记录的人物语言、环境背景声、现场声响效果等，它能真实地表达人物的思想情感、性格特征和现场氛围。同期声作为事实的一部分，在纪录片中的功能主要有以下几个方面。

1. 强化真实性

首先，同期声能够再现事件主体的本来面貌，使纪录片记录的事实更加真实可信。同期声的运用让观众在观看画面的同时，亲耳听到事件"当事人"的叙述，它所产生的效果是文字、解说词所不能代替的。解说词叙述事件发展过程，描绘人物内心，揭示事件蕴含的意义，甚至可以引导观众的价值判断，但大量运用解说词会有违电视纪录片客观记录的本性。而同期声的出现，改变了电视纪录片以解说词为主的状况，带来了电视纪实语言的革命。随着电视纪实手法逐渐成熟，同期声成为电视纪录片声画语言中的重要组成元素。如纪录片《平衡》中，扎巴多杰死后妻子痛哭流涕、不能自已，这种真实情感的表露对解说来说是难以达到同样效果的。

2. 补充型叙述

纪录片中由于许多实地拍摄受到各种客观因素的制约，画面不易于表现，这时的同期声就能弥补画面的不足。为了客观公正地反映事物并能保证拍摄者自身的安全，有时只能进行偷拍。在这种情况下，画面的质量是很难保证的，而同期声却完全能起到表词达意的作用。

如江苏台摄制的反映"摇头丸一族"的纪录片《摇啊摇，摇到……》中的画面就受到客观条件限制，只能起到辅助表现的作用；而"摇头丸一族"中的青年在交谈中那种痛不欲生却又无力自拔的对白同期声却深深震撼了观众，给人以警醒，起到了良好的教育效果。

另外，当第一时间的事件画面没有记录下来时，运用当事人的同期声叙述可以弥补这一缺憾。

3. 渲染现场气氛

同期声的正确运用可以营造浓厚的现场氛围。

如湖北电视台拍摄的《英与白》中，反复出现的电视画面及与之相应的电视同期声，对主人公内心的孤独感起到了一种微妙的折射与烘托作用。

再如纪录片《龙脊》中的同期声几乎全是连续的，鸟鸣声、流水声、风声、雨滴声等大大增加了观众的现场感。其结尾那段旷远绵长的民歌，与偏僻破旧的山村小学相互映衬，更能抒发创作者的情感和烘托片子所表现的意蕴。

总之，同期声在烘托主题、渲染现场气氛、展示人物个性等方面发挥着画面无法替代的作用，给人以强烈的现场参与感，具有极强的感染力和说服力，凸显其独特的魅力。

二、同期录音的主要方式

随着电视纪实语言的成熟，同期声成为电视纪录片中声音结构的一个重要元素。在一些纪录片中，同期声甚至成为其全部的声音构成，如《英与白》。那么，同期录音的主要方式有哪些呢？

1. 外接有线话筒的同期录音

这种方式是电视纪录片同期录音最常使用的方法，也被普遍认为是目前取得高质量录音的最佳方法。原因在于外接有线话筒比起无线话筒来，对信号干扰性的抵抗效果要更好，很少出现接受讯号死点的现象。在纪录片的创作过程中，创作者往往在艺术性上要求较高，这时外接有线话筒的同期录音就是个很好的选择方案。正因为外接有线话筒的这些优点，创作者可以运用举杆有线话筒传声器进行拾音的方式，来表现声音的空间感、立体感，而不会出现无线话筒"声音太实"的现象。不过，运用外接有线话筒进行同期录音，往往需要相对较高的成本。

2. 无线话筒的同期录音

在对纪录片的口述、静态采访进行同期录音的过程中，基本上都采用无线话筒的录音方式。相对于外接有线话筒而言，无线话筒灵敏度较低、抗信号干扰效果较差。但随着无线话筒收音质量的提高，这些弱点逐渐得以改善，再加上其近场效果不错，因此，在纪录片拍摄过程中，使用无线话筒进行同期录音得到了越来越广泛的应用。并且，在纪录片的跟踪拍摄过程中，有时因为被拍摄对象所处的环境比较特殊，运用无线话筒进行同期录音往往也是必须的选择。

3. 有线、无线混合式同期录音

鉴于外接有线话筒与无线话筒各有千秋，所以在纪录片创作过程中，这两种同期录音的方式往往同时使用。有线、无线混合式同期录音即有线、无线两套话筒在调音台上分成两轨同时进行录音。这两套话筒可以灵活组合调整，可将各自优势发挥到极致。这种混合录音已逐渐成为电视纪录片拍摄过程中同期录音的主要方式。

4. 随机话筒的同期录音

在电视纪录片的同期录音中，通常采用超指向话筒来录制主声源，随机话筒往往作为辅助工具，以补充录制环境声。这是因为随机话筒无法随意调整，完全受摄像机位置的限制，无法调节与声源的距离。但运用随机话筒可以最大限度地降低录音成本，将摄制人员数量降至最低。因此，独立纪录片制作中往往多采用这种相对便宜的同期录音方式。并且相对于外接有线话筒来说，随机话筒的机动性、隐蔽性较高，在对突发事件的拍摄中往往更能显示出其便捷性。

三、同期录音中的关键点

同期录音作为电视纪录片录音中的一个重要组成部分，受到了广大纪录片创作者的推崇。此种录音方式能达到声画同步的效果，相对于后期录音来说更加真实生动。但在同期录音过程中有些关键问题要格外注意。

1. 录音环境的选择

同期录音因为是一次性录音，因此对录音环境的选择应格外谨慎。一般来讲，同期录音通常会在封闭的环境中完成，但纪录片的拍摄往往是在室外进行，要想让同期录音在封闭的环境中进行不大可能。这就要求在条件允许的情况下优选录音环境，如选择在噪音较少、相对安静的环境下进行同期录音。

另外，在录音前对各部门以及各设备都要进行精心的调试，尽量控制来自外界的环境噪音，在录音的时候要仔细，不要出现诸如防风罩脱落之类的情况发生。同时，还应在摄像机外加装隔音罩，以免摄像机、电机声音的录入。

2. 录音设备的调试

在同期录音的实际操作过程中，要注意对输出限制器的合理使用，而压限器则最好不要在同期录音时使用。因为压限器对强信号可以进行压缩，而对弱信号则有提升的作用，使用压限器能把声音的动态变小而清晰度提高，但同时也容易将噪音提高。另外，同期录音时还要注意对调音台上的均衡器进行合理的使用。便携式调音台上的均衡器使用起来相对简单，但在同期录音时尽量不要使用低切。调音台上一般有频率低切开关，可切除 80Hz 或 160Hz 以下的低频声音。尽管低切可以改善中、高频的信噪比，但也容易伤及低音，同期录音完毕后再回录音棚进行处理相对安全一些。

总的来说，在电视纪录片的同期录音中，要注意对录音设备的调试，通过调音台对声信号的调整，控制各路传声器的信号电平及其音量比例，并对音色进行初步控制，以便为后期加工提供良好的制作条件。

3. 噪音的因势利导

电视纪录片同期录音中的噪音，指的是影响观众视听的，与画面、情节不相符合的声音。同期录音过程中拍摄环境的绝对安静是不太可能的，如果一点噪音都没有，仿佛在录音棚里拍摄一般，这样反而失去了生活的真实性，与纪录片的纪实风格并不吻合。在实际拍摄过程中，噪音的确会给同期录音带来困难，但如果能够把它控制在一定范围内，或对其因势利导，反而能使纪录片产生出更丰富、更合理的艺术效果，让观众感受到空间的层次和环境的质量感。如一些刺耳的、影响对白的噪音，容易让观众产生烦躁情绪，分散观众的注意力，影响收视效果。这样的噪音尽量避免，若避免不了则要尽量降低，或者对它进行因势利导。如用一些同类的但悦耳的声音混合到该噪音中，让其对噪音进行"领唱"，这样就不至于过多地影响纪录片的整体效果。

总之，同期录音在纪录片中的重要性，现在已经被广大纪录片创作者所认识。随着科技的不断进步，电视纪录片同期录音可选择的技术设备也越来越多。不同题材、不同风格的纪录片，其同期录音的规模和方法也不一样，这就要求纪录片创作者根据实际情况使用便捷而有效的录音设备和录音方式，面对实际情况灵活处理。

第九章　二度纪实纪录片的摄制

"**真**实性"一直是纪录片学界、业界普遍关注的问题。随着纪录片的多元化发展，"真实性"这一概念内涵日渐得以深化。技术的日新月异，加上商业需求和娱乐需求的刺激，使纪录片形态逐渐突破单纯的"纪录现实"，开始向"历史重现"的方向发展，新样式的纪录片逐渐增多。其中，二度纪实纪录片的出现更是引起了诸多的关注。本章将对二度纪实纪录片的概念、相关观念及其创作进行探讨，以期更好地认识纪录片发展的新态势。

第一节　二度纪实纪录片的概念

二度纪实纪录片是21世纪以来纪录片领域出现的新的典型样式。编导们往往在此类纪录片创作过程中运用一种类似影视剧创作的方式，对时过境迁的重要情节进行搬演，或者运用特技再现特定历史时刻的情景。这类纪录片大多是纪实、搬演、动画特技三者的融合。随着科技的发展及其手段的进步，并伴随着各种题材纪录片的丰富，纪实、搬演、动画特技三者的比例也日渐发生变化，纪实为主、搬演与特技为补充的方式正逐渐发生量变，后两者所占的比例不断上升，并大有压过纪实手段之势。与传统纪录片相比，二度纪实纪录片呈现出新的风格和特点。

那么，二度纪实纪录片到底应作何定义呢？

一、二度纪实纪录片的定义

最严格意义上的纪录片是"长镜头+同期声+最少的解说词"。从某种程度上来讲，二度纪实纪录片并非严格意义上的纪录片，它将不可复现的情景重现，制作手段包括表演、搬演、特技等，解说词甚至占有很大篇幅。二度纪实纪录片更多地融合了其他影视艺术形式，是经过折中之后的纪录片发展方向。如大型电视纪录片《大唐西游记》巧妙地运用手绘特效动画，虚拟再现盛世大唐的梦幻场景。这种依然按照纪录片"实有其人、实有其事、实有其理"的原则，大量运用动画特效、数字特技、合成声效等影视艺术手段，本着对事件真相的严格把握来进行创作，并非纯纪实类的纪录片，称为二度纪实纪录片。

中国首部手绘纪录片《大唐西游记》视频截图

图片来源于 http://space.tv.cctv.com

纯纪实类纪录片获取影像是以摄像机拍摄为手段，依靠现实中拍摄的真实画面剪辑而成；而二度纪实纪录片则是通过实景拍摄、真人模拟及电脑虚构影像结合而成。二度纪实纪录片是电视的"产品时代"和"多元融合时代"的产物，它的到来并不意味着纯纪实类纪录片创作的萎缩，恰恰相反，二度纪实纪录片与纯纪实类纪录片一起为纪录片质量的提升和题材的拓展贡献着各自的华彩。

二、二度纪实纪录片与专题片的区别

从形式上来看，二度纪实纪录片与专题片存在着某些相似点：二者都会运用大量的解说词，创作题材往往具备重大的历史性；在剪辑上二者均形式丰富多样。但他们之间又有着本质的差异，在此有必要对二度纪实纪录片与专题片的区别进行梳理。

首先，二者在价值取向上有着最根本的区别。前面已经讲过，从价值取向上看，电视专题片反映的是自上而下的集体意识形态，带有集体甚至整个国家的共同意志，通常采取宏大叙事的叙述方式，带有浓厚的文化或政治色彩，映射着整个人类的思想意识色彩，价值优先、动机优先、诉求优先，有着先入为主的观念性。但二度纪实纪录片不是自上而下的意识形态传播，而是更多地饱含着关于历史人文的个人沉思，是对历史人文的平等交流，是自下而上的生命体验。它包含着更多的"草根"意识，富有更多个性化色彩，先入为主、想让别人接受其观念的意图弱得多，它力求客观地呈现一种文化内涵，并无过多劝服性的宣传意图。

其次，二者在主题呈现上也有着很大的不同。电视专题片往往主题突出、单一，作为传播思想的工具，专题片在更多时候像是一种"命题作文"。二度纪实纪录片的主题多是复调的、多维的，能够使"仁者见仁，智者见智"。

如大型二度纪实纪录片《复活的军团》以考古证据和历史研究为依托,借鉴故事片的表现形式,角度灵活,以六个疑问的科学推理为结构,层层揭示秦军之所以能够一统天下的历史真相。

《复活的军团》视频截图

图片来源于 http://space.tv.cctv.com

最后,二者在创作手段上也有诸多差异。尽管二者都讲求画面的精美和剪辑手段的多样化,但二度纪实纪录片中绝大多数画面都运用的是"情景再现"的方式,运用搬演、特技等虚构手段来创作。并且,二度纪实纪录片运用"情景再现"时往往坚持一个原则,即让观众知道这是虚构。

三、二度纪实纪录片的创作特点

二度纪实纪录片相较于纯纪实类纪录片,有着自身鲜明的创作特点,主要体现在以下几个方面。

1. 历史化的题材选择

二度纪实纪录片多为历史性的题材,这是因为很多特定历史时刻的情景缺乏原始素材,需要从虚构类片种中借鉴叙事技巧,才给了二度纪实以生存的土壤。由于题材的特殊性,二度纪实纪录片不可能在现实中用物质材料搭建一个真实的场景,所以不得不利用电脑三维动画技术还原历史场景,并且一些重要的历史情节不得不予以搬演。我国历史文化悠久,给纪录片创作提供了无数的题材,但这些题材往往因为年代久远,无法进行纯纪实的拍摄,所以创作者不得不借助"情景再现"等二度纪实的手段。如我国二度纪实纪录片的领军人物金铁木,其作品《圆明园》、《复活的军团》、《玄奘大师》、《大明宫》等,均为历史题材的纪录片。

《玄奘大师》视频截图

图片来源于 http://ent.sina.com.cn

2. 虚拟化的创作手段

很多二度纪实纪录片的创作往往利用虚拟化手段,《圆明园》当属其中的典范。

《圆明园》在中国纪录片史上树立了数个第一:它是一种全新的纪录片形式,运用了故事片的拍摄方法,有演员、有台词、有大量的战争场面;影片中纯电脑创作的镜头超过40分钟;是中国电影史上第一部使用数字中间片技术的电影。《圆明园》运用先进的数字化技术再现了圆明园当年恢弘壮阔的建筑,为观众呈现出当年的圆明园全景:如四十景之中的"上下天光、杏花春馆、坦坦荡荡、万方安和、澹泊宁静、平湖秋月、蓬岛瑶台、廓然大公"等景色,以及长春园、绮春园、西洋楼里大水法的壮丽景观等。并且通过实景拍摄与三维动画合成的方式,讲述了康熙、雍正、乾隆祖孙三代牡丹院相聚、大水法的建造过程等一些鲜为人知的历史事件。

《圆明园》视频截图

图片来源于 http://ent.sina.com.cn

《圆明园》祖孙三代牡丹园相聚场景截图

图片来源于 http://www.cctv.com

3. 解说词的大量运用

历史的真相、过去的秘密是人类无法抵挡的诱惑，纪录片创作涉足历史题材的趋势也越来越明显。在二度纪实纪录片的制作中，由于解说词起着至关重要的缝合作用，因此尊重历史真实与虚拟化手段的运用之间并不冲突。大量运用恰当的解说词，反而会为二度纪实纪录片增色不少。

在解说词的撰写过程中，要尽可能多地占有历史信息、消化历史信息，有效地取舍和整合历史信息；既要遵循历史真实，以历史信息为基础，又要符合解说词的创作规律。二度纪实纪录片的制作过程中往往会"解说词先行"——即先写解说词，再进行具体的拍摄和制作；但其解说词不是学术论文，应该具备艺术色彩和人文情怀。最近几年，央视几部比较成功的二度纪实纪录片，《故宫》、《复活的军团》、《郑和下西洋》、《新丝绸之路》、《圆明园》等，无一例外都在解说词上做足了"历史研究"的功夫。

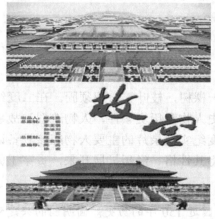

《故宫》视频截图

图片来源于 http://www.cctv.com

第二节　二度纪实纪录片的创作

二度纪实纪录片通过记录不可复现的时间流程和对以往生活的反映而显示出特殊的价值，它以尘封已久的往事为表现对象，让远去而模糊的岁月重新被人文的追光所照亮，因此在其制作过程中难免会涉及一些与传统纪实手段有所区别的方式。

一、选题策划

二度纪实纪录片与传统纪录片相比，从题材选择、摄制手段到观影效果均有不同。因此，在选题策划阶段，除了注意传统纪录片选题需考虑的受众、内容、播出时段、节目形态等因素外，二度纪实纪录片还应根据自身的文本特点进行题材选择，以实现创作价值最大化，尤其需从资料筹备和技术实现两方面考虑。

前面已经讲到，二度纪实纪录片的选题多为历史题材。在拍摄《复活的军团》之前，金铁木花了大量时间查阅历史资料，拜访历史学、考古学等相关学科的知名专家学者，对秦国统一中国前的政治、经济、军事、文化及科学技术等诸多方面，都进行了细致的调查研究，才形成该片的最终选题。相较而言，严格意义上的纪录片多为实时纪录，而二度纪实纪录片则多为追记历史，史实距今已是年代久远，往往研究者众多，所以在相关背景资料的搜集上需要更为全面、严谨。

二度纪实纪录片在摄制手段上与传统纪录片有所不同，对后期技术的要求更高。因此，在进行选题策划时还需考虑某些内容通过技术实现是否可行、制作成本是否能承受等问题。

二、人物设计

《影视三字经》中曾提到：写人物，一棵树，枝叶繁，根须固。在二度纪实纪录片的创作中，往往会涉及到大量的历史人物和历史事件，人物造型、故事情节与史实是否相符等问题都非常重要。二度纪实纪录片的主要人物应该具备讲述的价值，能像枝繁叶茂的树木一样，可以将其性格、经历扩展开来，贯穿于影片始末。

如纪录片《圆明园》讲述的内容是圆明园近150年的历史。圆明园的兴建到毁灭，经历过六代大清皇帝。考虑到内容、篇幅及观众的认知程度，创作者抛弃了道光和嘉庆，保留了康熙、雍正、乾隆和咸丰。这四个皇帝成为影片的主要人物。而圆明园的毁灭是影片中的一个重点,因此作为主要"凶手"的额尔金不能不说。所以,该纪录片最主要的人物就是这五个。

然而,这五个主要人物该如何串联起来呢?创作者发现一个颇有知名度的传教士——意大利传教士郎世宁与圆明园的历史正好十分契合。历经三朝(康熙、雍正和乾隆),他本身又参与过圆明园的建设。影片 2/3 的内容可以通过这个传教士的旁白串联起来。另外,当年火烧圆明园的英军中有一个牧师麦基,此人写了大量的日记,描述圆明园被毁灭的过程。于是,传教士郎世宁和牧师麦基,两个"神职人员"以上帝的名义,忠实地描述了他们眼中的圆明园。整个影片的故事及其主要人物,就用郎世宁和麦基的旁白串联在一起。

《圆明园》视频截图,图中人物为郎世宁
图片来源于 http://www.cctv.com/

《圆明园》视频截图,图中人物为麦基
图片来源于 http://www.cctv.com/

可见,人物的设计在二度纪实纪录片中非常重要,设计恰当,可以达到事半功倍的效果。

三、结构搭建

二度纪实纪录片的选题策划和人物设计完成之后,就该进行整部纪录片的结构搭建。《复活的军团》是北京科教电影制片厂于 2004 年制作完成的纪录片。据导演的创作手记可知,在拍摄影片过程中,剧本耗时最长。与故事片的制作规律相同,没有一个成熟的剧本就不可能有一部好的历史文献类纪录片。这是二度纪实纪录片最重要的制作特点。

作为一部探究历史真相的纪录片,《复活的军团》是围绕以下问题而结构的。对这些问题的科学推理最终构成了这部 6 个分集、全长 3 个小时的纪录片。

> 出身于西北高原的秦人为什么能够一统天下?
> 秦军使用什么样的武器?这支曾经最为强悍的军队究竟如何作战?
> 他们的战斗意志为何历经500年而不衰竭?
> 2000多年前,在南北几千公里的战线上,他们如何完成后勤运输任务?
> 一个500多万人口的国家拥有100万军队,秦人的国力怎样支撑?

四、解说词写作

在本章第一节中已经讲过,二度纪实纪录片往往要大量运用解说词。二度纪实纪录片多为历史性质的题材,很多特定历史性时刻的情景缺乏原始素材,所以在其制作过程中,解说词不仅起着提纲挈领的重要作用,而且也能补充叙事,弥补影像资料的不足。解说词的写作是二度纪实纪录片创作过程中的关键环节。在制作中,编导往往在搭建好二度纪实纪录片的大致结构后,就开始进行解说词的写作。二度纪实纪录片的解说词在写作时一定要注意对史实的尊重,切不可为了辞藻的华丽而对史实予以曲解;同时也要注意不要一味拘泥于历史资料,在尊重史实的基础上可做艺术化的发挥。

如《圆明园》这部二度纪实纪录片中的上乘之作,其华美画面的自然不必说,其解说词的艺术功力也不容小觑。与多数纪录片解说词只采用一个旁白声音不同的是,《圆明园》的制作者别具一格地采用主客两条线索解说词来对纪录片进行讲解和叙述,即旁白和西方传教士郎世宁、英国随军牧师麦基的口述。华美的画面加新颖的解说方式,真正做到了让观众耳目一新。

五、营造影像

结构好比一部纪录片的骨架,而影像则是其血肉;骨架搭建好了,就应用血肉来充盈。所以影像的营造也是二度纪实纪录片创作的关键环节。

二度纪实纪录片的历史选题提供的戏剧化场景很有限,这是其先天的缺憾。纪录片所要展示的场景大多已经消失,只剩下断壁残垣,所以恢复和再现曾经的影像应该是二度纪实纪录片在影像方面营造的重点。

如纪录片《郑和下西洋》中,制作者采用"真人扮演和微缩模型"的方式进行拍摄,完整地再现了郑和舰队当年的历史壮举,并大量运用电子三维影像技术来表现郑和巨船的建造过程。

《郑和下西洋》视频截图

图片来源于 http://www.cctv.com

二度纪实纪录片影像的营造一定要切合历史史实，不可胡编乱造。

如《复活的军团》中"荆轲刺秦王"一段中最重要的"道具"——秦王的那把青铜剑就是根据陕西兵马俑博物馆的原始文物来仿制的，演员的服装、化妆等造型设计无不是遵照历史资料和考古研究来进行的。

六、后期编辑

二度纪实纪录片的后期编辑制作往往要将真人搬演、实景拍摄及三维动画所营造的虚拟影像融合在一起，这就需要高超的编辑技术，可以说其剪辑过程实际上就是与"数字"较劲的过程。除了完成一般影视后期剪辑流程外，二度纪实纪录片的后期剪辑大多还要运用到数字中间片技术，即从传统的胶片到电脑处理，再回到胶片的一个工艺流程。

纪录片《圆明园》是国产片中第一部真正的数字中间片，先后耗费5年时间才制作完成。导演金铁木认为在该片的创作过程中最大的困难就是后期制作。由于圆明园实景仅剩下一片荒芜的土地和大大小小的石头，拍摄取景非常有限，要使曾作为"万园之园"的豪华皇家园林重现辉煌，只能采取数码加工。而将现场镜头、纯粹的电脑制作片段、实拍与电脑相结合的镜头组合在一起，在目前影视后期制作水平相对落后的情况下，更是困难重重。影片中，实景部分借用了与圆明园同系列的承德避暑山庄建筑，其余则使用电脑仿真动画技术，模拟当年的宫廷画家唐岱、沈源的圆明园四十景图。在90多分钟的电影中，超过1/3的时间（35分钟左右）属于梦幻影像世界，比如祖孙三代牡丹园相聚、大水法的建造过程、清王朝鼎盛时期的圆明园盛景等。

由于资金有限,很多场景都是由剧组自己动手制作,边学边做,十分艰难。限于后期团队的水准,在处理演员、故事和圆明园建筑的 CG(Computer Graphics)场景时,只能做到简单的合成,因此出来的效果比较"平",缺乏力度。但即便是如此简单的合成,在调剂和装饰整体影像方面,也起到了非常重要的作用。尤其是影片后半段的战争场面,其所带来的冲击力,有效地调整了整部影片的节奏和情感传递。[①]

第三节 二度纪实纪录片中的"情景再现"

随着高科技时代的到来,凭借各种高新技术手段,纪录片创作中传统意义上关于"真实"的内涵得以延伸。如美国纪录片大师艾罗尔·莫里斯的《细细的蓝线》、法国纪录片大师克洛德的《浩劫》等,使"情景再现"成为纪录片创作中的一种新兴潮流。对于二度纪实纪录片而言,"情景再现"是不得已而为之,是一种无法避免的选择。《圆明园》里,康熙、雍正、乾隆祖孙三代在牡丹台相会;《复活的军团》中,秦朝的将士在浴血奋战;《大明宫》中杨贵妃正风姿绰约地翩翩起舞……这些原本只在文献资料或皇家密典中以文字形式描述的历史瞬间,却奇迹般地以影像形式呈现在观众面前,这种表现形式就是"情景再现"。

《大明宫》中"霓裳羽衣舞"截图

图片来源于 http://space.tv.cctv.com

一、"情景再现"的实现基础

庄子在《庄子·知北游》中曾感叹:"人生天地之间,如白驹过隙,忽然而

[①] 何思翀,钱亦蕉. 还一座"圆明园"万园之园再现梦幻记忆中. 新民晚报,2006-9-27

已。"①二度纪实纪录片中的"情景再现"追寻的正是这种在白驹过隙般流逝的岁月中的历史记忆。如何让往事重演，如何让昨日重现，这就需要纪录片创作者善于利用一切可以获取的资料、可以重现的手段来实现"情景再现"。

前面已经提到，"情景再现"必须遵循历史的真实。为了接近历史的真相，创作者首先要做的是了解历史，真正做到熟悉和掌握自己将要表达的历史题材。只有这样，纪录片中的"情景再现"才会踏在坚实的历史土壤上，才能最大限度地接近真实。因此，搜集资料是"情景再现"最重要的实现基础，获取资料的途径主要有以下几种。

1. 影视资料

电影已有百年历史，很多电影资料成为人们了解过去时代的一面重要镜子。而很多电视新闻、电视节目都可以为纪录片的"情景再现"提供珍贵的资料。

如1999年的纪录片《亲历——国歌奏响》中，毛泽东主持政协会议的画面运用的即是电影资料。

2. 图片资料

利用照片或画像来再现场景已成为纪录片创作中较为普遍的手法。如《圆明园》中，就利用故宫里珍藏的圆明园图像来展示其全景，再配上生动的解说，让观众领略到其已经失落的昔日辉煌。

3. 文字资料

文字资料包括事件发生时的报纸、杂志、书籍所载的相关文字资料，这些资料可以佐证事件发生时的情景，也与"情景再现"的画面互相呼应。

如《圆明园》中就运用了1861年法国作家雨果的一封信：

> 在地球上某个地方，曾经有一个世界奇迹，它的名字叫圆明园。它汇集了一个民族，几乎是超过人类的想象力所创作的全部成果。这是一个震撼人心的、尚不为人熟知的杰作，就像在黄昏中从欧洲文明的地平线上看到的亚洲文明的倩影。你可以去想象一个你无法用语言描绘的仙境般的建筑，那就是圆明园。那里不仅有艺术珍品，而且还有数不胜数的金银财宝。这个奇迹现已不复存在。一天，两个强盗走进了圆明园，两个胜利者一起彻底毁灭了圆明园，我们所有教堂的所有珍品加起来也抵不上这座神奇无比、光彩夺目的东方博物馆，多么伟大的功绩，多么丰硕的意外横财。在历史面前，这两个强盗分别叫做法兰西和英格兰。

---

① 庄子. 南华经. 合肥：安徽人民出版社，2005：229

4. 录音资料

录音资料对"情景再现"有着不可替代的作用，录音资料包括广播采访、会议录音等。

如纪录片《新中国》中，在展现旧民主主义革命时就运用了孙中山先生的关于"三民主义"的录音，让观众体验真切，如临其境。

5. 遗物遗迹

"雁过留声，人过留名"，许多事件发生后所遗留的痕迹可为后人的创作提供丰富的素材。在纪录片中很多历史遗物可以为"情景再现"提供材料，如历史环境、遗留建筑、文献资料、音像图片、人物遗物等。这些遗迹遗物通常成为二度纪实纪录片叙述的切入点，承上启下，引人入胜。

二、"情景再现"的常用手段

"情景再现"意味着纪录片要对过去的事情进行重新建构并予以特殊的表达：拍摄时间与故事发生的时间错位，叙事结构也依照编导构思和观众的欣赏习惯发生变化。在二度纪实纪录片中，"情景再现"的常用手段主要有以下两种：

1. 真人模拟

二度纪实纪录片往往涉及大量历史人物，再现这些历史人物的地位形象与性格特征，一般都需要真人模拟。

例如，2009 年上映的电视纪录片《大明宫》，时长 200 分钟左右，全片出场 36 位风云人物、5000 张唐人面孔，都是依靠真人模拟来予以再现。

著名电视人陈汉元曾多次强调，故事片要纪录片化，纪录片要故事片化。二度纪实纪录片"真人模拟"的故事化应重在写意，演绎中注意形神错落。要巧妙地实现模拟，重点和难点就在于演员选择。对演员的挑选与要求应非常严格，通过服装、化妆、道具等还原该时代人物外形是一方面，能突出人物性格特征的神似更为重要。

2. 电脑制作

电脑技术在影视艺术中的规模化应用改变了人们的时空观和视觉期待，为数字影像的发展开辟了新的天地。二度纪实纪录片也在这个发展潮流中找到灵感，电脑特技被大量引入。以往纪录片在表现历史片段时，往往借用文学中的写意手法来予以展现，无法直击当时当地的人物和情景。随着电脑制作技术的发展，电脑特效为二度纪实纪录片解决了这样一个难题。

纪录片《圆明园》中有一个场景给人印象十分深刻——闻名遐迩的万园之园在一片哗哗声中从废墟上重新站立了起来。很显然，这是依靠电脑特技显现出来的。这个场景让观众震撼之余，更提醒观众正视这样一个事实：曾经辉煌的圆明园已不复存在。

再如纪录片《大明宫》中涉及的34处瑰丽场景、55个历史事件，几乎都是依靠电脑制作完成的。通过电脑特效，纪录片《大明宫》首次完整还原了约有500个足球场大小的大明宫这一世界历史上规模最大的砖木结构宫殿建筑群。导演金铁木透露，《大明宫》90分钟的片长中有一半为特效镜头，在国产电影中创下纪录。

但是，在二度纪实纪录片中采用电脑制作对技术要求很高，需要的资金投入也较大，我们不能为了特效而特效，有时仅仅简单合成反而并不能达到既定效果。因此，在拟订摄制计划阶段就应仔细规划各个场景，可以通过拍摄手段模拟实现的尽量实拍，必须采用电脑制作的场景也要提前精心设计，做到无可替代。

目前，二度纪实纪录片中"情景再现"的常用手段主要是以上两种方式。当然，随着影视技术的日益发展，新的手法也会不断出现。但不管怎样变化，"情景再现"必须以历史事实为依据，在不改变事实总体框架的同时，允许对情节的发展展开推理，在细节上进行合理想象，在不否定基本事实的基础上进行局部虚构。

三、"情景再现"与纪实

"情景再现"已成为新世纪以来纪录片领域出现的高频词。但是，在二度纪实纪录片中要恰如其分地使用"情景再现"，如果运用不当，就会对一部纪录片造成不可挽回的损失，纪录片赖以生存的真实性就会因此而面临质疑。

在二度纪实纪录片中运用"情景再现"的表现手段，至少应该遵循以下3个原则：

1. 不为"情景再现"而"情景再现"

"情景再现"只是二度纪实纪录片的一种重要的表现手段，如果历史本身提供的可视性信息比较丰富和全面，这种手段的应用就要非常慎重。

在二度纪实纪录片《复活的军团》中，"情景再现"的使用既大胆，又恰如其分。在影片第二集中，为了讲述秦人在青铜剑制造领域的成就，导演再现了历史上一则著名的事件——"荆轲刺秦王"。首先，在司马迁的《史记》中，对"荆轲刺秦王"有着比较详细的描述，这是"情景再现"的历史基础；其次，作为历史事件的"荆轲刺秦王"，有太多丰富的角度和侧面去讲述与"放大"，而导演讲述的重点只放在与影片内容相关的青铜剑方面。对"荆轲刺秦王"恰如其分的再现，既生动地解决了与青铜剑相关的技术问题，又使观众在娓娓道来的故事讲述过程中，了解历史真相。

在二度纪实纪录片中，不能凭空"情景再现"。"再现"的目的要么是为了传达一种历史的情绪，要么是为了更好地解决一个历史的疑问。如果"情景再现"不能很好地实现以上的目标，就应该放弃。

《复活的军团》中有关"荆轲刺秦"片段的视频截图

图片来源于 http://www.cctv.com/

2. 运用"情景再现"时尽量让观众知道这是在虚拟

对于有些二度纪实纪录片而言，不使用"情景再现"是不可能的。不再现相关的历史情景，历史内容和信息根本无法传达。在这种情况下，"情景再现"就相当必要，甚至非常重要。"情景再现"，已经逐渐演变成观众喜闻乐见的艺术表现形式，并成为纪录片领域将"采访语言"变为"画面语言"的最有力手段。但是，运用"情景再现"时应尽量让观众知道这是在虚拟，这是使用"情景再现"的底线。在很多二度纪实纪录片中，当"情景再现"出现时，创作者往往采取一些特殊手段对观众进行巧妙的提醒。比如将画面调色、对画面进行模糊化处理、在解说词中说明情况、在屏幕边角添加提示字幕等。一般情况下，"真实再现"的镜头应避免太实、太清晰：或是拍成朦胧、抽象的效果，或是做成背影、剪影等效果，或利用特写展现局部，或使用全景或远景来忽略细节。

纪录片《圆明园》中，很多"情景再现"的场景均采取模糊化处理的方式。如300多名太监、宫女被活活烧死在圆明园内的场景就运用了这种方式，它让观众深切体会到悲凉历史氛围的同时，也意识到这是对历史的再现。

《圆明园》视频截图，图为300多名太监、宫女被活活烧死的场景

图片来源于 http://www.cctv.com/

3. 从内容或形式上都要尽可能地遵循历史的真实

叙事和造型是纪录片还原事件的两大手段，叙事的目的是通过创作者所选择的故事内容来吸引观众，造型的目的则是要从形式上尽可能地接近真实。二度纪实纪录片中的"情景再现"要最大程度地遵循历史的真实，在叙事上下功夫的同时，从服装、化装、道具和制景等造型细节入手，再到影像的整体氛围和基调，既要保证历史信息的"客观真实"，又要考虑到观众欣赏层面上的"主观真实"。这种在"情景再现"领域追求细节真实性的努力会使影片充满历史的质感。

如《圆明园》中所有的演员都按历史上的画像对照着找，不要明星，只看谁最合适。为了找到片中扮演意大利传教士郎世宁的演员，创作者们几乎找遍了在北京的意大利男人。

在二度纪实纪录片《复活的军团》中，导演再现了大量的历史情景。比如"荆轲刺秦王"一场戏，整个情节几乎严格地按照司马迁的描述来设计。如果有观众足够细心的话，应该会发现，该片中所有骑马的镜头中演员都不用马镫。这虽然是一个看似并不重要的细节，但它体现了"情景再现"一个非常重要的原则，即尽可能最大程度地遵循历史的真实。因为，在秦始皇统一中国的时候，马镫还没有发明。

练习题

1. 简要介绍国外纪录片发端时期的三位纪录片大师及其贡献。
2. 简述中国电视纪录片的发展历程。
3. 电视纪录片按内容可分为哪些类型？各有何特色？
4. 电视纪录片的"介入式"拍摄与其真实性本质是否矛盾？为什么？
5. 二度纪实纪录片与专题片有何异同？
6. 简要分析《好死不如赖活着》的创作特色。
7. 策划一部电视纪录片，提交选题策划案。
8. 拍摄一部30分钟左右的电视纪录片，提交成品。

主要参考文献

1. 朱景和．纪录片创作．北京：中国人民大学出版社，2002
2. 单万里．纪录电影文献．北京：中国广播电视出版社，2001
3. 蔡尚伟．影视传播与大众文化．成都：四川大学出版社，2005
4. 高鑫，周文．电视专题．北京：中国广播电视出版社，2008
5. 欧阳宏生．纪录片概论．成都：四川大学出版，2004
6. 任远．世界纪录片史略．北京：中国广播电视出版社，1999
7. 徐舫州．电视解说：安排与处理．北京：北京师范大学出版社，2009
8. 张雅欣．中外电视纪录片比较．北京：北京师范大学出版社，1999
9. 单万里．虚构真实——浅谈西方"新纪录电影"．当代电影，2000（5）
10. 吕新雨．纪录中国：当代中国新纪录运动．北京：生活·读书·新知三联书店，2003
11. 石屹．电视纪录片——艺术、手法与中外观照．上海：复旦大学出版社，2000
12. 傅正义．影视剪辑编辑艺术．北京：中国传媒大学出版社，2009
13. 陈国钦．纪录片解析．上海：复旦大学出版社，2007
14. 何苏六．中国电视纪录片史论．北京：中国传媒大学出版社，2005
15. 林旭东．影视纪录片创作．北京：中国广播电视出版社，2002
16. 吕新雨．纪录片的历史与历史的纪录——当前中国纪录片发展的两个理论问题．新闻大学，2003（1）
17. 张同道．中国电视纪录片50年．电视研究，2008（10）
18. 李兴国．电视纪录片卷（上下）．北京：中国广播电视出版社，2008

19．宋杰．纪录片：观念与语言．昆明：云南大学出版社，2008

20．李镭．重建大众的历史意识——历史题材纪录片的话语重构．现代传播，2003（1）

21．（美）埃里克·巴尔诺，单万里．寻访人类文明之源——当代历史纪录片概观．当代电影，2000（5）

22．王列．电视纪录片创作教程．北京：中国广播电视出版社，2005

23．（美）迈克尔·拉毕格．纪录片创作完成手册．何苏六译．北京：中国传媒大学出版社，2005

24．冷淞．中西方电视纪录片种类及创作方式比较分析．中国广播电视学刊，2004（8）

25．（美）玛莎·福斯特，任远．关于电视纪录片的策划和制作．中国广播电视学刊，2005（10）

26．任远．纪录片的理念与方法．北京：中国广播电视出版社，2008

27．武新宏．电视纪录片创作风格衍变及审美趋向．电视研究，2007（7）

28．陈桂林．从市场·题材·形态看中国纪录片的转型．电视研究，2007（5）

29．李国华．对纪录片纪实和拍摄的思考．当代电视，2007（4）

30．龙未央．纪录片拍摄手法管窥．电视研究，2000（10）

31．（美）罗森塔尔．纪录片编导与制作．张文俊译．上海：复旦大学出版社，2006

32．钟大年．纪录片创作论纲．北京：北京广播学院出版社，1997

33．高峰，肖平．电视纪录片论语．北京：中国国际广播出版社，1999

34．辛安然．高新技术下的中国纪录片制作观念的转变．电影评介，2007（21）

35．石屹．新技术对纪录片创作的影响．"全球化语境中电影美学与理论新趋势"国际学术研讨会论文集，2004

36．赵志刚．当代国际获奖纪录片对我国纪录片创作的启示．电视研究，2008（6）

37．蒋宁平．管理机制的创新：中国纪录片发展的转折点．电视研究，2008（3）

38．吴文光．纪录片与人：镜头像自己的眼睛一样．上海：上海文艺出版社，2001

39．肖平．纪录片历史影像的制作基础及实践理论．北京：中国广播电视出版社，2005

40．朱宏展．失落的历史与影像的记忆——从《圆明园》看历史纪录片中的真实再现．电视研究，2007（5）

41．陶涛，张德宏．虚拟真实·主观真实·质朴真实——论纪录片真实的三个层面．现代传播，2008（5）

42．罗以澄，张昌旭．数字纪录片：在真实与虚构之间．中国广播电视学刊，2008（3）

43．高鑫．真实，创造性诠释——电视纪录片刍议．现代传播，2007（4）

44．余辉．历史纪录片结构的探析——《复活的军团》与《晋商》观感．电视研究，2005（7）

TV SPECIAL PROGRAMMES AND THEME ACTIVITIES

第三部分　电视专题栏目与电视专题频道

- 第十章　电视专题栏目与电视专题频道导论
- 第十一章　电视专题栏目的策划
- 第十二章　电视专题栏目的制作与电视专题频道的包装
- 第十三章　电视栏目的主持
- 第十四章　电视专题栏目、专题频道的经营与管理

第十章　电视专题栏目与电视专题频道导论

自本章至第十四章,将探讨电视专题范畴中的另外两种形态——电视专题栏目和电视专题频道,这是电视专题片、电视纪录片由单体形式集成化发展而成的节目存在形式和载体,是学习电视专题不可回避的重要内容。以下将详细介绍电视专题栏目和电视专题频道从属性到制作、包装、经营与管理等知识,以期能为在校学生或相关从业人员提供一定指导。

第一节　国外电视专题栏目、专题频道的发展概况

电视专题栏目是指在固定时段,以固定时长、固定名称,向固定对象播出的电视专题节目。电视专题栏目的概念来源于报刊专栏。西方早期的报纸在刊印新闻时,为了方便读者,就将报纸版面分成几个竖长条块,其中一块就称之为一栏,在栏上加上标题就称为栏目。栏目如果是刊登在报纸相对固定的版面位置,并且定期呈现作家专门为该栏目撰写的文章,这个栏目就成了专题栏目。

所谓电视专题频道,是在媒介收视群体细分、节目生产制作专门化的前提下,电视台针对某一类型的特定收视群体制作、播出节目,从而使栏目的内容和风格趋于稳定化、同一化,并能够满足特定群体的收视需求的电视频道。

从某种意义上说,美国电视是世界电视的一块试验田。美国电视节目的发展具有代表性,其电视专题栏目、专题频道的发展演变历程是整个世界电视专题栏目、专题频道发展的一个缩影。所以,阐述美国电视专题栏目、专题频道的发展,有利于我们更好地了解国外电视专题栏目、专题频道的发展概况。

一、美国电视专题栏目的发展概况

1936 年 11 月 2 日,英国广播公司(BBC)在伦敦亚历山大宫以一场规模盛大的歌舞开启了电视传播的时代,这一天被公认为世界电视诞生日。在电视事业初期,国内外的电视节目都以一些简短的新闻、零碎的文艺节目和大量的电影为主。世界电视事业的真正发展,是在第二次世界大战以后。西欧列国饱经战火的创伤,只有美国的电视活动没有完全被"二战"打断。"二战"结束后,美国电视事业继续发展,在很多方面处于国际电视事业的领军地位。到 20 世纪 80 年代,美国已经垄断了世

界电视节目市场。美国电视专题栏目的发展历史大致可以分为以下几个时期:

1. 萌芽初创期（1945—1952年）

这一时期是美国广播业的转型时期，各大广播网将重点放在了扶植电视上，把最好的节目、出色的主持人、大部分资金都转向了电视，正是在这一时期，电视专题栏目得以出现。

在这一时期，体育类电视专题栏目无论就播放的时间，还是观众的数量来说，都属于最热门的一类。当然，新闻专题栏目也不例外。NBC和CBS开始每日播出15分钟的电视新闻。NBC的新闻专题栏目名称为《骆驼新闻大篷车》，由骆驼香烟公司赞助，开办于1948年，是世界上最早的电视专栏。CBS开办于1951年，由爱德华·默罗主持；弗雷德·W.弗伦德里制作的《现在请看》（See It Now），也是一档非常受观众欢迎的电视新闻专题栏目，每周播出半个小时，集中讨论一些具有新闻价值和富有争议的人物和事件。

CBS《现在请看》的主持人爱德华·默罗

图片来源于 http://blog.cctv.com

早期的电视节目几乎就是加上了一些视觉元素的广播材料。逐渐地，电视节目时间得以延长，形式也更加丰富多彩。1951年，美国全国教育广播联合会（NAEB）对纽约州7个电视台进行了一周节目调查，调查结果显示：播出的564小时的电视节目中，25%是戏剧，14%是综艺节目，13%是儿童节目，10%是体育节目。这些节目当中，就有电视专题栏目，如1948年6月20日开播的《本市名人》，由百老汇闲话专栏作家艾德·沙利文主持，这个栏目持续了20多年，直到1972年沙利文离开CBS。

NBC的《今天》开播于1952年，主要形式是新闻播报和脱口秀，由一个固定的主持人团队为观众带来新闻信息和轻松的话题。这一档电视专题节目已经伴随美国观众长达半个多世纪。如今，《今天》依然稳坐同时段美国电视节目收视率前几名的宝座，它是美国早间新闻谈话类电视专题栏目的开山之作，开创了娱乐化包装新闻的时代。

2009年9月，NBC的《今天》栏目改版后的栏目标识

图片来源于 http://blog.sohu.com/

2. 初步发展期（1953—1960年）

美国联邦通讯委员会（FCC）担心由于电视台过多会导致彼此信号干扰，在1948年下令暂时"冻结"频道分配，FCC用3年的时间重新规划和分配频道。1952年4月，"冻结"政策停止以后，大量新兴的电视台立刻涌现出来，电视专题栏目也逐渐开始多元化。

这一时期最能煽起观众好奇心的是20世纪50年代中期的"巨额奖金"类电视栏目。1955年，CBS开始播出《64000美元奖金问答赛》节目，红极一时。《64000美元奖金问答赛》的成功很快引出了《64000美元挑战赛》，紧接着就是《二十一》。但这种红火并不持久，由于各种作弊流言的传播，这些节目于1957年年底开始已很难使观众保持热情度了。倒是爱德华·默罗主持的《现在请看》，使观众看到了美国政治的奇特景象，在1954年3月9日，该栏目揭露了来自威斯康辛州的共和党参议员约瑟夫·麦卡锡的政治伎俩，成为美国电视新闻节目史上最经典的节目之一。

晚间幽默脱口秀栏目《杰伊·利诺今夜秀》开播于1953年，是NBC历史最悠久的一档夜间娱乐栏目，主要以主持人调侃时事、讽刺名人开场，在与嘉宾聊天的过程中穿插搞笑片段。这档栏目吸取了草根文化的养分，讽刺功力已臻炉火纯青，是美国主流人士获得知名度的一条捷径，它折射出美国流行文化潮流的动向，可谓是美国主流文化的晴雨表。

3. 拓展成熟期（1960—1990年）

这一时期，电视专题栏目无论从内容上还是形式上都日趋丰富。如电视竞赛栏目异常兴盛，在20世纪60年代末期甚至一度超过连续剧，其节目形式主要有三种：观众参与类、明星或专家参与类、博彩类。

很多成熟的电视专题栏目也是在这一时期出现和发展起来的。如CBS的电视新闻杂志栏目《60分钟》即开播于1968年9月24日。每周日晚7点的黄金时间，《60分钟》的标志秒表会准时出现在荧屏上，其主题以报道严肃新闻为主，涉及政治、经济、外交领域的重大事件，报道风格严肃客观却不拘谨。该栏目的每期节目通常像杂志一样被分为三个相对独立的部分和一个口头新闻评论，每个部分由记者从社会热点事件中找到独特视角，给观众以全面、理性的解读。正因为长期坚持高品质的新闻操守，《60分钟》拥有忠实的收视群，已俨然成为社会公正和新闻专业主义的化身，在新闻界享有极佳的口碑，其收视率连续多年名列前茅。

《60分钟》栏目片花及其主持人迈克·华莱士

图片来源于 http://news.sina.com.cn

另外，这一时期电视谈话类专题节目也非常风行。如在全美电视台播放的辛迪加电视节目《奥普拉·温弗瑞秀》。这档日间脱口秀栏目就诞生于1986年9月8日，是美国电视史上历史最悠久的脱口秀栏目，在同类脱口秀栏目中一直处于收视率最高的地位。经过多年苦心经营，这档栏目从早期的八卦类脱口秀成功转型为内容积极、正面的励志类访谈节目。其主持人奥普拉·温弗瑞更是被视为美国最有影响力的主持人之一，《时代》杂志曾把她列入"20世纪最具影响力百人志"中。

4. 多元发展时期（20世纪90年代至今）

这一时期，随着整个世界文化的转型，电视文化也出现了新的倾向。电视专题栏目，包括电视新闻专题栏目的个性化及娱乐化倾向加强。如2003年9月8日开播的CNN《安德森·库珀360°》（以下简称《360°》）是一档新兴的夜间电视新闻杂志，每晚10点播出，全长两个小时。其主播安德森·库珀有着银灰色的头发、极佳

CNN新闻节目《安德森·库珀360°》的主持人安德森·库珀

图片来源于 http://www.ycwb.com

的形象气质和清晰的谈吐,俨然成为这一档栏目的标志,他曾表示:"我认为传统意义上高高在上、无所不知的主播正在离我们而去。观众们不会买账。我认为主播应该展示真实的自己,承认自己不懂的地方。"正是安德森·库珀在《360°》中的个性化表现,改变了 CNN 只提供新闻不加观点的传统,使该档栏目成为一档带有记者个人视角的新闻栏目。

这一时期,电视综艺栏目如雨后春笋,快速发展起来,影响非常广。如福克斯公司的电视综艺栏目《疯狂电视》,是一个由若干个戏剧短片组成的搞笑小品栏目,该栏目开播于 1995 年,通过夸张的造型、动作、声音、表情和大胆荒诞的对白,对当下的热门时事或人物进行戏谑和嘲讽。这种具有颠覆性质,以恶搞、戏仿为形式的栏目深受美国观众的喜爱。再如 NBC 的电视游戏类栏目《歌唱小蜜蜂》、益智游戏类栏目《身份》,CBS 的电视益智游戏类栏目《十的力量》,FOX 公司的益智游戏类栏目《你比五年级生聪明吗》、表演选秀栏目《美国偶像》等都在这一时期产生。

二、美国电视专题频道的发展概况

美国的电视事业一直处于世界领先地位,其特点是规模庞大、频道众多,但其各频道之间的竞争却能维持在一个相对有序的范围之内,不仅频道经营良好,而且还成为美国的支柱产业之一。分析美国电视频道专业化的过程,可以从中得到一些启发和借鉴。

美国电视频道的专业化始于 20 世纪 70 年代末期。由于美国电视业竞争激烈,加速了其频道专业化的进程。

1. 频道专题化的背景

"二战"后到 20 世纪 70 年代,美国电视行业经历了规模从小到大、节目从短缺到丰富的发展历程。这个时期,美国电视行业间的竞争最主要体现在对地盘、规模及影响力的竞争。在这种情况下,三大广播公司 NBC、CBS、ABC 先后成立,各家公司都非常注重收视率,其竞争主要体现在新闻、娱乐及电视剧领域。其中,新闻领域的竞争尤为激烈:CBS 出现了克朗凯特主持的《晚间新闻》、丹·拉瑟主持的《60 分钟》;NBC 出现了芭芭拉主持的《今天》,后来芭芭拉被 ABC 重金挖走,主持了 ABC 的名牌栏目《早安,美国》。而在电视剧领域也同样出现了激烈的竞争:CBS 的《我爱露西》、《一家老小》,ABC 的《根》相互抢夺收视地盘。

CBS《晚间新闻》的主持人沃尔特·克朗凯特

图片来源于 http://www.xinhuanet.com/

《早安，美国》主持人黛安娜·索耶采访因参加英国选秀节目《英国达人》而出名的47岁无业妇女苏珊·波伊尔

图片来源于 http://www.people.com.cn/

2. 频道专题化的过程

20世纪70年代末期，一方面，随着电视技术的进步及美国家庭电视机的普及，电视观众有了更多选择的余地；另一方面，越战后美国人对政治、战争及选举等新闻开始不再那样关注，他们的精神生活逐渐多元化、个性化起来，再加上电视领域的激烈竞争，这些因素奠定了美国电视频道专题化的基础。

最先开始实行频道专题化的是美国最大的有线电视网——家庭影院HBO，这家有线电视网陆续开播了 16 个收费电影频道；1980 年成立的 CNN 有线新闻网则建有要闻、新闻分析等专业新闻频道；1985 年成立的 Discovery 公司，陆续开发了健康、动物世界、儿童、科学、历史事件、旅游等 10 多个频道；1980 年，FOX 公司开始进军电视业，先后建有新闻、娱乐、电影等频道；1984 年，ABC 与 NBC 合资创办 A&E 公司，下设综艺、历史、传记、历史等频道。

频道专题化是电视事业发展趋向成熟的必然产物。经过 20 多年的发展，如今，品类繁多的电视专题频道几乎塞满了美国人生活的每一个角落，专题频道格局已在美国电视业形成。

美国部分专题频道成立时间表[①]如下：

公司（频道名称）	频道专题化的特点	成立时间（年）
CSPAN，CSPAN2，CSPAN3	政府政策等 3 个频道	1979
ESPN	娱乐、体育等	1979
BRAVO	NBC 公司电影频道	1980
CNN	要闻、新闻分析、财经等	1980
USA	法制电影	1980
MTV	音乐电视	1981
WEATHER	天气气象	1982
TNT	动作片电影	1983
LIFETIME	生活时尚	1984
A&E	娱乐、历史、人物传记、国际历史等	1984
DISCOVERY	发现、科学、地理、旅游、航天等	1985—1995
GUIDE	收视指南	1993
GOLF	高尔夫	1995
E！	时尚娱乐	1996
OXGEN	女性生活	1998
FOX FAMILY	家庭生活	1998
TEACH TV	技巧技能	1998
SOAP	肥皂剧	1999
SPEED	赛车	2001

第二节　中国电视栏目的发展历程与主要类型

电视节目的栏目化是电视发展到相对成熟阶段的产物，是电视发展的必然结果。

---

① 李同兴，翁雪芳. 从美国电视频道分化看中国电视传媒的未来生态建设. 当代电影，2004（4）

本节主要探讨中国电视栏目的发展历程与主要类型。

一、发展轨迹

尽管中国电视事业相较欧美其他国家而言起步较晚，可借鉴的先例有很多，但中国电视专题栏目的出现并不是一蹴而就的，先后经历了单体节目时期、栏目化时期和栏目中心时期三个阶段。

1. 单体节目时期（1958—1978年）

这一时期，中国电视处于初步发展状态。早期电视生产的形态以电视专题片、电视纪录片那样具有单体性质的电视文本为主。这个时期尽管也出现了电视栏目的雏形，但从整体来看，绝大部分电视传播内容为单体节目，因此我们称这个时期为单体节目时期。

1958年5月1日，中国第一个电视台——北京电视台（中央电视台的前身），试验开播。当时的电视节目非常简单，当天有一个直播的座谈会，有诗朗诵、舞蹈和苏联科学教育影片《电视》以及纪录片《到农村去》。

在之后的大跃进时期、经济困难时期和"文化大革命"时期，中国电视节目的发展几乎处于停滞状态。1968年前后，过去被迫停播的省级电视台陆续恢复播出，至1971年，全国的电视发射台和转播台总计已达80座。1973年5月1日，北京电视台正式面向首都观众试播彩色电视；1974年10月1日，北京电视台宣布彩色电视正式对外播出。

1976年以后的社会主义建设新时期，中国电视经历了恢复、发展和全面崛起的阶段，节目形式也极大地丰富起来。1979年8月，中央广播事业局召开首次全国电视节目会议，标志着中国电视从长期依赖外援"要饭吃"的状况开始走向独立自主开办节目。20世纪80年代成为新时期电视剧繁荣的时期，但荧屏上的电视剧、电视专题节目、电视文艺节目等在时间长度、制作标准和播出频率等方面还没有形成统一的规则，"播出不准时，提前拖后"等成为电视观众普遍反映的问题，电视栏目呼之欲出。

2. 栏目化时期（1979—1992年）

1979年8月，中央电视台设立了《为人民服务》专栏，并率先设立了固定的节目主持人。此后，全国各地也出现了一大批受欢迎的服务型专栏节目。可以说，这是中国电视全面栏目化的前奏。

中国电视真正意义上进入栏目阶段开始于20世纪80年代初。到1991年，中央电视台已经开办了80多个电视专栏，其中在观众中影响力较大的就有50多个。随着激烈的竞争和观众欣赏水平的提高，电视栏目更新的速度不断加快。

任何事物的产生和发展都有其自身的规律和动因，电视栏目的出现也是诸多因素共同作用的结果。分析电视节目栏目化的动因，有利于我们更深入地理解电视栏目的发展历程，并对未来电视节目形态发展空间进行合理的预测。具体来说，电视栏目化有以下几方面的动因：

（1）电视频道资源由稀缺到丰富

1983 年 3—4 月召开的第十一次全国广播电视工作会议制定了"四级办广播、四级办电视、四级混合覆盖"的方针。顷刻之间，市、县电视台纷纷上马，由 1982 年的不足 20 个市、县电视台增加到 1985 年的 172 个，电视发射台和转播台也增加到 12159 个。可供观众使用的电视频道资源逐渐丰富起来，既包括纯粹物理意义上的频道资源，还包括政策意义上可合法合理使用的频道资源。频道资源的丰富，为电视栏目的发展提供了平台。

（2）节目资源因电视技术的进步而丰富

中国电视经历了初创、发展、繁荣、转型四个阶段。初创期的前 20 年完成了中国电视在人才、技术、覆盖上的准备，为 20 世纪 80 年代以后电视的繁荣奠定了基础；经济、社会的巨大发展，实现了从电影摄影技术到电视摄像编辑技术的巨大技术转变，带来了改革开放时期电视生产的极大繁荣。20 世纪 80 年代初期，中国电视传播界大规模引进 ENG 设备，解决了新闻栏目中的同期声问题。1989 年，中央电视台提出"全部节目实行栏目化播出"的要求。[①]20 世纪 90 年代初期，数字加工和卫星传送技术的引进，不仅为电视节目的编排制作提供了巨大的创意和再现空间，而且大大提高了电视台的覆盖能力和传播影响力。国内电视节目生产制作的水平不断提高，在节目数量和节目质量上都有了极大的飞跃。

（3）观众需求多样化

随着社会的多元化发展和人们物质生活水平的提高，观众的欣赏水平、收视取向、审美情趣等呈现出多元化和个性化的发展趋势。不同收视群体对电视栏目的内容、播出时间等都有自己的选择，电视观众不再满足于电视台提供的各种表面信息，转而需要更加精准的信息来开拓自己的视野、提高自己的认识水平。电视台要想在竞争中取胜，势必需要整合栏目的内容资源，推陈出新，发挥优势，规避劣势，力求最大限度地满足观众的合理需求，刺激观众的收视需求，维护观众的忠诚度。

3．栏目中心时期（1993 年至今）

1993 年 4 月《东方时空》的播出，标志着中国电视的生产与传播在整体上全面进入以栏目为中心的时期。"如同 1992 年由于邓小平南巡讲话而成为中国当代思想解放的里程碑一样，1993 年、1994 年在中国当代电视史上也是两个具有里程碑式的

[①] 胡智锋．中国电视策划与设计．中国广播电视出版社，2004：79

年份，在这两年里中央电视台开办了《东方时空》和《焦点访谈》这两个栏目。"[①]"电视在诞生了《东方时空》和《焦点访谈》这两个'龙种'之后，终于信心百倍地坐上了传媒的头把交椅，并在社会上迅速造成了一种声势喧天的电视效应"。[②]于是，一批高质量的电视栏目在中央和各省市电视台如雨后春笋般建立起来，有社会专栏、文化专栏、经济专栏、生活服务专栏、音乐专栏、综艺专栏等。1995年中央电视台创办的平民谈话栏目《实话实说》、1997年7月湖南卫视创办的游戏娱乐栏目《快乐大本营》、1998年11月中央电视台推出的益智游戏类栏目《幸运52》等。截至2009年底，中央电视台仅第一套综合频道就有近50个电视栏目，而央视共有包括经济生活、新闻、国际、电影、军事、农业等在内的19个频道，其栏目总量可想而知。

随着专题频道之间竞争的加剧，各电视台都非常注重专题栏目的建设与完善。目前，电视栏目之间的竞争日趋激烈，央视和各大省级卫视的电视节目几乎站在同一播出平台上，等待观众的挑选。电视人面对这样的形势必须保持与时俱进的精神，适时对栏目进行改版，不断推陈出新，在栏目形式和内容上有所创新，培育精品栏目，以吸引观众的眼球，获得长足发展。

湖南广电集团原董事长魏文彬曾经提出，中国的电视竞争已经从节目竞争时代、栏目竞争时代提升到系统竞争时代。但是所有新概念的提出，并未改变电视栏目作为电视节目形态组织的最基本形式这一特征。频道之间竞争的直接表现依然是栏目之间的竞争，系统竞争的最小单位仍然是电视栏目，因此，电视台只有巩固和加强系统内品牌栏目的优势，才能在竞争中立于不败之地。

二、电视专题栏目的主要类型

根据不同的分类标准，国内的电视专题栏目可以分成不同的种类，同一栏目根据不同的标准也可以分属于不同的类别。通常划分电视栏目的标准有以下几种。

1. 按照传统"四分法"来划分

按照广播电视节目传统的"四分法"来看，电视专题栏目的主要类型有以下四种。

（1）新闻类

此类电视专题栏目以新闻报道为主，对事件进行深度的调查采访，对新闻事件或现象的相关人物进行专访等。如《新闻联播》、《新闻30分》、《焦点访谈》、《新闻调查》、《面对面》等。

[①] 刘云. 试论中国电视文化生态的转型. 载：传媒学术网 http://academic.mediachina.net/article.php?id=1511，2003-12-16
[②] 张锦力. 解密中国电视. 北京：中国城市出版社，1999：228

(2) 文艺类

此类栏目具有综艺性、娱乐性、趣味性，包括综艺栏目、音乐栏目、娱乐栏目、艺术人物访谈栏目、益智游戏栏目等。电视文艺专栏，大致又可以分为三类：欣赏性专栏、综合性专栏、竞赛性专栏。如央视综艺频道的《综艺快报》、《艺术人生》、《挑战主持人》、《梦想剧场》、《同一首歌》等。

(3) 社教类

社教类电视专题栏目，指的是通过展现与公众息息相关的事件与现象，讨论人与自然、人与社会、人与人之间的关系，从而达到社会教育目的的电视栏目。"它的主要功能是传授知识、疏导理念、修正思想和指导行为。"[①]CCTV-10 科教频道的大部分节目都属于社教类，如《人与社会》、《道德观察》、《百家讲坛》等。

(4) 服务类

服务类电视专题栏目是指那些实用性强，采用通信息、做咨询、当参谋、反映群众呼声等方式，直接为社会各界解决各种实际问题，为受众排忧解难，对受众的心理和生活产生直接影响的电视栏目。

服务类电视栏目的类型主要有以下两种。

(1) 单向性服务栏目：只为受众提供一个方面或一个问题的具体服务。如《天气预报》、《天天饮食》等。

(2) 综合性服务栏目：一般服务项目多、涉及范围广。如中央电视台的《为您服务》、上海电视台的《生活之友》、浙江电视台的《生活杂志》、广东电视台的《家庭百事通》等。

2. 按栏目对象来划分

中央电视台自 1992 年 11 月—1993 年 11 月，先后三次组织部分专家、学者进行"电视专题节目分类界定"研讨会，将电视专栏按照目标受众的不同分为对象型栏目和公共型栏目。

(1) 对象型栏目

对象型栏目是指以某一特定的收视群体为目标受众而开设的节目。这类节目内容具有针对性和专一性，能够有目标地根据特定对象的收视需求而设置节目内容，如介绍知识、提供信息服务等。对象型栏目包括：军人节目、青少年节目、老年节目、妇女节目、残疾人节目、港澳台胞节目、对外节目等。如中央电视台的老年节目——《夕阳红》、少儿节目——《大风车》、湖南卫视的妇女节目——《天下女人》等都属于这种类型。

(2) 公共型栏目

公共型电视栏目是相对于对象型栏目而言的，它没有特定对象，面向全社会，

[①] 史可扬. 电视栏目和频道概述. 广州：中山大学出版社，2007：7

选题多为观众普遍关心的问题。公共型栏目包括：社会节目、经济节目、文化节目、体育节目、科技节目、卫生节目。如中央电视台的《东方时空》、《经济半小时》、《文化访谈录》，凤凰卫视的《凤凰大视野》、《有报天天读》等。

3. 按表现形式来划分

电视栏目内容丰富多彩，体裁也是千姿百态，不同体裁的电视栏目会有不同的风格特征和创作形式。电视栏目的体裁就如同文学体裁的分类一样，每种体裁的电视栏目都有其个性和韵味。

电视栏目按照表现形式来分，可以分为三类：电视杂志栏目、电视谈话栏目、电视竞赛栏目。

（1）电视杂志栏目

电视杂志栏目是电视借鉴杂志综合集纳的特点，以多板块形式出现的内容丰富、形式灵活的电视栏目。1968年9月，美国哥伦比亚广播公司（CBS）的制片人唐·休伊特创办了电视杂志栏目《60分钟》，开创了电视杂志栏目的先河，世界各国纷纷转播此节目，更多的电视杂志栏目随之创办。中央电视台的《东方时空》、《新闻周刊》是中国此类栏目的代表。

（2）电视谈话栏目

电视谈话栏目英语表述为"TV Talk Show"中国香港、台湾地区将其译为"电视脱口秀"，它借鉴了广播谈话节目的做法，将人际传播的概念引入大众传播，以节目的现场感和互动参与的方式吸引观众。电视谈话栏目源于美国，美国全国广播公司（NBC）的《今夜》（*The Tonight*）可以说是世界上第一个电视谈话栏目。辛迪加节目《奥普拉·温弗瑞脱口秀》（*Oprah Winfrey Show*）、美国有线新闻网（CNN）的《拉里·金现场》（*Larry King Live*）、哥伦比亚广播公司（CBS）的《大卫·赖特曼深夜秀》、德国电视一台（ARD）的《名人访谈》等都是国外比较受欢迎的电视谈话栏目。凤凰卫视的《鲁豫有约》、《锵锵三人行》，中央电视台的《实话实说》、《面对面》、《艺术人生》，东方卫视的《杨澜访谈录》，北京东方欢腾文化艺术发展有限公司制作发行的《超级访问》等，都是中国比较受欢迎的电视谈话栏目。

（3）电视竞赛栏目

电视竞赛栏目是以益智博彩游戏、技能比赛等非竞技性比赛的方式展开的电视栏目，包括知识竞赛、游戏比赛、厨艺大赛、唱歌跳舞比赛、相声小品比赛等。竞赛栏目以其激烈而富有悬念的比赛形式、与电视观众的深度互动以及诱人的奖品而受到电视观众的欢迎。国外比较著名的竞赛类电视栏目有CBS的《64000美元奖金问答赛》（*The $64000 Question*），《谁想成为百万富翁》（*Who Wants to be a Millionaire*）等。中央电视台的《幸运52》、《非常6+1》、《开心辞典》等栏目是中国此类栏目的代表。

第十章 电视专题栏目与电视专题频道导论

《幸运 52》的节目现场

图片来源于 http://www.cctv.com/

第三节 中国电视专题频道的发展背景与主要类型

电视频道专题化是国际电视业发展的大势所趋。我国电视专题频道的发展顺应潮流，于 20 世纪末 21 世纪初开始逐步发展。

一、中国电视频道专题化的发展背景

进入 21 世纪以来，中国电视业集团化、专业化发展的态势迅猛，频道这一经营实体的作用逐渐得以突出。分众化传播概念的深入人心以及专业频道的产生，打破了综合频道一统天下的格局，我国电视已从"节目时代"、"栏目时代"进入到"频道时代"。中国电视频道专题化的发展背景则主要体现在以下几个方面。

1. 受众进一步细分

随着社会文化的多元化发展，在栏目时代的基础上，受众群体也更加多元化。不同群体各自的社会观念、价值标准、文化理想、生活态度等方方面面都存在着很大差异。受众群体的细分化趋势必然会带来相关兴趣和信息需求的分化。而且，不同受众群体对电视内容的要求、判断标准及收视趣味的不同，要求电视将面向大众的综合频道转向面向特定观众的专题化频道。

另外，随着信息技术的日益发达，受众群的信息源也数不胜数，加之大众传媒的复制功能使信息的传播更加迅速广泛，而不同的信息对不同的受众群体而言，其价值并不等同，在一定程度上给受众的接收造成了麻烦和困扰。而电视频道专题

化有利于电视信息的传播更加条理化，也有利于电视受众更有效地观看和接受电视节目。

2. 技术保障使频道化成为可能

应该说，电视频道的专题化与电视技术的进步有着直接的关联。20 世纪末 21 世纪初，数字技术、有线网络的快速发展，使电视频道数量激增，原来稀缺的频道资源突然变得丰裕起来，因此给电视业带来了一场新的革命。

同时，随着卫星技术的进一步发展，为频道专题化的实现提供了技术保障，增强了频道专题化的现实可行性。据相关资料显示，中国目前建成了各类电视台 3000 多座，电视频道更是难以数计，充裕的频道资源使频道专题化成为可能。

3. 媒介竞争日趋激烈

媒体间的激烈竞争是当今世界任何一个国家、任何一家媒体都必须面对的事实。电视不仅要与同行之间进行竞争，而且与广播、报纸、期刊和网络之间也有着残酷的竞争，竞争的焦点在于如何尽可能多地争夺观众闲暇时间的支配份额。而这种竞争逐渐从"粗放型"向"集约型"方向发展，电视频道的专题化则是其中的表现之一。

相较而言，报刊实际上更早地实现了专题化传播，其指向性更强，其中的一部分报纸如《体坛周报》、《足球报》、《电脑报》等只为特定的社会成员提供特定的信息服务。从这一点来讲，报纸率先适应了"分众化"和"小众化"的传播趋势，抢占市场先机，对电视频道产生巨大的冲击力；同样作为传统媒体的广播也自 20 世纪 90 年代开始就以积极的姿态应对"分众化"的传播趋势，各电台纷纷开办交通广播、音乐广播、体育广播、经济广播等，赢得大批忠实的听众和可观的广告收入。因此，电视若想在激烈的媒介竞争中保持有利地位，就必须加快电视频道专题化的进程，培养一些特色鲜明、专题化程度高、运作成熟规范的电视专题频道，吸引住一批忠实的固定受众，在与报纸、广播、网络的竞争中取得广告市场和受众市场的双赢。

二、中国电视专题频道的主要类型

以特定领域为内容定位的频道专题化是我国电视媒体进行的重要改革之一，频道专业化的初衷在于适应传播窄众化时代的要求，为不同类型的观众提供量身定制的节目。目前，中国电视专题频道的类型划分主要有以下两种方式。

1. 按内容来划分

中国电视专题频道的划分基本上以中央电视台的划分最为系统和全面。按传播内容来划分，中国电视专题频道的主要类型有如下几种。

（1）新闻频道

按照通行的国际定义，新闻频道应该是全天候（24小时）的以新闻为内容的频道，它以密集的新闻作为支柱，采用滚动播出的方式，并尽可能关注到国际国内每时每刻发生的新闻事件及事件的详细环节。因此，与传统频道中的综合电视新闻相比，全天候的新闻频道有足够多的时间来提供更多新鲜资讯、现场直播和深度报道。

中央电视台新闻频道自 2003 年成立时便开始全天 24 小时播出，并以整点新闻的形式用最快的速度向观众提供第一手的国内、国际新闻资讯，突出时效性和信息量，实现滚动、递进、更新式报道。新闻频道的专题栏目包括新闻背景、新闻评论、新闻调查、舆论监督、民意调查等各种形态，是对整点新闻和分类新闻的补充和深化。每日播出的专题栏目有 3 个：《环球视线》、《新闻 1+1》、《法治在线》；每周播出的专题节目有 4 个：《新闻调查》、《面对面》、《新闻周刊》、《世界周刊》。

（2）财经频道

与其他类型节目的观众规模相比，专业财经节目的收视群体明显属于"小众"节目。央视市场研究对 2004 年不同节目类型的市场容量（收看某类型节目的观众占所有被调查观众的比例）进行了调查，调查结果显示，国内电视财经频道在收视率诉求的压力下，大规模调整专业财经节目在财经频道的播放数量，加大生活服务类节目和益智娱乐类节目的比例，导致专业财经节目的观众满意度降低，逐渐偏离了财经频道的原旨。换句话说，国内电视财经频道更注重满足"最主要观众群体"的"最主要收视需求"以提升收视率。而无论在西方发达国家还是在中国，"最主要观众群体"都不会是投资者等财经从业人员，"最主要收视需求"也不是"专业财经节目"。因此，牺牲小众化收视群体的满意度换取大众化收视群体的收视率成为国内大多数电视财经频道选择的道路，直接导致"内行看财经频道觉得不专业；外行看财经频道觉得太专业"的收视困境。

中央电视台 CCTV-2 财经频道（原中央电视台经济频道）是我国专业财经频道的代表。在 2003 年 10 月 1 日的改版中，CCTV-2 将原来的"经济生活服务频道"缩短名称为"经济频道"，但实际上该频道仍保留着一些生活服务类节目及娱乐节目，因此显得不太专业。2009 年 7 月，经济频道将《咏乐汇》、《非常 6+1》、《开心辞典》等娱乐节目转至 CCTV-3 综艺频道，并于 2009 年 8 月，正式更名为财经频道。改版后的财经频道体现了专业财经资讯特色，也为我国其他电视财经频道树立了榜样。

央视财经频道《财富故事会》录制现场

图片来源于 http://www.popdiamond.com/

（3）综艺频道

综艺频道是兼具娱乐性、参与性和观赏性、艺术性等特点，融音乐、歌舞、文学、戏曲、杂技等各类文艺性节目为一体，以创作精品栏目、繁荣电视文艺为宗旨，以满足人们的艺术审美与文化娱乐需求为目标的电视专题频道。

中央电视台综艺频道是以播出音乐及歌舞节目为主的专业频道。综艺频道的前身——CCTV-8 戏曲音乐频道，开播于 1996 年 1 月 1 日，主要播出戏曲类和音乐类的节目。1999 年 5 月，CCTV-8 改为电视剧频道，所有戏曲及音乐节目移至 CCTV-3，同年 8 月，CCTV-3 改为"文艺频道"，2000 年 12 月又更名为"综艺频道"。央视综艺频道的节目内容极为丰富，如《艺术人生》、《神州大舞台》、《挑战主持人》、《中国音乐电视》等，为广大热爱艺术的观众提供了较大的选择余地。

（4）科学教育频道

中央电视台科学教育频道（CCTV-10）是普及现代科学技术知识、传播现代教育理念、介绍中国和世界文化遗产的专业频道，开播于 1994 年 1 月 1 日。该频道的宗旨是"教育品格、科学品质、文化品位"，其节目力求做到追求真善美，崇尚探索、创新，提倡社会文明。

科学教育频道开办有《走近科学》、《绿色空间》、《科技之光》、《科学历程》、《异想天开》、《探索》、《人物》、《百家讲坛》等 20 多个固定栏目。同时每个周末都针对不同主题推出内容多样的特别节目。

2. 按对象来划分

若按照受众对象来划分，目前中国电视专题频道最主要有以下几类。

（1）少儿频道

少儿频道的传播对象主要是少年儿童。中央电视台少儿频道开播于2003年12月28日，其核心理念是尊重、支持、引导、快乐，即尊重少年儿童权益、支持少年儿童发掘自身潜能、引导少年儿童健康成长，让每个孩子都有最佳的人生开端，有欢乐无限的生活空间。少儿频道的主题词是引领成长、塑造未来，频道的总体基调是健康、有趣、益智、教育。

另一个值得关注的少儿频道是上海儿童电视节目制作中心制作的哈哈少儿频道。该频道于2004年7月18日正式开播，全天播出17个小时，开设动画片、儿童情景剧类、少儿综艺、少儿科普等各类栏目19个，主要面向0~14岁年龄段的少年儿童和他们的家庭。该频道坚持儿童优先的理念，坚持品牌战略，真诚服务广大少年儿童，以播出平台为核心，打造丰富多彩的视听产品。频道拥有名牌栏目《欢乐蹦蹦跳》、《小鬼当家》，新

哈哈少儿频道于2004年7月18日正式开播

图片来源于 http://www.eachnet.com/

创了《为何逗》、《晚安哈哈》、《哈哈总动员》、《宝贝一家一》等栏目。哈哈少儿频道从创办之初就坚持走"儿童品牌"发展之路的理念并取得了良好的实效，已从一个单纯的媒体品牌，向平面、演出、培训、活动、衍生产品和网络发展，成为一个多元化的、可体验的儿童品牌。

（2）老年频道

以前，媒体从业者往往认为老年人收入水平低、购买力弱、消费观念落后，创办老年频道和增加老年节目的经济效益无从谈起。我国是世界老年人口大国，也是人口老龄化速度最为迅速的国家之一。"截至2009年年底，中国60岁以上老年人口已占总人口的12.5%。预计到21世纪中叶，老年人口将达到4.5亿，约占总人口的33%……据中国老龄科学研究中心的一项调查显示，我国城市60~65岁的老年人口中约有45%还在业，42.8%的城市老年人拥有储蓄存款；退休金一项到2010年将增加到8388亿元，2020年为28 145亿元。2010年老年人消费能力预计将达到1万亿

元人民币,但老年产品供给不足1000亿元,老年市场供给近乎空白。"[①]这表明老龄化已经创造了一个规模庞大的市场,且商机前景广阔。

据调查,老年人最多的闲暇活动是看电视,看电视占高龄老人精神生活的第一位。[②]开办老年频道,既可以为老年人提供有关饮食选择、养生锻炼、疾病防治等方面的知识,又可以播放电视剧、戏曲、文艺晚会等节目,满足老年人情感回味、重温经典的心理需求。开办老年频道既能为老年人排忧解难,又能使老年人老有所学、老有所乐。各地方电视台可以整合、调整少儿、戏曲等相关频道资源,开办融合性的老年频道,或者开办"老少乐"频道将老年频道和少儿频道融合起来,使老年人跟少年儿童一起观看电视,增添乐趣。总之,老年频道的设置不仅具有巨大的经济效益,而且具备丰富的社会效益。

中国首个面向老年人的付费数字电视频道——老年福频道于2005年10月8日在山西试播。老年福频道是经过国家广电总局批准,由山西广播电视总台主办的,以全国老年人为主要观众的数字付费电视频道。频道首批开设有服务、情感、娱乐三大类节目,包括介绍养生保健的《长生殿》、休闲类的《家有宠物》、人文历史类的《经典系列》等栏目。老年福频道为自身营销设计了三种方案:团购、亲情订购、老人自购。团购是考虑到全国各地的党政机关、企事业单位为离退休干部职工订购老年福频道;亲情订购是考虑到子女或晚辈为父母、长辈订购老年福频道以示孝心;老人自购指依靠子女赡养或领取退休金的老年人为追求晚年的快乐而订购老年福频道。目前老年福频道在推广过程中由于受到数字电视推广进程的限制,在发展过程中显示出专业人才与自办节目不足的缺点,尚需要在以后的发展过程中逐步改善。

（3）女性频道

女性电视频道,是以女性为目标受众,以符合女性收视需要为内容定位的电视频道。在分众化的趋势下,女性成为电视媒体的重要消费者,女性频道的出现使原本竞争就很激烈的电视市场显得格外引人注目。

美国早在1984年就创办了第一个女性电视频道——人生频道（*Lifetime*）,2000年创办了氧气频道（*Oxygen*）,2001年又创办了第三个女性频道——女性娱乐频道（*Women's Entertainment*）,3家女性有线电视频道主要策划以女性为中心的节目,取得了不俗的市场业绩。美国女性频道在一定程度上表现出对女性问题的敏感与关注,彰显了社会性别意识,高扬了社会性别旗帜,因而具有历史意义和社会贡献。然而,女性电视频道并没有能够杜绝传播女性的负面形象、片面现象和关于女性角色、能力和兴趣的刻板印象,女性媒介仍是商业媒介,女性观众仍被视为消费者而

[①] 未贞杰,郑跃辉. 夕阳人期待朝阳产业. 载: 人民日报海外版. 第二版, 2010-2-23
[②] 胡智锋. 中国名牌电视栏目解析. 北京: 学苑出版社, 2006: 437

非公民，反映出女性电视频道囿于商业和市场的压力而不得不进行的修正与妥协的局面。[①]

我国女性电视频道的出现是第四次世界妇女大会直接影响的结果，它的发展则是电视媒介市场细分化和女性受众崛起的必然结果。目前，中国女性电视频道内容定位也并非十分准确。在媒介竞争激烈的情况下，内容有特色就有市场。如黑龙江电视台女性频道，其生活实用性内容与娱乐时尚共存，内容的庞杂使得频道定位不明确，专业化程度受到影响。

女性电视频道是媒介竞争的产物，它的使命不应只是在竞争中立足发展，还应以社会性别意识来审视其传播内容，显在或潜在地促进社会性别平等。女性电视频道在这方面表现出诸多不足。面对生存压力，女性电视频道应在收视率、经济效益和社会效益之间寻求平衡，正确处理经济效益和社会效益的关系。如何使节目既有品位，准确弘扬女性意识，展现现代女性面貌，又有可观的收视率和经济效益，是电视工作者和电视研究者的共同课题。

三、中国电视频道专题化的意义

在节目质量方面，电视频道专题化使电视这一大众传播媒体从"广"播走向"窄"播，从传者中心走向受者中心，专题频道能够针对目标观众的收视需求，有目标、有针对性地制作和播出电视节目，合理利用有限的电视传播资源实现产出的最大化，这是对大量同质化的综合频道无序竞争、资源浪费的有力反驳，是对媒体的人力、物力、财力等资源的合理化配置，有利于实现各种传播资源的有序开发和合理使用，有利于提高节目质量，培养品牌栏目，扩大频道知名度。

而在经济效益方面，相较于综合频道而言，电视专题频道有清晰的频道定位、各具特色的栏目风格，能够吸引一批较为稳定的、忠实的目标观众，这些目标观众在年龄层次、欣赏水平、收入水平、消费能力等方面具有很多共同之处。频道专题化的目标不是争夺最大最好的市场，而是要建立属于自己的一片稳定市场。专题频道拥有的这些稳定的观众资源，能够吸引广告商更有针对性地投放广告，与广告商成为长期稳定的合作伙伴。如食物专题频道尽管节目形式和内容较为单一，却较为吸引餐具、厨具和食品广告商。不过，专题频道若是定位过窄，目标受众群体太过小众，也容易陷入成本不保的尴尬境地。要避免此问题，应该在频道设置前做足详细的市场调研。此外，频道的专题化发展也为开设付费频道打下了一定基础。

[①] 刘立群. 美国女性电视频道的社会性别解读. 妇女研究论丛，2005（4）

第十一章　电视专题栏目的策划

对于新闻传播的从业者和学习者而言，策划已经是耳熟能详的词语，全面、深入、独到的新闻报道有赖于精心的组织与策划。古人云："三思而后行"，当你毕业之后进入某一电视频道工作时，如果要全方位地了解电视频道及其栏目的运行与管理，首先接触到的就应该是栏目的策划。从某种意义上来说，电视专题栏目的策划就是所在的专题频道策划的缩影。相较电视专题栏目的策划而言，电视专题频道的策划更具综合性、全局性与宏观性。鉴于内容的近似性，我们将在本章重点探讨电视专题栏目的策划。

第一节　电视专题栏目策划的意义

电视专题栏目策划是电视策划的一种。它是以某一具体栏目为对象，收集相关信息，进行一系列设计和规划，制定具体的、可操作性的方法及具体实施步骤的过程。电视专题栏目的策划与设计包括栏目的宗旨、定位、选题、运作方式、风格特点、活动宣传、后续产品开发等方面。任何一个电视栏目都离不开前期策划，只不过有精粗之别。中央电视台的《幸运52》、《艺术人生》、《对话》、《百家讲坛》等栏目，都有强大的策划团队支持。

广告投放价值最大化是电视专题栏目策划的最大动力。在电视发展的初期，电视频道资源和电视节目资源都非常稀缺的情况下，策划的意识并没有深入人心。"皇帝女儿不愁嫁"的心态让大多数电视节目高枕无忧，所谓的策划也只是一般的设计、筹备和制定电视节目制作的流程。而在电视资源极为丰富的今天，上星台增多，残酷的竞争现实摆在了所有电视人的面前。只有经过科学缜密的策划的电视栏目才能在众多的电视栏目中脱颖而出；只有观众喜欢的栏目和频道才不会在竞争中被淘汰。具体来看，电视专题栏目策划的意义大致有以下几方面。

一、实现电视观众的最多化、最优化

如果把电视频道比成一个大工厂，那么频道内的栏目就是生产不同产品的流水线车间，每一个栏目都是一条独立的流水线，可以生产出自己独具特色的电视节目。目前国内的大部分电视栏目都采取的是以栏目内广告收入维持栏目内部运行的自给自足的经营方式。双重销售理论认为，媒介既出售版面或节目，又出售广告版位或

广告时间段，即媒介将版面或节目出售给受众，吸引了受众的注意力，同时又将受众的注意力以广告版位或广告时间段的形式出售给广告商，媒介就完成了二次售卖。所以观众对于电视栏目而言至关重要，电视观众的长期关注是电视栏目生存的前提，也是电视栏目获得社会效益和经济效益的保证。

电视专题栏目的策划针对具体的目标观众，通过收集竞争环境、受众等相关信息，对电视资源进行整合，提高电视栏目的可看性和必看性，形成稳定的栏目观众群，从而有利于争取电视观众的最多化与最优化。电视观众的最多化是从数量上对观众进行的统计，包括单位时间内栏目观众的数量、关注度及其忠诚度；而最优化则是从经济因素、政治因素及文化因素的角度在质量上对观众进行的统计，涉及电视观众的购买力、影响力等方面。

二、获得长期稳定的节目来源

一般来说，我国电视节目主要来源有两个系统：一是电视媒体内部自制节目；另一个是通过各种方式汇聚外部机构制作的节目。不管是自制节目还是外部供应的节目，都需要未雨绸缪的策划来保证长期的节目来源。

在一档栏目的创立之初会有整个栏目的策划，每期栏目会有本期栏目的策划，特别节目、专题节目也都有专门的策划。整个栏目的策划高屋建瓴地确定了电视栏目的宗旨、主题等，每期栏目在符合宗旨和主题的情况下，进行选题论证、确定选题、采访摄制、后期包装、播出等一系列的环节。

具有固定性、长期性特点的电视专题栏目对电视节目的需求量是非常大的，因此，"有主题、成系列"的策划就能够解决电视节目选题容易枯竭的问题。电视栏目组的编导要在案头摆放一本日历，对于时效性不强的栏目，至少提前 3 个月设置选题，并且结合重大社会问题、典型社会现象或重要节日、庆典，策划电视栏目的大型活动或特别节目。

三、保证电视栏目高效有序地运作

电视栏目的策划具有很强的导向型，是其具体运作的行动指南。从栏目的宗旨、定位、内容和选题、运作方式、风格特点，到活动与宣传、后续产品开发，都是电视栏目策划需要明确的问题。电视栏目的运作可以根据其策划按图索骥，从而使生产过程井然有序，各环节工作人员各司其职。

电视栏目如若策划得当，还能有效地降低成本，节约大量的时间、资金、人力等，提高节目制作的质量。例如，美国的电视栏目《60 分钟》对节目的开场与结尾、节目的基本原则、采访问题的确定等基本要求都进行了细化规范，为《60 分钟》规范化和高效的运作提供了条件。

第二节　电视专题栏目策划的内容

在了解电视栏目策划的内涵、意义之后,需要明确电视栏目策划的各个环节及操作中面临的实际问题。

在进行策划之前必须要确定的是电视栏目的策划团队,此团队除了由栏目的固定负责人和工作人员组成以外,还应该包括两方面的专家:一类是和电视栏目内容相关的专家,比如,做一档经济栏目,就要相关的经济学家参与;做一档文化类栏目,就要有相关的社会学家、历史文化学家参与设计。另一类是电视方面的专家,参与电视栏目的播出周期、经营策略、内部运行机制等的策划和设计。

一般来说,电视专题栏目的策划涉及到以下几个方面。

一、市场分析

市场分析是电视专题栏目策划中的首要环节,即对栏目所涉及专题的市场现状进行系统分析,增强电视专题栏目策划的针对性和前瞻性。电视专题栏目策划的市场分析一般包括观众市场分析、节目市场分析、竞争对手分析、竞争策略分析和广告市场分析等。如要做一个关于读书的电视专题栏目,首先就要对中国图书市场、读者群、作者群及出版社进行分析,其次还要对同类型专题栏目的现状及其特点进行调查分析。另外,对其他媒体的同类型专题节目的生存现状,如网络读书频道现状及其发展,也应进行调查,这样才能更好地找到自己栏目的突破点和创新点。

总之,市场分析是为了让电视专题栏目在准确、全面收集市场信息的基础上,找准市场中相关栏目的空隙,适时补缺,满足观众的需求,实现自身的价值。

二、栏目宗旨

栏目的宗旨也可以说是栏目预期达到的目标或目的,是栏目所承载的传播层面的政治意义、社会文化价值和经济价值。电视栏目的宗旨决定了电视栏目发展的方向和电视栏目的其他方面,如栏目的选题、栏目的节目形态、栏目的风格等,都应该以栏目的宗旨为核心展开,不能有任何的偏离。在一段时间内,电视栏目的宗旨应该是固定的,虽然经历改版的电视节目,其宗旨也会有稍微的调整。

如中央电视台的《经济半小时》栏目,从 1989 年创办到 1996 年,其宗旨是宣传报道经济的方方面面,栏目在大众化和专业化的选择中处于两难的位置;1996 年第一次改版,《经济半小时》的宗旨调整为"体现经济变革中的深层问题,以参政心态站在国家经济改革最前端";2000年第二次改版,《经济半小时》不再拘泥于财经,而是用经济视角报道社会问题,加大舆论监督的成分和力度,经济守望者的角色开始显现;2003年《经济半小时》的改版,明确了"我们关注公众利益"的价值观,以"大众、综合、实用"的"大经济观"为核心理念,成为具有专业特色的服务频道。至此,《经济半小时》栏目作为"市场经济的守望者"的宗旨正式确立。2000—2009年,《经济半小时》栏目连续10年成功打造出"小丫跑两会"和"中国经济年度人物评选"两个知名品牌活动,借助品牌活动进一步提升栏目的影响力和品牌价值。可以说,《经济半小时》站在中国市场经济改革守望的最前沿,始终坚持着"市场经济守望者"的宗旨,为国家宏观经济的决策层提供了生动鲜活的决策依据。

《经济半小时》栏目连续10年成功打造"小丫跑两会"的活动报道,
提高栏目的影响力和品牌价值

图片来源于 http://www.cctv.com/

三、栏目定位

栏目的宗旨确定之后,接下来要进行的是电视专题栏目的定位。一般来说,栏目定位有四个方面,即电视栏目的受众定位、内容定位、形态定位、播出平台与时段定位。也就是确定在什么时间、做什么样的内容给什么人看。

1. 受众定位

在电视栏目创办之初,一方面要以观众的需要为定位出发点,尽量满足受众的需求;另一方面又要站在一定的高度,对观众的需求起一定的引导作用,这就要求栏目本身要有一定的主动性,不能跟风效仿。只有平衡两方面的因素,才能保证栏目价值的实现。

电视栏目的受众定位有大众和分众的区别。如《夕阳红》、《半边天》这样的对象性较强的电视栏目，针对的对象为大众。《夕阳红》针对老年人，并没有按性别、年龄等对老年人进行细分；《半边天》针对女性，也没有对女性按职业、年龄、收入情况等进一步细分。有的栏目则对受众有明确的划分。如《生活》（以您为本展现精彩生活）栏目，它的受众就是月收入在2000元/月以上、以女性为主的白领阶层。2003年改版之后的《经济半小时》栏目的收视主体是中产阶层、近5000万中小投资者（股民）及他们的家庭。

2．内容定位

直接反映栏目宗旨的定位就是内容定位。一般来说，以表现内容分类的电视栏目，又可根据内容表现的不同方面和内容表达的深度分为若干类。栏目内容的定位就是在栏目宗旨的基础上，确定该栏目内容在某一领域涉及的深度。如经济类节目可以分为三类：一是影响市场的电视节目；二是影响消费的电视节目；三是普及经济知识的节目，因此，栏目在内容定位时就要首先确定该栏目属于哪一类。如《经济半小时》在2000年中央电视台作节目规划时被划分为第一类节目，"此类经济节目的特征是：主要从经济及市场专业角度对宏观经济、综合经济、产业经济进行客观报道、深入分析。"

3．形态定位

电视栏目的节目形态和结构是电视节目编排的直接结果。观众在收看电视节目时所获得的直接体验与电视节目编排密不可分。为了吸引观众的注意力，让受众锁定频道，电视节目的编排也需要采取一定的策略。有的电视栏目由若干不同的子栏目构成，子栏目之间需要确定编排的顺序；有的电视栏目就是一个节目，分为不同的环节，但同样要确定不同环节的设置顺序。比如，中央电视台经济生活频道的《开心辞典》由最初答题实现家庭梦想的结构，改为一位选手通过比拼拿走最后全部大奖的节目结构；央视《焦点访谈》的栏目结构就是按照一定的线索展开深入报道；央视经济生活频道的《生活》栏目由《生活3.15》、《朱轶说计》、《生活危机现场》三个子栏目依次展开。对于不同类型的电视栏目来说，别具匠心的节目结构设计会在无形中增加电视栏目的可看度，吸引观众的注意力。

4．播出平台与时段定位

在明确了播什么样的内容给什么样的人看的基础上，还需要确定播出平台及其时段定位。不同的播出平台有着不同的制作标准与技术要求，如全国性电视台的播放要求就与省级电视台的播放要求有很大区别。电视专题栏目要针对具体的目标播放平台作相应的策划。时段定位要以受众的收视习惯为基础，栏目只有在目标受众方便看到的时间播出，才能达到预期的收视效果。当然也不排除受众的收视习惯被引导的情况，如中央电视台的《新闻联播》和《焦点访谈》两档新闻类栏目打造了央视晚间新闻黄金时段，很多观众就因为这两档节目养成了19:00~20:00点收看电视的习惯。

电视专题栏目自身的特性决定了它并非真正意义上的大众化栏目，而是窄众化栏目，必须针对特定的人群制定适合这一类人群的播出时间段，也就是其所播出时段的策划要与观众定位相结合。当然，栏目的播出时段也并不是一成不变的，栏目的质量和收视率决定了栏目播出时段的调整。如果收视率一直萎靡不振，原来在黄金时间播出的节目会调整到非黄金时间；相反，若栏目收视率一直很高，则原来在非黄金时间播出的节目也会调整到黄金时间段播出。如中央电视台的《实话实说》栏目，从周日早上的7:20调到周日晚上黄金时间21:15播出就是一例。

四、栏目选题及策略

电视栏目的选题是决定电视栏目好看与否的重要因素，所以电视栏目的编导都很重视栏目的选题。好的选题是既符合栏目的宗旨和定位，又具有丰富内涵、有意义、有价值并且具有较多挖掘空间的题材。电视栏目的选题策划又有单元和时段的区分，所以相应的就有单个选题和阶段性选题的不同策划。

1. 阶段性选题的策划

一档电视栏目的选题策划往往是长期的，也是阶段性的。一般来说，每个电视栏目会在若干选题中确定当月的重点选题，制定采编计划。为了防止选题枯竭，"有主题、成系列"的选题策划不失为一种方法，同时还要结合重大社会问题、典型社会现象或重要节日、庆典策划电视栏目的大型活动或特别节目，这样不仅为电视栏目赢得了选题来源，而且还使得栏目紧跟时代的步伐。

2. 单个选题的策划

单个选题的策划相对来说较为简单，但在力求新意的同时，还应注意要符合栏目的宗旨、理念，与整体的风格保持一致。单个选题的策划在程序步骤上要安排合理，围绕着选题展开的信息采集、市场调研以及统筹性决策等活动要迅速而准确。单个选题的失误有时会影响整个栏目的质量和口碑，所以切不可小觑。如《高端访问》的选题有一个共性，那就是所选对象都怀有强烈的社会责任感，都是社会中坚。《高端访问》以这些世界杰出人物为采访对象，围绕世界"高端话题"与之对话，讲述世界性新闻事件背后的故事。

比尔·盖茨做客《高端访问》

图片来源于 http://www.cctv.com/

五、设计实施方案及细化方案

相较而言,电视专题栏目的策划更讲求前期性,而其设计更强调中期性、过程性、跟踪性和微观性、细节性。经过前期的策划之后,栏目就会进入设计实施方案及细化方案的阶段。

1. 设计实施方案

选题策划确定之后,编导就会根据选题搜集相关资料,组织栏目相关人员、专家智囊团对选题进行更深入的讨论,制定实施方案,安排拍摄进度,进行人员分工。

如《经济半小时》曾推出《1996·秋天的故事》的系列报道,由12集(每集30分钟)独立报道组成。这一题材从策划选题到实施经历了几个阶段。1996年7月下旬提交策划方案,在运作方式上采用央视和地方电视台联合拍摄的方式。

第一步:一个星期,集中封闭式学习,包括观摩优秀电视片;请劳动部官员讲解政策形势;请有关电视专家及经济学家进行理论指导。

第二步:15天不带机采访,编导对节目整体思路有所把握之后,分赴全国12个城市进行选点采访。每位编导必须提供三个以上的选题供策划者选择。

第三步:选题确定,总编在每位编导提供选题的基础上,平衡各类选题,避免雷同,确定每集选题。

第四步:20天左右前期实地拍摄(1996年9月初—9月中旬)。

从这个系列报道的实施方案来看,每一步必须都要有周密的计划和安排,否则会影响节目的质量和播出进度。

2. 细化方案

在整体的进度安排确定之后，还需要更加细致入微的安排规划：栏目结构如何设计；记者摄像何时何地采访拍摄；文字编辑何时完成相应的撰稿工作；演播室节目何时进行排演；舞美灯光现场乐队等相关工作人员有哪些，何时到位；演播室嘉宾的安排接洽事宜等。节目编导只有对节目的有关细节都了然于胸，才能更有效率地统筹栏目的制作，保证栏目拍摄的顺利完成。

六、栏目策划的实施

电视栏目策划经过市场分析、栏目宗旨、栏目定位和选题策划等一系列环节之后，策划的使命也就算基本完成了。这时，策划就变成栏目制作人开展工作的计划书，成为具体工作的依据。一个活动或栏目只有经过顺利的制作、成功的播出，才能呈现在观众面前，因此，实施又是策划的延续，是策划"物化"的过程，是整个策划的一部分。而且在实际操作中，栏目策划人还要根据不断变化的实际情况，对节目策划进行修改和补充完善，对栏目制作进行必要的指导，以确保栏目顺利地制作及播出。

电视栏目策划的实施主要包括两方面的内容：任务分解和过程调控。任务分解指根据栏目策划书将各种不同项目、不同岗位的具体工作分解开来，责任到人，各部门、各岗位的工作人员各司其职，防止工作中出现疏漏，避免职责不明造成的栏目资源浪费；过程调控指栏目制播过程中，通过组建栏目领导小组、制定栏目工作日程表、定期召开栏目的报题会和编前会，对各项任务进行有效的指挥、协调和控制，最大化地运用栏目的节目资源、人力资源，保障节目按照播出计划顺利进行拍摄、播出。

七、电视栏目策划的效果评估

栏目制作播出之后，要及时进行效果评估。重视栏目的效果评估，不仅可以了解观众对栏目的意见和要求，及时总结工作经验，推动栏目的完善与发展；还可以丰富策划者在电视栏目策划理论方面的知识，提高栏目制播队伍的整体素质和实际操作水平。现在，国内电视栏目的效果评估主要通过栏目收视率、观众满意度评价、专家评议和成本评价的方式（这一部分本书将在第十四章做详细讲解），搜集节目播出后的反馈信息，进行全面总结。电视栏目的效果评估让市场决定栏目的去留，从而加强了栏目策划者的忧患意识，提高了栏目策划的主动性和积极性。因此，栏目效果评估是栏目播出不可或缺的环节，对电视栏目的策划有着至关重要的作用。

第三节　电视专题栏目策划中的创意

随着电视技术的日益更新，以及电视制作理念的不断变革，电视栏目的策划也呈现出日新月异的发展态势。当今时代，是一个各行各业充满竞争的时代，电视传媒行业更是如此。电视专题栏目的种类繁多，题材非常广泛，竞争也异常激烈。所以电视专题栏目的策划应十分注重创意。创意性是电视专题栏目实行有效竞争乃至取胜的有力保证，具体表现在以下几个方面。

一、填补收视空缺：人无我有

人无我有，即抓住电视栏目的空缺推出全新的节目形态。人们总是对新鲜事物抱有强烈的好奇心，因此，当一种崭新的节目形态出现在观众面前的时候，必然会引起轰动。如1993年5月1日，中央电视台《东方时空》栏目横空出世，让电视观众眼前一亮，改变了中国观众早晨不看电视的习惯。对于办这档栏目的初衷，中央电视台前台长杨伟光说，为了改变大陆电视节目对象感不强，形式也不活泼的状况，作为中央电视台的一项改革，推出了《东方时空》。《东方时空》是电视杂志型节目，在诸多方面都有所创新：它一改过去大陆电视节目的呆板形象，通过现场采访，让观众有身临其境的感觉；它一改过去电视教育者冰冷的说教形象，通过主持人用更有亲和力的风格客观地陈述事实，尊重观众的判断。

中央电视台《东方时空》栏目开办于1993年5月1日，由白岩松担任主持

图片来源于 http://www.cctv.com

二、遵循创新原则：人有我新

如何在众多的栏目中脱颖而出呢？这里将要提到的就是"人有我新"的原则。如果大家都做电视杂志型栏目，我如何作出新的吸引受众注意力的东西；大家都做电视谈话节目，我如何请来知名度高的嘉宾、挖掘鲜为人知的话题；大家都做电视直播节目，我如何选取不同的角度，瞄准容易被人们忽略的细节等。概括来说，"人有我新"在于三个方面，即节目内容新、角度新、形式新。

1. 节目内容新

伴随着新世纪的来临，中国电视进入了频道中心时期。这一时期也是内容为王的时期，谁能打造出独家的、一流的节目内容，谁就可以在第一时间争取更多观众的注意力。这种情况下的内容新，就在于对节目内容作加法，即在时间和空间上将事件或人物"拉长"或"扩张"。具体而言，在时间上，将事件的背景、人物的经历及其影响有机地融合在节目当中；在空间上，节目内容可扩展到相关部门、地区，甚至其他国家类似的状况或相近的国际经验等。《广播电视新闻学》一书中曾列举了新闻报道策划的技巧，如"上挂下联，小中想大"、"左思右想、左右逢源"、"前瞻后顾、思前想后"、"贯通中西、互通有无"等技巧，在策划电视节目时也是值得借鉴的思路。

2. 节目角度新

如果把内容信息看作一道菜品的原材料的话，对原材料的不同做法就是节目的不同角度。相同的原材料在不同的厨师手中会做出不同风味的菜肴，节目也是如此，从不同的角度看同一事件或同一人物会有不同的观点或效果。央视经济生活频道《第一时间》就是一档致力于从不同的角度推陈出新的早间新闻节目，"新闻总在发生，视角各有不同，你有你的看法，我有我的说法。"

那么如何在角度上创新呢？就需要我们在策划中打开思路，利用逆向思维、发散思维、跳跃思维等方式大胆联想，列出尽可能多的备选方案，再去粗取精，层层筛选，确定最佳的报道角度。《广播电视新闻学》中提出的新闻策划中常用的创新性思维——"特性列举"（特点排列、缺点排列、希望点排列）和"信息交合"（使信息"繁殖"）的方法——也可以在电视栏目策划中借鉴。

3. 节目形式新

节目形式的创新可以从三个角度去思考，即节目形式的杂交、加法和减法。

节目形式的杂交，是指将一种节目形式借鉴过来和另一种节目形式相融合而形成新的节目形式。比如，湖南卫视的《快乐大本营》在综艺晚会节目中加入游戏的形式，使单纯的综艺晚会变为游戏娱乐晚会，走出了综艺娱乐的一条新路；中央电视台的《同一首歌》栏目将综艺晚会和演出活动相融合，让歌曲晚会走出演播室，让演出活动走进电视栏目，打造了综艺栏目的品牌。

节目形式的加法，就是扩充、拉长节目，使几种节目形式并列相加形成新的节目形式。比如，在演播室新闻节目中加入现场记者连线、专家对话，在体育赛事直播节目中加入观众游戏互动环节等形式。凤凰卫视可以说是做节目形式加法的高手，例如谈话节目《锵锵三人行》，采取三人圆桌聊天的方式，在一对一谈话节目的基础上做加法。另一档谈话节目《一虎一席谈》采取了正反嘉宾辩论、事件当事人和现场观众互动的形式，也是在传统谈话节目的基础上做加法。

谈话节目《锵锵三人行》采取三人一桌聊天的方式，
图为王朔参加《锵锵三人行》节目现场

图片来源于 http://news.xinhuanet.com

节目形式的减法，就是在传统节目形式的基础上使形式简单化，也是电视栏目降低成本的途径之一，即用简单的演播室条件和较少的采访、拍摄、编辑投入获得较好的传播效果。比如，凤凰卫视的《凤凰早班车》可以说开创了早间时段电视说新闻的先河，主持人通过吸取、采纳报纸媒体新闻报道的精华，以"说"的方式将新闻传达给电视机前"听"电视的观众，不仅节约了成本，还开创了新的新闻播报形式，节目一开播就取得了较好的效果。

三、凸显栏目个性：人新我特

电视媒体在激烈竞争中出现的最大问题就是跟风、克隆。一档叫好又叫座的电视栏目一旦出现，就会立刻引发克隆和效仿热潮。1994年，中央电视台创办了新闻深度调查栏目《焦点访谈》，受到了观众的一致好评。一时间，全国省、市级电视台以"焦点"命名的栏目纷纷上马，令观众眼花缭乱。1997年，湖南卫视的《快乐大本营》在推出之后掀起了全国综艺娱乐类节目的"快乐"狂潮。

《快乐大本营》五位明星主持人个性鲜明、机智幽默，
"快乐家族"团队形象深入人心

图片来源于http://www.qq.com/

如此跟风的例子不胜枚举，那么，如何使电视栏目个性化成为栏目编导们的一致追求呢？这就需要借鉴"人新我特"的原则。"特"即特点、特殊之处，即其他电视栏目没有的个性。在电视栏目内容趋同化、形式趋同化的背景下，栏目个性化已成为栏目树立品牌的核心价值所在。鲜明的个性并不是只有优点，没有缺点，但它可以吸引观众的注意力，给他们留下深刻的印象。电视栏目的个性可以表现在诸多方面，可以是栏目定位、栏目选题具有个性，也可以是栏目风格、栏目主持人具有个性。

电视栏目的个性即差异化。在受众越来越细分、传播的对象性越来越明显的背景下，差异化是建立在对受众准确认知的基础上的，只有准确把握受众的收视心理，才能更好地进行栏目定位和差异化创新。差异化不是目标，只是创新的手段，如果只是为了差异化而差异化，为新而新，则是无效率的创新。

任何一档经历了时间与观众选择双重考验的电视品牌栏目都有其鲜明的个性所在。同是谈话类电视栏目的《实话实说》、《面对面》、《艺术人生》、《对话》、《鲁豫有约》，都因为其个性特点而打造出不同的电视品牌。《实话实说》的特色在于其平民气质；《面对面》的特色在于主持人王志的追问和质疑；《艺术人生》的成功在于对嘉宾情感的把握和挖掘；《对话》则面向高端，就经济类问题作深入探讨；《鲁豫有约》的成功在于用心的倾听和真诚的交流。

四、专题化与大众化之间的平衡

由于其自身的特性，电视专题栏目不可能拥有最广泛的受众。栏目本身的专业性导致受众群相对狭窄，这就需要策划人在专题化与大众化之间寻求最佳的平衡点，使二者有机地结合起来。如中央电视台的《百家讲坛》栏目自诞生以来历经坎坷，其编导们逐渐摸索出了一套成熟的运作机制，开辟出了精英文化、大众文化和主流文化三者相和谐的崭新局面，将文化命题以通俗易懂的方式讲解给广大的观众，这与其亲民化的路线和普及大众的定位是分不开的。

电视专题栏目要广泛地结合社会力量来丰富栏目资源，更好地实现专题化与大众化之间的平衡。《百家讲坛》的主讲人就瞄准了全国知名的学者、专家和教授，加上成功的传播理念，使得栏目避免走向庸俗化、程式化的道路。

央视《百家讲坛》的学者们将文化命题以通俗易懂的方式讲解给广大观众

图片来源于 http://www.hudong.com/

当然，电视专题栏目策划中的创意，还要与其生命周期相结合。电视专题栏目的生命周期是指栏目从进入观众视野到淡出的这一全过程，具体分为初创期、成长期、成熟期及衰退期。

初创期的电视专题栏目初步成型，其策划重在不断完善栏目制作质量的同时，还需要在栏目的包装宣传创意上下足功夫。对栏目进行宣传时，除了在本台进行高频率的节目预告外，还可以跟平面媒体、网站、户外广告等合作，整合运用各种传播方式，力求短期内塑造与众不同的品牌形象，扩大新栏目的品牌知名度。

成长期的电视专题栏目形态相对稳定，市场潜力逐渐显现，其策划创意重在稳定质量、完善细节并努力彰显栏目的特色。当然，适当的宣传、炒作与推广在这一时期的策划中也必不可少。

成熟期的电视专题栏目品牌成熟，收视率也处于稳定的状态，其策划创意重在牢固地把握住忠实观众，尽力争取潜在观众，同时也可以进行小范围的节目创新策划。

衰退期的电视专题栏目处于即将被淘汰的阶段，节目同质化现象泛滥、收视率持续降低。这一时期的电视栏目策划重在对其生命周期进行客观考量，在综合考察市场状况的基础上慎重考虑栏目的存在价值。

第十一章 电视专题栏目的策划

近年来,我国电视专题栏目竞相发展。在其日益繁荣的背后,内容肤浅、品位不高、商业味过浓的现象也潜滋暗长。广告商的干预、电视台盲目的商业操作和赢利心理,导致了专题栏目人文内涵的缺失,这对其健康、长远的发展非常不利。因此,制作人员在电视专题栏目的策划中,一定要注重人文内涵的培植,用准确的定位与创意凸显人文特色,提炼人文主题。

第十二章　电视专题栏目的制作与电视专题频道的包装

随着市场化进程的深入和媒体竞争的加剧，以及传播实践经验的日益丰富，电视媒体竞争战略构架的脉络也逐渐清晰，基本遵循着品牌栏目—品牌频道的思路。这种由点到面的发展构架，使电视专题栏目与电视专题频道之间形成了一种互生共长的关系：电视专题栏目的制作成为电视专题频道建设的核心内容，而电视专题频道的包装则涵盖了电视专题栏目的包装。有鉴于此，本章将重点讲解电视专题栏目的制作与电视专题频道的包装。

第一节　电视专题栏目的制作

提到电视栏目的制作，很多人的脑海中就会浮现出摄像师在现场扛着摄像机拍摄、记者现场采访、编辑进行后期剪辑的画面。其实电视栏目的制作涉及的环节及内容不止这些。一档电视栏目的制作完成，长期稳定的播出运行是栏目组不同分工的人员长期合作的结果，他们各司其职、团结合作，保证了节目播出的数量和质量。在弄清电视栏目制作的特点的基础上，本节将从电视栏目制作的不同环节入手介绍广义的电视栏目制作。

一、电视专题栏目制作的特点

电视栏目制作是电视栏目整体运作的基础，其特点主要体现在如下方面。

1. 固定化

电视栏目制作的固定化是指在固定的栏目宗旨和节目风格的条件下，由固定的编创人员、采摄人员、主持人和后期剪辑人员策划和制作有固定电视栏目名称和固定长度的电视栏目。这就决定了电视栏目的工作人员在一段时间的岗位职能和工作程序固定化，这有利于工作人员熟悉本职工作之后，进一步提高工作质量，将技术和创意更好地融合。同时，电视栏目制作的固定化也便于电视栏目的管理人员对栏目组人员、资金和设备的管理和调配。

2. 周期化

电视栏目播出的周期性决定了电视栏目在制作上也具有周期性的特点。和电视专题片、纪录片等单体节目的拍摄模式不同，电视栏目的所有制作环节都必须在规定的周期内完成，制作时间更紧凑、更有规划性。日播、周播或双周播出的节目都有其固定的制作频率。从选题报批、前期撰稿、采访拍摄到后期剪辑、包装、审片，都必须按计划和规定进行，否则就会影响电视栏目的播出及其整体的质量。

3. 程式化

电视专题栏目制作的程式化体现了电子复制时代的复制性叙事，其流水线特点正是电视栏目制作程式化的表现。一条固定的流水线生产出的产品具有相同或相似的风格样式。虽然每期节目题材、内容、拍摄方式会有不同，但其宗旨和整体风格是相同的。程式化的制作有利于栏目制作人员熟悉自己所负责的工作环节，有利于不同制作环节间的娴熟衔接，从而节省人力、物力及财力，使得电视专题栏目的制作效率得以有效提升。

二、电视专题栏目的制作环节

电视专题栏目的制作是一个复杂过程，一档高质量的栏目离不开节目编辑人员、技术制作人员和后勤工作人员的体力与脑力的协同合作，所以说电视栏目的制作也是一个系统工程。

1. 解说词（含串词）创作

如果将节目结构比作图画的大致轮廓，那么解说词（含串词）、音响（音乐和同期声）、字幕图表、主持人等就是填充在图画不同部分的色彩。正因为有了填充的色彩，图画表现的人物或事物才更丰满，更加充满活力。

解说词（含串词）是不同类型的节目都不可或缺的部分，称为节目的文字稿本，主要由解说词编辑和主持人共同完成。电视新闻节目、社教节目的解说词和电视专题片、纪录片的解说词有相似之处。但是其他类型的电视栏目，如综艺娱乐类电视栏目、生活服务类电视栏目、体育类栏目等的解说词或串词有其自身的特点，主要表现在主持人的串词更口语化、个性化和即兴化。串词是谈话类电视栏目的主持人和谈话嘉宾进行的聊天式的沟通，或提出问题，或承上启下，或循循善诱，或交换心得。大型晚会的串词则像一根线，将不同类型的节目串联起来，起到烘托气氛、表达主题的作用，对嘉宾的介绍、与演员的交流、对现场观众的采访，都包括在台本（大型晚会的串词）的创作范围内。

由此可见，不同类型的节目对解说词、串词的创作要求是不一样的，但都遵循表意清晰、与栏目风格一致的原则，以达到最好的传播效果。

2. 摄录阶段

在方案确定及解说词（含串词）创作完成之后就要进行节目的拍摄。电视专题栏目的摄录可分为外景拍摄和演播室拍摄两种。

（1）外景拍摄

外景拍摄分为时效性外景拍摄和非时效性外景拍摄。时效性较强的外景拍摄受时空限制较多，前期准备要充分，相关人员、摄录设备都要到位，以及时应对拍摄过程中出现的突发状况。比如，自然条件和环境的变化，遇到大风、雷电、雨雪天气等；设备出现的临时问题，如短缺、损坏等；人员发生意外，如遇到突发性疾病、车祸等情况都需考虑周全、妥善应对。此外，还要注意拍摄过程中的安全问题，如非法分子故意捣乱影响拍摄等。大型室外演出和重大的体育赛事拍摄是时效性外景拍摄中比较典型的情况，在此类外景拍摄中一定要充分考虑可能出现的突发性情况，做好应急措施和替代方案。非时效性外景虽然有较充裕的时间拍摄或补拍，但是从成本控制的角度考虑，充分的准备和突发性应对方案也是非常必要的。

（2）演播室拍摄

演播室拍摄也包括时效性拍摄和非时效性拍摄。一般而言，演播室直播节目是具有时效性的，如口播新闻节目、演播室综艺晚会直播、大型活动直播中的演播室节目等。非直播节目则要求提前录制，如谈话聊天类节目、非时效综艺性节目、益智游戏类节目、非竞技类竞赛节目等。一般来说，演播室拍摄需要注意主持人与现场演艺人员造型设计、演播室布置、道具的使用及现场乐队配合和现场嘉宾的参与等方面。

另外，还有将外景拍摄与演播室拍摄结合起来的综合录制方式。一般大型的文艺栏目，需要拍摄内景镜头和外景镜头，这就可以采用分段摄制室内镜头与单机摄制外景镜头相结合的方式。

（3）主持

主持是电视专题栏目摄录阶段一个非常重要的环节。主持人是电视栏目、电视频道的形象代言人，对电视节目的知名度、美誉度的提升起着非常重要的作用。中央电视台《为您服务》栏目的沈力可以说是中国第一位电视栏目主持人。随着电视技术的发展和便携式录像设备的产生，电视节目形态越来越多样化，电视节目主持人的主持方式与风格也越来越多样化。彩色电视机的普及，使人们对播音员、主持人的形象气质也有了更高的要求。中国的电视节目主持人从播报、背稿到加入即兴发挥、现场解说，再到电视谈话聊天节目中和嘉宾面对面的聊天，可以说正朝着越来越成熟的方向发展。

三、后期编辑阶段

电视栏目采访录制完成之后进入的就是后期编辑阶段，主要是画面编辑和声音混配。将拍摄的图像和声音素材根据表达的主题进行鉴别、筛选，通过艺术化的加工与处理，使之成为一个完整的节目，包括素材编排、画面剪辑、配音、配乐合成、特技及字幕合成等。

在电视栏目的后期编辑过程中，遵循制作流程的科学性，可以使编辑制作工作有条不紊地进行。任何一个环节出现失误，都会给节目的制作、节目的质量带来影响。如果没有科学的程序，会大大增加编辑的工作量，降低工作效率，还会增加节目的制作版数，甚至会影响节目的技术质量，造成电视画面质量的降低。

电视栏目的后期编辑与电视单体节目的后期编辑在步骤上没有根本的区别，都大致经历查看素材—纸上预编—进行编辑—声音混录等几个阶段，但是，与电视单体节目相比，电视栏目的后期编辑呈现出自身的特点。

（1）电视栏目由于自身周期性、固定化的特点，其后期制作的时限有着特殊的要求。电视单体节目，如电视专题片、电视纪录片等后期编辑的时限要求宽松，而电视栏目因与观众有定期播放的约定，所以其后期制作要保证节目正常的播出，时限要求较为刚性。

（2）电视栏目的后期编辑有着套路化、程式化的特点。相较而言，电视纪录片、专题片的后期制作讲究个性化，观众对其艺术创新有着超常的期待。而电视栏目的后期制作则强调基本程序的一致性，每期栏目的技术质量与风格要求一致，所以电视栏目的创新是在基本规范内的创新。

第二节　电视专题栏目、专题频道的包装

从文本层面来看，电视传播内容体现为：单体节目、板块节目、单元节目、栏目、频道。在频道时代，栏目的包装一般都是频道整体包装的组成部分。专题栏目是专题频道的具体而微的体现，二者之间没有本质上的差异，所以本节将二者整合在一起进行探讨。

一、电视专题栏目、专题频道的包装意义

随着社会经济、电视观念的不断发展，商业包装的理念被逐渐引入电视领域。如果把电视栏目看作生产线上的产品，包装就是将产品加上装饰。随着电视观念的发展和电视技术的进步，中国电视界的包装意识不断增强，包装的手段日益丰富，包装的水平也不断提高。

包装对于电视专题栏目、专题频道的意义重大，主要体现在以下几个方面。

1. 从观众来看

包装是电视专题栏目、专题频道制作过程中的一个必要环节。与"裸体"节目

相比，包装后的电视栏目能凸显出更多的创意性。当今时代，DV 的出现使基本的影视制作技术已为广大受众所熟知，人们对电视节目的制作手段已不再感到新奇。而包装则能提升电视专题栏目、专题频道的制作规格，给受众以更强的专业感，从而拉开电视制作专业标准与日常 DV 技术手段之间的差异，从形式上给受众造成一定的陌生感和神秘感，从而引起更多的关注，赚取更多的眼球经济利润。

另外，精良的包装是实现电视专题栏目、专题频道差异化的有效途径之一，新颖、独特的包装能够突出栏目、频道的个性，增强观众对栏目、频道的识别能力，提高其收视率，确立其在观众心目中的地位。

2. 从广告商来看

一档包装精良的电视专题栏目，更能获得广告商的青睐。广告商往往具有前瞻性的商业眼光，包装的精良程度可以体现电视栏目创作者的制作水准，由此可以看出该档栏目品牌的上升空间。任何广告商将广告目标放在某档电视栏目中时，除了考虑广告价位之外，最重要的是考察该档栏目的质量及其包装。包装精良的栏目无疑能为广告商所要宣传的产品增光添彩。

3. 从媒体自身来看

电视的策划意识来源于竞争意识，电视包装的推动力也是激烈的电视竞争。在电视频道和节目资源极其稀缺的年代，电视的包装意识并不强。随着社会经济的进步和电视技术的不断发展提高，"酒香不怕巷子深"的时代已经一去不复返了。电视包装成为在提高电视节目质量之外，使电视节目、频道脱颖而出的又一途径。现代频道或栏目的竞争已经从节目内容质量的竞争上升为以频道或栏目综合实力为基础的品牌的竞争。可以肯定的是，电视栏目包装的水平正是电视栏目综合实力的表现之一，并且电视栏目的包装和宣传推广是电视栏目品牌构成的要素之一，精良的频道和栏目包装对提升频道的品位和整体形象也起到了重要的作用。

二、中国电视栏目、频道包装的发展历程

在我国，电视频道包装的发展历程大致可以分为以下几个阶段。

1. "裸体"节目阶段（1958—1980 年）

这一时期是我国电视事业发展的初期阶段，由于节目资源匮乏、制作水平较低，包装对于电视制作者们来说还是一个相当陌生和模糊的概念。无论是单体节目，还是电视栏目都谈不上包装，更别谈电视频道的包装。很多电视栏目除了片头标题和片尾字幕，并没有其他的包装手段，这样的节目在今天来看即是"裸体节目"。

2. 自发阶段（1981—1995 年）

我国电视真正意义上进入栏目阶段开始于 20 世纪 80 年代初。随着电视栏目化

操作阶段的到来，电视包装悄然兴起。但是这个阶段的包装还只是停留在栏目的局部包装上，而且包装形式与栏目内容往往并不搭调，显得非常零散。这一时期的电视包装还处于初期的自发阶段。

3. 自觉阶段（1996—2000 年）

自从 1996 年《东方时空》进行了第一次栏目包装并取得成功之后，我国的电视包装日益受到电视制作者的重视，逐步由节目包装、栏目包装发展到频道包装，整体包装的概念应运而生。这一时期的电视包装开始走向自觉阶段，逐步突破了原来局部包装的零碎化状况。

4. 多元化阶段（21 世纪至今）

进入 21 世纪以后，电视包装逐渐摆脱了"千人一面"的同质化现象，最本质的识别功能日益凸显。电视制作者们关注的重点从整体效果转移到个性特色、区域特色及专业特色上来。2003 年是中国电视的包装年，这一年央视、东方卫视及湖南卫视均进行了大刀阔斧的改版包装。此时的电视包装不再停留在"符号识别"的基础阶段，开始全面开启塑造个性化品牌的重任。

三、电视专题栏目、专题频道包装的原则

从节目包装到栏目包装、频道包装，从中央电视台到省级卫视、省市地面频道，电视包装作为品牌营销的手段之一，越来越受到电视媒体的重视。而电视专题栏目、专题频道包装的原则主要有以下几点。

1. 统一性原则

由于电视栏目具有周期性的特点，在电视栏目的包装上统一性显得尤为重要，主要体现在以下三个方面：

第一，栏目的包装形式和栏目的宗旨定位相统一。也就是说，栏头、栏尾等包装要素要契合栏目的宗旨和定位。例如，以儿童为目标受众的《大风车》、《动画城》等栏目，包装的音乐由轻松、活泼、动感的音乐或儿童歌曲剪辑而成，画面以动画组合为主，就是和栏目的宗旨定位相契合的。

《动画城》的栏花是轻松活泼的动画

图片来源于 http://www.cctv.com

第二，栏目的包装风格要和栏目所在频道的整体包装风格相统一。在电视频道和电视节目资源都极为丰富的今天，电视媒体的竞争已经上升为频道整体的竞争。

电视栏目作为其所在频道的一个单位，频道内部的栏目风格应该和频道的风格保持一致，同一栏目每期节目之间及同一期栏目不同板块之间在风格特色上也要统一。

第三，栏目包装系统内各表现要素要统一。也就是栏目的视觉传达基本要素要统一，栏目整体的颜色、风格、字体、字号、出字幕的方式、节目预告、节目标志在节目中的出现方式等要协调一致。

2. 风格化原则

电视专题栏目、专题频道的包装要讲究风格化原则，突出其自身的创意与特色。包装是电视栏目实务的一个重要环节，很多电视频道、栏目都有专门负责节目包装的人员，有些节目、栏目、频道的包装是外包给电视包装制作公司、影视制作公司设计完成的。电视包装的发展受到电视制作技术和电视观念创意的制约。先进的电视制作技术只是手段，艺术化的创意才是电视包装的灵魂。好的创意来源于优秀的电视包装人员的构思、策划和实施，所以，既懂电视制作技术又具有深厚文化底蕴和创新理念的电视包装人才，是推动电视包装发展的关键。

如凤凰卫视的包装就很能体现风格化原则。风格化包装首先体现在其传播内容上：凤凰卫视成立于香港，立足两岸三地，以其泛"中国化"的传播地域定位，给大陆观众以丰富的有关台湾、香港地区的信息资讯，并以中国人看世界的视角感受传播华语节目，在世界传媒市场开拓了一片华语的天空，成为"华语电视的补缺者"。其次，"凤凰卫视"的名称既传统又现代，极具东方色彩又有国际化特点。反观内地的省级卫视，绝大部分的名称都是地方化，面对的却是全国市场，其名称很显然既无

凤凰卫视的台标

图片来源于 http://phtv.ifeng.com/

特色，也无法切合所定位的目标市场。再次，凤凰卫视的台标由两个凤凰旋转飞舞成圆形，凤凰是中华民族神话中的神鸟，代表了中华民族的传统文化；台标颜色是具有中国传统意味的金黄色，展现了黄土文化、黄土文明的本质，体现出向世界传播东方文化、中华文明的人文理念，使得整个频道的包装兼具艺术品位与人文色彩。另外，凤凰卫视所有的界面人物一改内地大一统的正襟危坐，以极具个性化的风格呈现在观众眼前。

3. 渐变性原则

渐变性原则对于电视包装来说意味着不断的进步，同时又能把握好度。要想通过包装形成一定的品牌频道，就必须要保持相对的稳定性，让观众有充分的时间熟悉并认知这一频道品牌。如央视二套的频道包装从"相知、相伴"、"尽心尽力、无

所不在"到"心有多大,舞台就有多大"和"你的眼界决定你的世界",正体现了频道包装的渐变性原则,也符合央视二套从一个综合频道定位过渡到针对都市高知识水平、高收入水平的目标受众的都市化定位。

同时,要想长久地确保频道品牌在观众心中的地位,也要适时改变。因为观众的需求和口味并非一成不变,通过进行局部的调整、补充和完善,这种渐变性的、有生长阶段的包装改变,才能真正发展频道品牌。

4. 创新性原则

电视专题栏目、专题频道的包装要避免同质化现象,不能一味地模仿重复,其创新性原则主要体现在以下三个方面:

（1）个性定位

电视专题栏目、专题频道包装的创新性原则首先体现为一种个性化的定位。个性化频道能够明确地为一个群体提供完整的媒介资讯服务,使这个群体的信息和娱乐在一个频道得到较为充分的满足,从而更容易建立观众的忠诚度。个性化的定位并不排除手法上的丰富和创意上的现代性。如湖南卫视的包装就很注重个性化色彩,从主持人的服装颜色到栏目背景的色系,再到整个频道的色彩定位都营造了一种青春快乐的氛围,从而明确彰显了湖南卫视"快乐中国"的娱乐化主题定位。

（2）地域文化

电视包装的创新性,也可以体现在地域文化的特色上。如浙江卫视给观众的总体印象是文化品位较高,淡雅精致,具有江南文化的意韵,其"水"系列、"何为浙江"系列的电视频道宣传包装,很好地演绎了水秀江南、风雅钱塘,并且给观众耳目清新的雅致感受,从而获得了观众广泛的认可和接受。

（3）专业特色

美国广告大师威廉·伯恩巴认为独创性和新奇性对广告创意来说最重要的,包装亦是如此。独创和新颖会让观众眼前一亮,带给他们与众不同的视听享受。电视专题栏目、专题频道往往定位在某一个专业领域,其包装就应该仅仅抓住这个专业领域的特色不放,这其实也是一种反"克隆"的体现。

如作为新闻评论类电视栏目代表的《焦点访谈》,其包装就很能凸显专业特色:"眼睛"栏标简单明了,与栏目宣传语——"时事追踪报道,新闻背景分析,社会热点透视,大众话题评说"、"用事实说话"非常吻合,有力地突出了栏目以严谨的态度、深度的报道、新闻的眼光来解读社会热点的独特品质,体现了栏目的深度透析力和专业权威性。

《焦点访谈》的栏标

图片来源于 http://yule.baidu.com/

四、电视专题频道包装的主要内容

中国古代曾有"买椟还珠"的成语故事，此寓言的讽刺意义暂且不说，那位舍弃宝珠买走包装盒的人显然是被精美细致的包装而吸引，才舍弃价值连城的珠子，可见包装的重要意义。那么，电视专题栏目、专题频道包装的主要内容有哪些呢？

1. 频道理念包装

理念是电视专题频道之"魂"，是整个频道生产制作、传播、经营管理活动中坚持的基本信念。很多优秀的电视专题频道都具有特色鲜明、品味较高的频道理念。如 CCTV-10 科学·教育频道，是应国家"科教兴国"方略，以提高国民素质为宗旨，以教科文化题材为内容的专业电视频道。自 2001 年 7 月开播以来，始终坚持"教育品格、科学品质、文化品位"的特色。经过几年改进、提高、推广，频道树立"服务社会、服务大众"的理念，正在走向以"专业频道品牌化建设"为核心的发展之路，已经成为中央电视台一个特色鲜明的专业频道。

2. 频道视觉包装

画面承担着电视语言表达的主干功能，是电视区别于其他媒体最显著的特征，而视觉包装自然是电视专题频道包装的重中之重。频道视觉包装主要有以下几方面：

（1）频道标识

频道标识是识别频道形象的重要依据。频道标识主要指台标及围绕台标使用所做的一切宣传活动，是频道识别系统的标志。频道标识一般出现在电视屏幕左上角、节目结尾落幅和频道宣传片中，既可是数字台标或图形台标，也可是图文结合的台标。频道标识是频道用于象征自身特征的标志，这种标志可以使频道印象鲜明化。因此，电视专题频道的视觉包装中，频道标识是重点包装对象。

（2）频道形象宣传片

频道形象宣传片也是电视专题频道包装中的重要一环。短小精致的频道宣传片能有效传达频道自身宗旨与理念，树立频道形象，展示频道的内在魅力。

如央视戏曲频道于 2004 年推出"水墨"版形象宣传片，包含古典神韵，同时灵动优美，富有中国特色的水墨画与传统戏曲的意蕴完美结合，既符合频道本身的定位，又能让观众回味无穷。

央视戏曲频道"水墨"版形象宣传片视频截图

图片来源于 http://www.cctv.com

（3）频道界面人物形象包装

电视传播的界面人物是指在电视的传播过程中，担负着传播媒介与观众进行联系和交流的中介作用，是媒介和受众之间的桥梁和纽带。其中主要是指播音员、主持人以及代表媒介经常外出从事采访报道的记者。对界面人物进行成功的包装打造，可以使电视频道借其明星之势提高自身的知名度。

凤凰卫视就很注重对界面人物的包装打造。如在 1998 年两会期间，凤凰卫视利用吴小莉被朱镕基点名之优势，全力打造名人效应。在吴小莉的个人形象宣传片中，她说："大事发生的时候，我存在；有中国人的地方，就有我！"这句话精彩地表达了吴小莉自己的心声，也有效地传达出了凤凰卫视中文台的传播理念。

（4）频道识别色彩

特定的色彩在每一种文化背景中都拥有确切的意义。"频道识别色彩能使受众选择频道时，由特定色彩引起的形象刺激，导致一种感情走势，诠释频道个性化的定位与理念。"[1]如央视新闻频道，作为 24 小时连续播报的专题频道，以新闻纪实为主，其色彩整体上采用了冷蓝色系，凸显出一种冷静、客观、理智的形象，有效地表达出了其独特的频道诉求。

---

[1] 王润兰，张文. 谈电视频道的个性化包装. 中国电视，2006（10）

3. 频道标识声响包装

标识声响也是电视专题频道包装中的重要环节。标识性的音乐或宣传口号是专题频道理念和内涵的延伸，能帮助观众加深记忆产生联想，如提示性的宣传语——"这里是北京电视台文艺频道"等，简洁明了，让观众一目了然。另外，频道的开播序曲、结尾曲等也是电视频道包装不能忽视的环节，它们对巩固频道形象同样有着重要的作用。

4. 品牌栏目包装

电视品牌栏目是其所在的电视专题频道的重要组成部分，甚至是该电视专题频道赖以生存与发展的基础。在当今的"眼球经济"时代，品牌栏目的包装对其所在的电视频道的形象起着画龙点睛的重要作用。电视栏目能否获得最佳的传播效果，取决于栏目精彩的内容与精美的包装形式之间的完美组合。电视品牌栏目的包装可以有效提高该栏目在市场营销活动中的地位和吸引力，同样，一档优秀的电视品牌栏目的包装无疑能为其所在的专题频道增光添彩。如《百家讲坛》就为央视科教频道赢得了无数观众的青睐，很快便衍生出众多的模仿者。

电视专题频道中的品牌栏目，其包装内容也包括理念包装、视觉包装、标识声响包装等三个方面，在某种意义上可以说，品牌栏目的包装就是所在的专题频道包装的缩影，鉴于内容的近似性，本书不再一一赘述。

第十三章　电视栏目的主持

电视栏目主持人代表着该栏目的形象，栏目的内容和主旨都要依靠主持人来进行表现和发挥。主持人既是电视栏目的重要组成要素，又肩负着使栏目与观众相沟通的重责，因此好的主持人不但对观众具有广泛的号召力，而且对观众的忠诚度具有重要的影响。有鉴于此，本章将专门对电视栏目的主持进行介绍。

第一节　栏目主持人导论

主持人和栏目是休戚相关的，一档优秀的栏目也许会成就一名主持人，观众也可能会因为喜欢某一个主持人而钟情于某个栏目。那么，到底什么是栏目主持人？栏目主持人有哪些类型和特征？他们又承担着什么样的职责呢？

一、栏目主持人的概念

栏目主持人是指在一个相对固定的栏目里，作为主持者和播出者而出现的人物。栏目主持人往往具有采、编、播、控等多种业务能力，集编辑、记者、播音员于一身。与严格意义上的播音员相比，主持人除有播音艺术的基本功要求外，更多地需要有现场掌控能力及自身的主持风格、特色。

二、栏目主持人的类型

不同类型的栏目主持人风格千姿百态，优秀的节目主持人也各有千秋。以中央电视台优秀主持人为例，他们都有自己的特色，如白岩松的雄辩冷峻、敬一丹的平易亲切、水均益的机警自信、王志的睿智厚重、撒贝宁的轻松洒脱、崔永元的平实幽默、鞠萍的纯真活泼等。

在电视节目精品化、栏目个性化、频道专业化发展的时代，对于节目主持人也提出了精品化、个性化、专业化的要求。栏目主持人的类型具有不同的划分依据，主要有如下几种。

1. 根据栏目类别来划分

根据电视栏目的分类，主持人也可以分为新闻类栏目主持人，如《焦点访谈》主持人王志、敬一丹等，《新闻1+1》的主持人白岩松、董倩；综艺类栏目主持人，如中央电视台《欢乐中国行》主持人董卿，台湾中天电视台《康熙来了》的主持人蔡康永、徐熙娣等；社教类栏目主持人，如央视《百科探秘》栏目的主持人张腾岳、《半边天》的主持人张越；服务类栏目主持人，如《快乐主妇》的主持人朱轶，《健康之路》的主持人孙小梅、冀玉华。即使是同一类栏目，主持人的风格也有微妙差异，例如，同为综艺主持人，何炅偏"乖"，戴军显"帅"，刘刚搞"怪"，而吴宗宪、汪涵则偏"坏"。

2. 根据主持方式来划分

根据栏目主持人自身的主持方式来划分，可分为现场串联型主持人，如《非常6+1》主持人李咏；现场解说型主持人，如《天下足球》主持人段暄；谈话主持型主持人，如《鲁豫有约》主持人陈鲁豫。

3. 根据主持人在栏目中所起的作用来划分

根据主持人在栏目中所起的作用来划分，栏目主持人可分为单一型：只从事话筒前的播报工作；参与型：参与采、编、播、控，并非完全参与，不起主导作用；主导型：采、编、播、控完全由其决定；独立型：所有工作由自己完成。

三、栏目主持人的基本特征

（1）与非栏目主持人（如舞台主持人、卖场主持人）相比，栏目主持人的文化性更强一些，商业性要弱一些。电视主持人既是一种人际传播，也是大众传播，而卖场主持人则是一种纯人际传播，二者的传播方式不一样，传播面也不一样。电视主持人的影响较大，所以电视主持人的道德底线、法律底线及文化品位自然要求更高。中国电视节目主持人近年来也出现了某些"高学历热"，甚至有不少主持人在事业如日中天之际，或退身学校继续攻读学位，或工作之余也继续争取拿到更高的学历。数据显示，中国电视节目主持人中大多数人的学历为大学本科，占 61.5%，另有近 1/5 的人（19.2%）具有研究生以上学历。美国电视节目主持人在学历分布上，具有大学学历的人高达 95%。[①]

凤凰卫视财经节目主播曾子墨，就读于中国人民大学金融系，之后又被"常青藤盟校"达特茅斯大学录取

图片来源于 http://ent.cqnews.net/

[①] 高贵武. 中美电视节目主持人群体特征比较. 电视研究，2008（2）

（2）与栏目中其他工作人员（如编辑、制片、摄影）相比，电视栏目主持人对外貌的要求更高，包装性更强。另外，栏目主持人与嘉宾相比，其在电视栏目中起着关键的串联作用，彰显个性或提供观点仅为其次。两者相比较，栏目嘉宾的个体性、自我呈述性要更强。

如 2005 年《艺术人生》策划的"电影百年特别节目"中，栏目主持人朱军采访嘉宾崔永元时的情景就是一个很好的例子。崔永元是《电影传奇》的主持人，但他来到《艺术人生》参加这期节目时，则是嘉宾的身份。朱军在节目中的串联作用显而易见，而崔永元则更多的是在朱军的引导下呈述自我。

《艺术人生》主持人朱军采访崔永元

图片来源于 http://www.cctv.com/

（3）与电视播音员相比，栏目主持人显得更具个性化，更具亲民性。不同类型的栏目主持人有不同的风格特色。如娱乐主持人一般青春靓丽时尚；深度访谈类主持人一般端庄睿智；电视播音员一般是正襟危坐，典雅严肃。如央视《新闻联播》是具有影响力的电视新闻栏目，担负着更多舆论宣传的重任，在风格上追求严肃、严谨、气度大方，所以其播音员不苟言笑，表情严肃。

随着电视行业的逐步发展，电视主持人的特点也呈现出新的态势，电视栏目主持人尤其是娱乐性栏目主持人的个性化发展日益明显。娱乐性栏目的男主持人往往帅、乖、怪、"坏"、（反应）快、才（艺）、（放得）开。不过，优秀的栏目主持人往往才艺兼备，不仅反应快，而且也放得开。

主持人何炅

图片来源于 http://ent.sina.com.cn

主持人戴军

图片来源于 http://ent.sina.com.cn

主持人刘刚在节目中的女装扮相

图片来源于 http://news.66wz.com

主持人吴宗宪

图片来源于 http://www.newssc.org

而女主持人则要有"牺牲精神",勇于自我调侃甚至自我"丑化",而非传统意义上的矜持美女。

典型的要属台湾中天电视台《康熙来了》主持人徐熙娣及湖南卫视的谢娜。徐熙娣善于自我调侃，她往往在大胆的调侃中机智地转变话题，让嘉宾不设防地畅所欲言，于是很多"猛料"就这样在徐熙娣看似轻松的嬉闹中曝光在观众面前。谢娜在中国内地电视中算得上最大胆的女主持人，她不仅反应敏捷，而且勇于在着装打扮上"搞怪"，与其嬉笑打闹的主持风格浑然一体，受到了很多电视观众的喜爱。

机智俏皮的徐熙娣

图片来源于 http://ent.people.com.cn

古灵精怪的谢娜

图片来源于 http://news.66wz.com

四、栏目主持人的主要职责

主持人是塑造栏目品牌的重要手段，在栏目中起着主导作用。具体来讲，栏目主持人的主要职责有以下几点。

1．把握栏目方向

栏目主持人在传播过程中要集中体现电视栏目集体创作人员的意图，把握好栏目的方向，使得栏目的内涵、内容和形式能达到完美的统一。主持人代表电视栏目，直接面向观众传情达意。国外电视界甚至把栏目主持人当作栏目收视率的重要影响因素，一旦收视率下滑，就会更换主持人以期提高栏目的收视率。

2．组织串联栏目内容

无论是在栏目的策划阶段还是在栏目的具体制作过程中，主持人的临场应变能力在具体节目的高潮、突变、转折中都起着重要的组织和串联作用。直播型的栏目中，有时会出现临场嘉宾情绪突变，对节目的配合度降低，这时就需要主持人对现场能充分调动并有力地进行引导。

3．沟通各方关系

今天的播报型栏目主持人基本上已退出历史舞台，栏目主持人更多的时候兼任记者一职，与栏目嘉宾或话题对象进行情感沟通与面对面的交流，已是栏目主持人责无旁贷的义务。主持人有时甚至需要承担起部分外联职责，积极寻找合适的话题对象并与其深入沟通，以期节目能顺利完成。

如中央电视台《新闻调查》栏目中，《以生命的名义》这期节目讲述了中国同性恋的状况，主持人柴静采访的是一批易被传统观念边缘化的特殊群体。若主持人缺乏良好的沟通能力，则很难与采访对象平等交流并获取其内心的真实想法。

第二节　电视专题栏目主持人的发展轨迹

主持人在电视栏目创作团队中的角色相对重要。一个优秀的栏目主持人首先应该具有较高的职业素质和文化水平。职业道德是栏目主持人社会责任感的体现。其次，栏目主持人要具有客观公正、悲天悯人的专业主义精神和深厚的人文素养。再次，主持人要具有良好的表达能力、应变能力和心理素质，一位优秀的栏目主持人还要具有思维的灵活性、逻辑性，语言的幽默性以及举一反三的能力。主持人的重要性决定了这一群体需要承受较大的压力，具备良好的控制力、抗压能力与真诚自信的主持人才能更好地应对困难、排解压力。要想对电视栏目主持人有一个深入的认识，就必须先了解电视栏目主持人的发展轨迹。

一、西方电视栏目主持人的发展轨迹

世界上最早的栏目主持人出现在美国，从某种意义上可以说，美国电视专题栏目、专题频道的发展演变历史是全世界电视专题栏目、专题频道的一个缩影。所以，我们在阐述西方电视栏目主持人的发展轨迹时，重点探讨美国电视栏目主持人的发展概况。

1. 萌芽初创期（1945—1948年）

尽管世界电视事业早在1936年11月就已经诞生，但电视栏目主持人并没有随之出现。第二次世界大战中，只有美国的电视活动没有完全被战争打断。1948年6月，伴随着《明星剧场》、《城中大受欢迎的人》这两档综艺栏目在美国电视荧屏上的播出，两位具有开创性意义的主持人弥尔顿·伯尔勒和埃德·沙利文也出现在大众面前，他们是世界上最早的电视栏目主持人。"他们主持栏目以自我表演为主，所以观众仍将他们视为演员；而不以表演为主的主持人，在屏幕前的作用类似剧场的报幕员，游戏竞赛活动中的裁判，观众视其为司仪。"[①]

[①] 朱羽君，王纪言，钟大年主编. 中国应用电视学. 北京：北京师范大学出版社，1993：657

2. 起步成型期（1949—20 世纪 60 年代末）

综艺栏目主持人的出现，令观众耳目一新，也给电视新闻栏目提供了可以借鉴的经验。这一时期，电视栏目主持人处于起步阶段，很多方面还处于一种很不成熟的状态，但主持人在栏目传播中的作用已开始得到关注。

1952 年，NBC 制作出了早间新闻谈话类栏目《今天》，由一个固定的主持人团队为观众带来大量信息。在栏目创立之初，时任 NBC 副总裁的帕特·韦沃"希望其主持人改变坐着念稿子的传播演播方式，而要成为'交流者'（communicators）"[①]，因此，《今天》栏目的主持人就一直以"交流者"的姿态出现在观众面前。

3. 发展成熟期（20 世纪 70 年代—20 世纪 80 年代末）

到了 20 世纪 70 年代，由于电视媒体间的竞争越来越激烈，尤其在 70 年代后期对收视率的争夺更为明显，许多国家如加拿大、英国、法国等纷纷仿效美国，设立栏目主持人。这一时期，电视栏目主持人进入了全面发展的阶段。到了 20 世纪 80 年代，随着电视栏目自身的发展，栏目主持人开始在更多的国家和地区得以普及，不同类型的栏目主持人开始在电视屏幕上各展所长。电视栏目主持人作为一种独立的职业，已具备国际化的特点。

4. 全面兴盛期（20 世纪 90 年代至今）

20 世纪 90 年代，随着电视栏目的多元化发展，主持人也日益兴盛起来。到了今天，主持人在电视栏目中的领军地位和灵魂作用已得到各电视制作者的认可。很多电视台开始积极打造明星主持人来提升栏目品牌。

如美国《奥普拉·温弗瑞秀》的主持人奥普拉·温弗瑞，不仅仅是其所在栏目的主持人，更是电视栏目为观众打造的明星。她个人的生活经历和主持风格深入人心，是众多美国人心目中的榜样，伊利诺伊大学甚至专门开设一门课程研究奥普拉。正是有了如此广泛的影响，奥普拉·温弗瑞才能一直稳坐日播脱口秀节目主持人的头把交椅。

《奥普拉·温弗瑞秀》的主持人奥普拉·温弗瑞

图片来源于 http://www.401bz.com/

[①] 阚乃庆，谢来. 最新欧美电视节目模式. 北京：中国广播电视出版社，2008：20

二、中国电视栏目主持人的产生与发展

中国电视事业的起步相较西方电视大国而言，要晚 20 多年。电视栏目主持人的产生也相对滞后，但不失自身特点，其发展阶段可分为如下几个阶段。

1．萌芽初创时期（1958—1983 年）

中国电视从诞生之日起至 1981 年，一直沿用播音员的工作形式。1981 年 7 月，中央电视台在赵忠祥主持的《北京中学生智力竞赛》节目中第一次使用"节目主持人"一词，开创了我国电视节目主持人之先河，但真正的栏目主持人还没有正式出现。直到 1983 年，中央电视台《为您服务》栏目进行调整改版，栏目以固定时间播出，沈力担任主持人。至此，我国真正意义上的栏目主持人才得以产生。

中央电视台《为您服务》栏目的沈力可以说是中国第一位电视栏目主持人

图片来源于 http://www.wyxh.org

2．起步发展时期（20 世纪 80 年代中后期）

20 世纪 80 年代中期，随着中国电视栏目化时期的到来，栏目主持人开始出现在许多电视台的屏幕上，主持人的类型也逐渐清晰。1988 年下半年，中央电视台开始举办"如意杯"电视主持人大赛，分别评出"十佳"电视节目主持人，对促进我国电视栏目主持人的发展起到了重要的推动作用。

3．多元拓展时期（20 世纪 90 年代至今）

进入 20 世纪 90 年代，大量访谈、谈话栏目出现以后，"栏目本身决定了主持人必须以独立的、不可替代的姿态主动地说，去完成节目的有序推进。于是，主持人变被动为主动，从说别人的话到开始说自己的话。"[①]中国栏目主持人在很长一段时间内相互模仿，直至 20 世纪 90 年代后期，求异、求变、求新成为电视栏目主持人界的主导声音，主持人的个性化逐渐成为影响栏目风格和品牌的重要因素，其发展多元化的趋势逐渐突出。

---

① 俞虹．中国电视节目主持人发展变奏曲．电视研究，2008（10）

第三节　栏目主持人的表达技巧

　　主持人是一个栏目的"商标"和形象代言人，其语言表达技巧的高低对访谈节目的成功与否起着举足轻重的作用。栏目主持人的表达技巧主要有如下几种。

一、开场导入技巧

　　国外一些著名的电视栏目主持人往往为了一个精彩的节目话题开头而绞尽脑汁。他们把节目话题的开头视为自己独特的个性形象的标志，足见话题进入方式的重要。电视栏目主持的开场导入技巧有很多种，主持人应根据不同的节目内容，选择合适的话题进入方式。电视栏目主持的开场导入技巧主要有以下几种：

　　1. 开宗明义式

　　很多电视栏目主持人为了突出重点，引起观众注意，在节目开场时就把节目的主要内容先说出来。话题进入方式是从传统的有稿播音演变而来，直触主题，较为简洁。这种方式较多地运用在电视新闻播报性栏目中。如央视《新闻联播》栏目的开头往往是："各位观众朋友们，今天《新闻联播》的主要内容有……"

　　开宗明义式的开场白是最简单的话题进入方式之一。一般在节目内容编排得较满又较为紧凑的时候，用这种开头方式较为有利。这种方式能够方便观众有选择性地收看节目，在一定程度上体现了对观众的尊重。但这种方式由于缺少铺垫，过于直露，与观众缺乏交流，所以不够生动。这种话题引入方式适合于比较严肃的话题或时政讨论。但若以比较轻松的话题或者与被访谈者闲聊的方式进入主题，气氛更加轻松，表现更为自然，节目整体更富有情趣。现在，开宗明义式的话题进入方式在非新闻类电视栏目尤其是电视综艺型栏目中往往用得较少。

　　2. 渐进式

　　渐进式开头具有铺垫作用，是一种较为有效的话题进入方式，使用频率较高。这种话题进入方式循序渐进，有些稿件资料内容较长而且较为复杂，或者不容易一下子引起观众的兴趣，这个时候，如果采用开门见山的方式进入话题往往效果不佳，这就需要主持人设计一个渐进式开头，作适当铺垫。

　　如央视 10 套的经典栏目《第十放映室》，于 2007 年 2 月 17 日放映的《电影过年之天下江湖·缘篇》这期节目的主持人开场语为：

　　"咱们中国人做事往往讲究一个'缘'字，比如婚姻大事，传说中有月下老人暗中牵线，缘定终生，讲的是一个'缘'字！朋友共事、路人相逢，有缘千里来相

> 会，讲的也是一个缘字！而江湖故事的开场，英雄人物落草江湖，那更是因缘际会、机缘巧合。缘来缘去缘无尽，这'缘'之一字差不多就构成了所有江湖故事的开端。是不是这个理，请看天下江湖的第一回——《沧海横流大任天降 风云际会英雄试手》。"

这种渐渐把内容引入话题的方式使话题的进入顺畅自然，容易缩短主持人与观众的距离，引起观众的兴趣。

3. 接力式

当栏目有多位主持人共同主持时，往往会采用这种接力式的开场方式，顺势展开，引入话题。

如2006年央视《新闻调查》栏目推出的特别节目《十年》的开场白为：

> 白岩松：你好，观众朋友，欢迎收看《新闻调查》。
>
> 敬一丹：欢迎收看《新闻调查》特别节目。
>
> 白岩松：我想可能当我们俩的嘴里说出来欢迎收看《新闻调查》的时候，好多朋友可能会觉得特别不适应，因为说得比较少，但是十年前1996年的5月17号的晚上，我说过。我有幸成为《新闻调查》第一期节目的记者，伴随着这个栏目跟大家一起见面。一转眼，十年的时间过去了，感慨万千，今天跟大家一起来为这个栏目过生日。
>
> 敬一丹：我参与《新闻调查》比岩松晚几年，在《新闻调查》十年播出的459期节目中，我只参与了8期，然而我非常珍惜《新闻调查》给我带来的种种体验……

《新闻调查》特别节目《十年·记忆》
由白岩松与敬一丹主持

图片来源于 http://www.xinhuanet.com

4. 交流式

这是一种以主持人与嘉宾交流的方式进入话题，由于采用你来我往的交谈，内容上通俗易懂，形式上轻松活泼，利于观众接受，因此，交流式话题进入方式也是栏目主持人较常采用的话题展开方式。

如2009年10月16日凤凰卫视的《锵锵三人行》就采用了这种方式：

> 窦文涛：《锵锵三人行》。许老师、广美，咱们听说过美国梦，这奥巴马就是美国梦，奋斗奋斗，总统还弄了一个什么诺贝尔和平奖。

许子东：一觉睡醒突然有一个奖。

窦文涛：对，当然也有人批评奥巴马，说他除了对诺贝尔和平奖动过心思之外，他什么都没有干。但是不管，咱们说说中国梦，在神州大地上，最近成真了，知道什么梦吗？

许子东：就是到天安门广场升国旗是吧。

窦文涛：那是咱们全体中国人民的中国梦，咱们现在讲的是个体中国人民的中国梦。

孟广美：部分的。

窦文涛：许老师，我问您，我告诉您，3.6亿元，税前3.6亿元人民币是您的，您还能活得下去吗？

许子东：当然活得下去了。

窦文涛：许老师见过钱的，您知道对于一个河南安阳，我给大家看一个照片，这现在是一个财富之门了……

5. 回顾式

这种方式是用回顾上期节目内容或观众比较熟悉的人或事的方式来引出话题，缩短传受双方的距离，使观众产生亲切感。

如2009年10月16日《今日说法》栏目的主持人开场白为：

主持人：今天节目当中我们要说的这件事呢，前不久引起了很多人的关注，这个事发生在上海，说的是有一位张先生有一天在路上碰到了一个自称是肚子疼的人要搭他的车，张先生说自己好心让他上了车，结果车到了目的地之后这个人非但没感谢他，反倒在他的身后出现了七八个执法人员，说张先生这是属于非法营运，也就是我们说的"黑车"，不但把车扣了而且还罚了张先生一万元钱。这件事是不是真的呢？我们的记者来到了上海找到了这位张先生。

以上介绍的5种主持人话题进入的方式技巧，只是一个基本的归纳与概括，并不能囊括所有话题进入展开的方式，上述技巧在实践中应予以灵活运用。

二、话题进行技巧

漂亮的开头并不足以支撑整场节目主持的顺利完成，话题进行的过程也很关键，依然需要主持人高超的驾驭技巧。概括说来，电视栏目主持的话题进行技巧主要有以下几种。

1. 嘉宾把握技巧

在电视栏目中,主持人应注重对嘉宾情感的有效触发,这对于提升节目品位、吸引观众眼球、提高栏目收视率有着重要的影响。朱军主持的《艺术人生》栏目,从各位嘉宾成功道路的探索中,给人们以"名人出于平凡,成功来自努力"的启示和激励;中央电视台高端访谈节目《对话》则由突发事件、热门人物、热门话题或某一经济现象导入,邀请来自世界政要、行业领先者、具有强势话语权的标志性人物作为嘉宾,即兴探讨新潮理念、演绎故事冲突,掀起一场场思想的交锋与智慧的碰撞。电视栏目主持中的嘉宾把握技巧主要有以下几种。

(1)准备充分,赢得信任

主持人在栏目的前期准备工作中,需要对嘉宾的性格、专业领域和人生经历有充分的了解,以便在节目中更好地获得嘉宾的心理认同,走进其内心世界,从而使嘉宾在交流的过程中愿意将心灵深处的想法和感受与大家分享。否则,嘉宾就可能用冠冕堂皇的套话敷衍了事,节目品质也容易因此大打折扣。例如访谈节目《鲁豫有约》曾有一期邀请音乐人周华健作嘉宾,主持人问周华健数学成绩好不好,周华健顺口说"不好",主持人信以为真。实际上周华健毕业于台湾大学数学系,曾梦想当数学老师。节目播出后,在观众间引起不小反响,网络上甚至不少网友质疑节目准备不充分、人文关怀不足等,这无疑对栏目造成了较大的负面影响。

(2)善于倾听,体现真诚

倾听也是一种态度,体现了主持人对谈话者的鼓励与尊重。在节目交流中,主持人倾听嘉宾的谈话是节目主持中的关键环节,也是主持人应具备的基本素质。主持人通过倾听更容易走进嘉宾的内心世界。在倾听的过程中,主持人一定要展现真诚的一面。

美国著名主持人奥普拉·温弗瑞在其脱口秀栏目中非常善于倾听,在节目中奥普拉扮演的不是冷眼旁观的角色,而是善解人意的知己。很多时候,她只是用肯定的眼神注视着受访嘉宾,静静地聆听他们的谈话。她的传记作者、美国评论家乔治·麦尔这样评价她:"一般说来,广播电视的访谈者只是提出问题,却并不认真听回答,他们的心思放在其他事情或是下一个问题上。但奥普拉仔细倾听嘉宾们的谈话,并且利用谈话的内容把主题步步引向深入。""因此有人说,无论是对观众还是受访者而言,奥普拉访谈如同一次次心理治疗,感性而温暖。"[①]

(3)深入思考,紧扣主题

善于思考是主持人的一种内在修养。在与嘉宾的交流中,电视栏目主持人一定

[①] 阚乃庆,谢来. 最新欧美电视节目模式. 北京:中国广播电视出版社,2008:61

要跟随嘉宾的思路及时、深入地思考，发现细节，才能临场应变，使话题紧扣主题，清楚地表达自己的意愿，不致于出现嘉宾滔滔不绝而又离题万里的情况。

如《艺术人生》中朱军与嘉宾马兰交流。当谈到自己的丈夫余秋雨时，马兰想为其做一些澄清，于是开始跑题，善于观察细节的朱军立即打断了她的话：

> 朱军：你参与他的创作吗？
> 马兰：我用我的方式参与，就是他的每一篇文章出来，我是第一个读者，然后我就用不太标准的普通话，不带演员腔的，用自然的方式读给他听……完了以后他就回书房去改。他在学术上是非常严格的一个人，很讲究，每个标点符号，他都……
> 朱军：是是，这个因为余老师我也很熟悉。可是就是……

（4）把握时机，适时发问

电视栏目主持人与嘉宾交流时，在善于倾听、观察细节的基础上仔细思考，把握时机适时发问，可以营造良好的交流语境和谈话氛围，同时易于获取更有价值的信息，使谈话更趋合理，节目更加精彩。

如《艺术人生》中朱军采访周华健的一个片段是这样的：

> 周华健：然后我准备要去搞唱歌事业，很不务正业的感觉，我跟他讲了，也坦白了。我父母反对我，我哥哥反对我，我的邻居反对我，同学反对我，我以前的女朋友反对我，我以前女朋友的父母反对我，我以前女朋友的父母的邻居反对我，最后……
> 朱军：为什么反对？

嘉宾周华健列举了很多人反对他的歌唱理想，却没有说出原因，朱军这一临场发问，时机把握得非常准确，也符合观众的心理期待。

2. 临场应变技巧

电视栏目主持人在主持节目的过程中，会遇到各种各样的突发事件和临场考验，一个优秀的主持人应当发挥才智，沉着应对，化解主持过程中遭遇的"危机"，顺利完成主持任务。电视栏目主持人的临场应变技巧主要有以下几种。

（1）插话补救

在具体的节目中，有时嘉宾对所提及的问题一时回答不上来，或回答上有一些纰漏，这时主持人就要临场发挥、插话补救。

如《艺术人生》的《电影〈立春〉》这期节目中，朱军采访蒋雯丽和顾长卫夫妇：

> 朱军：你作为丈夫，你看到这些的时候，是个什么样的感受？
> 顾长卫：……（沉默了将近5秒）
> 朱军：咱们分开讲吧！作为导演，你看到的时候是什么样的感受？作为丈夫，看到的时候是什么感受？

《艺术人生》主持人朱军采访蒋雯丽和顾长卫夫妇

图片来源于 http://www.sdnews.com.cn/

不善言辞的顾长卫在面对提问时可能一时没法回答，主持人朱军的插话其实有一种救场的作用，既给顾长卫以更多的时间来思考，同时又改变方式，让顾长卫先从更易回答的角度着手。

（2）将错就错

电视栏目尤其是直播型电视栏目，主持人在节目现场难免会发生意外的纰漏，会出现一些意想不到的小错误，这时不妨将错就错，巧妙转换，会产生意想不到的奇妙效果。

著名主持人袁鸣有这样一个精彩案例：袁鸣有一次在海南主持庆祝狮子楼京剧团成立文艺晚会时，把一位"南新燕"先生误说成了"南小姐"。当观众看到"南新燕"是一位男士时，台下嘘声一片。袁鸣急中生智地将错就错道：

> "哎呀，非常抱歉，我望文生义了。不过你的名字让我想起了一首古诗：'旧时王谢堂前燕，飞入寻常百姓家。'这可真是一幅充满诗意的美妙图画啊！同样，国粹京剧作为宫廷艺术，一直盛演于北方，如今随着狮子楼京剧团的成立，古老的京剧艺术也首次飞过了琼州海峡，到海南落户，这不也是一幅美妙的图画吗？"

（3）巧控时间

很多电视栏目属于直播性质，对主持人现场掌控能力的要求更高。由于栏目都有时间的限制，超时可以掐掉，但若是稍有意外，对节目节奏把握不准，在节目接近尾声而时间又没有填满的情况下，为了避免混乱与空场，就需要栏目主持人的灵活处理。

在2007年央视春晚的直播中，由于对零点左右的节目进行了临时调整，时间控制突然有变，导致零点钟敲响之前六位主持人相继发生了背错词、冷场、抢台词等口误。有人把主持人"集体口误"这个时段称为"黑色三分钟"。很多人都知道，董卿经历了央视春晚的"黑色三分钟"，但是很多人不知道还有一个"金色三分钟"，就是董卿在元旦迎新晚会上创造的：元旦迎新晚会上，由于时间问题，在跨年钟声敲响前，突然长出了两分半钟的时间，需要董卿救场发挥。当董卿开始大方自如地自由发挥时，耳麦里突然传出导播的误判："不是两分半钟，只有一分半钟了。"董卿连忙调整语序，准备结束语，而此时耳麦里再度传来更正："不是一分半，还

央视春晚主持人董卿
图片来源于 http://www.sdnews.com.cn/

是两分半！"董卿临危不乱，走到舞台两头给观众深深鞠了两躬，表示节目组的感谢，这样一个小小的肢体停顿，让她在紧急中控制住了节奏，加上流畅的语言表达，成为一个完美的案例。

（4）戏谑成趣

莎士比亚说："幽默和风趣是智慧的闪现。"电视栏目尤其是直播型栏目不可能完全按照主持人的安排进行，难免会有出人意料的事情发生，处理得好将会成为节目的精彩所在，也是节目吸引观众的地方。倪萍在她的《日子》一书中这样写道："现场直播给主持人提供了一个更大的发挥现场，这种发挥绝不是瞎闹哄，一定要与节目的主题相关联，这需要你平时的生活积累，有较宽的知识面和一定的文化功底，同时还要有驾驭语言的能力和现场的应变能力。不论有稿无稿，只要临危不乱，头脑冷静，把握火候，掌握分寸，就能使自己在困境中照样魅力四射。"

著名主持人杨澜在这方面也有一个经典案例。1991年，杨澜主持第九届大众电视"金鹰奖"颁奖文艺晚会，退场时，不小心被台阶绊了一下，"扑通"一声滚倒在地，使场内顿时一片哗然。然而杨澜随即自我解嘲：

> "真是人有失足、马有失蹄呀，我刚才狮子滚绣球的节目滚得还不够熟练吧？看来这次演出的台阶不那么好下哩，但台上的节目很精彩。不信，瞧他们的。"

话音刚落，全场观众为她机敏的反应爆发出热烈掌声。显然，由于杨澜充满智慧的戏谑调侃，这一跤，非但没有摔倒杨澜的形象，反而更让观众领略了她出众的才智。

著名主持人杨澜

图片来源于 http://www.zpkx.com/

3. 观众交流技巧

主持人面临的是大众传播和人际传播兼顾的双重语境因素；一方面，主持人是受访嘉宾的直接交流对象；另一方面，他也是将嘉宾阐述的信息和自己的看法传递给观众的桥梁。所以，电视栏目主持人的语言具有明显的对象感、交流感。在栏目主持中，主持人不但要考虑与被访谈对象的交流，还要考虑与场外观众的虚拟交流，而这种虚拟交流是栏目主持的重头戏，是主持人特质和风格的主要体现，也是对主持人素质的最大考验。为了更好地调动现场观众的情绪，不同的主持人会选用不同的主持方式，通过语言来达到交流的最佳效果，进而在潜移默化中形成属于自己的语言风格，使其职业生命旺盛持久、青春常驻。

NBC晚间脱口秀栏目《科南·奥布莱恩深夜秀》的主持人科南·奥布莱恩就非常善于与观众交流，常常用即兴搞笑来调动现场观众的情绪。奥布莱恩除了甩出随时准备好的笑料"包袱"外，还不断拿现场观众取乐，再根据对方的反应运用夸张的表情、声音和肢体语言即兴创造新的笑料。

《科南·奥布莱恩深夜秀》的主持人
科南·奥布莱恩

图片来源于 http://blog.cctv.com

如2007年9月11日的节目中，奥布莱恩坐在演播室等待好莱坞著名影星里查·基尔上台。这时，观众迫不及待地为这位即将露面的巨星欢呼雀跃。奥布莱恩立即做出嫉妒状：

> "为什么我刚出场站在前台时，你们的掌声稀稀拉拉，等我坐到桌子旁，大家就激动成这样？所以我觉得你们喜欢的是这张桌子！"

类似这种精彩的即兴搞笑，在奥布莱恩的主持中比比皆是，并且总能将现场气氛调节到最佳点，同时也能调动场外观众的情绪。

4. 适度借助非语言符号

美国学者L.伯德惠斯特尔认为，在人们的传播场合中，有65%的社会含义是通过非语言符号传递的。专门研究非语言符号的艾伯顿·梅热比也提出了一个公式：

沟通双方互相理解＝语调（38%）＋表情（55%）＋语言（7%）

这个公式表明，人际传播中，非语言符号所能传递的信息远远大于语言本身。

因此，在电视栏目的主持工作中，主持人除了在语言上应讲究技巧外，还应适度借助非语言符号。

（1）肢体语言

肢体动作总是有意无意地"泄露"人内心的秘密。这是因为，人的每一种姿态动作都是其心理状态信息和生理状态信息的外化，同时，它们同那一时刻作用于人们心中的事情往往相关。富于经验的电视栏目主持人总能以恰当的肢体语言来赢得观众与嘉宾的厚爱。比如，湖南卫视《快乐大本营》栏目中的主持人谢娜，常运用夸张滑稽的肢体动作，成功地营造轻松快乐的氛围。

（2）表情语言

表情是人们内心活动的写照，既是传情达意的工具，也是传播者需要传播的重要内容之一。不同的表情展现了主持人不同的状态和精神风貌。电视栏目主持人在工作中尤其要注意表情语言的运用。在与嘉宾交流的过程中，主持人生动的表情、恰当自然的头部动作，可以表明其对嘉宾话题的兴趣感；同时，主持人信心十足、潇洒自如的面部表情也会极大地感染受众，使他们愿意继续聆听。

凤凰卫视《鲁豫有约》中栏目主持人陈鲁豫在这方面就做得非常成功。在与嘉宾交流过程中，鲁豫总是稍稍歪着头，或用手拖

主持人陈鲁豫

图片来源于 http://datalib.ent.qq.com

着下巴，目光柔和而专注地望着采访嘉宾，将自己融入与嘉宾的交流中，既让嘉宾感觉到真诚，又为节目挖掘出很多亮点。所以鲁豫往往能给嘉宾及电视机前的观众以一种邻家女孩的亲切感。

（3）服饰语言

从某种意义上来说，任何一种服饰，都有意无意地传播着某种情绪和意图。作为传播具像信息的电视画面，不同服饰所传播的情绪和意图不可忽视。电视栏目主持人更要注意对不同服饰语言的选择和运用。

著名主持人杨澜的成就有目共睹，她的穿着永远沉静淡雅，丝毫没有张扬，衬托出她淡定平和的气质，是中国人向世界展示的典范：美丽、聪慧、优雅、知性，令观众赏心悦目的同时又不乏亲切感。

（4）道具语言

主持人对道具的合理使用也能对观众的情绪起到推波助澜的作用。央视著名主持人李咏主持的《咏乐汇》就很好地运用了宴席这样一种道具。往往在节目准备阶段，制作人员就会对受邀嘉宾的饮食习惯予以调查，在节目现场摆出嘉宾爱吃的菜肴，让嘉宾在品尝心爱的美味中更容易袒露心扉，畅聊自己的人生经历。聪明的主持人也绝不会忽视对小道具的使用，一件小道具往往牵涉的就是嘉宾的一个故事、一段回忆，自然会让嘉宾睹物思人、真情流露，更容易感染现场观众。

如2007年4月，世界冠军申雪、赵宏博做客《艺术人生》。期间，主持人朱军拿出一个沉甸甸的剪报本，那是申雪的父亲送给女儿的礼物，记录了申雪如何从一个艺术表现力欠佳的女孩成长为在自由冰场上自由飞翔的天鹅。一个小小的本子，承载了一个父亲所能有的细心，无疑深深地打动了申雪及观众，将现场气氛推向高潮。

三、话题结束技巧

电视专题栏目中话题结束技巧主要有以下几种。

1. 归纳点评

因为有声语言稍纵即逝，不便于受众思考，所以栏目主持人往往在节目结尾时给予必要的归纳和点评，既可帮助受众做出判断和结论，也可以帮助观众理清思路，加深记忆，让受众对刚才欣赏或参与的节目产生一种终结感。

如中央电视台《高端访问》栏目2008年8月24日的《专访伦敦奥运会形象大使大卫·贝克汉姆》中，主持人水均益这样结尾道：

"在见到贝克汉姆之前我像许多旁观者一样,仅仅觉得贝克汉姆是一个热闹的人物,然而当我仔细观察,我发现他含蓄、沉稳,永远面带诚恳的微笑。无论时尚的外衣多么炫目,他在球场上的表现从来没有让人失望;无论明星组合的家庭外人如何评说,他的幸福写在脸上。他从来不缺少朋友。尽管在明星云集的足球俱乐部,更衣室里的冲突不断,他却很少成为事件的主角。多年来,始终处于风口浪尖的他学会了负责任,却又背负了太多的责任和误解,让不关心足球的人只看到他浮华的一面,而关心足球的人却感觉他在离最初的梦想渐行渐远。对于贝克汉姆来说唯一能做的就是默默地证明自己,而贝克汉姆做到了。"

2008年8月24日晚,北京奥运会落下帷幕,特意来北京领衔"伦敦8分钟"的贝克汉姆,接受中央电视台《高端访问》主持人水均益的专访

图片来源于 http://www.cctv.com/

又如中央电视台《道德观察》栏目在2007年11月22日关于邓衡祁的节目中,主持人路一鸣这样结尾道:

"邓衡祁的朋友说:他是一个太普通太平凡,甚至还有点家常的男人;在同事眼里,他是一个对电影放映工作抱有21年热情,从来没有换过岗位的经理;在母亲眼里,他是一个婚姻生活不顺利,中年离异的儿子;在孩子的眼里,他是一个一心渴望儿子能上大学,把爱藏在面具下的父亲;在朋友眼里,他是一个租着便宜的房子,每天骑摩托车跑十来公里上班的默默无闻的男人。就是这样一个男人,却是一个在生死关头做出无悔选择的勇士……"

2. 联想引思

这种结尾方式很能体现电视栏目主持人的综合素质和修养,需要由主持人在节目结尾作举一反三的联想和引申,从而使话题更具普遍意义,给观众以思索与启发。电视栏目主持人要善于运用这种结尾方式，把话题内容的意义引向深处。

如中央电视台《新闻周刊》栏目中《岩松看日本：向左走，向右走》这期节目的结尾是这样的：

> 白岩松：那么，面对未来的时候，究竟该选择一个什么样的标题呢？记得去年的时候，我也做了一期关于中日关系的节目，名字叫《春暖花未开》，或许用在今年的时候已经多少有点不太合适，那么该换一种说法了，目前的中日关系非常像正在做一道数学题，现在采用的方法都正确，而且也进行了一些步骤了，但是标准的答案还没有呈现出来，这个时候呢，可能人们要小心，接下来如果哪一个步骤算错了的话，还会导致人们并不期待的答案。当然，人们不希望这种局面出现。好了，非常感谢收看这期节目，下期国内见。

3. 直接宣布

开场开宗明义，即三言两语向受众问好，做自我介绍后马上引入节目。这也是我们通常形容的开门见山式。终结语也可视节目的需要，用寥寥数语一向受众表示感谢，二向受众宣布节目到此结束，三向受众表示祝愿。在很多文艺晚会型电视栏目中往往就采用这样的方式。

如中央电视台2009年春节联欢晚会就采用了这样的结尾方式：

> 朱军：一元复始金牛贺岁报春来。
> 董卿：万象更新紫气满堂迎瑞至。
> 白岩松：这一刻，普天同庆家家福临门。
> 周涛：这一刻，大地回春处处春光美。
> 张泽群：这一刻，我们要祝福我们伟大的祖国在新的一年里政通人和、国泰民安。
> 朱迅：此刻让我们共同祝福在新的一年中风调雨顺、五谷丰登。
> 朱军：亲爱的朋友们，在欢声笑语中，2009年春节联欢晚会就要和您说再见了。
> 董卿：难忘今宵，难忘这团圆的时刻。
> 白岩松：在鞭炮声声中我们又迎来了新的一年，但是让我们在歌声中再度出发，去收获新的耕耘。
> 周涛：让我们在歌声中祝愿，祝愿每一位朋友和谐美满。
> 众主持人：牛年大吉！

4. 悬念设置

美学家克罗齐说过："艺术的全部技巧，就是要创造引起读者审美再创造的刺激物。"这个刺激物在电视栏目的主持中可以被理解为悬念。很多经验丰富的电视栏目主持人每每在节目结束时会提出一些发人深思的、与节目有关的问题，从而引起观众的思考。这样的终结语具有开拓性，能深化整个节目的主题，激发受众对节目的更大的兴趣。悬念设疑式结尾在电视综艺栏目尤其是真人秀栏目中经常被主持人用到。如美国FOX公司的著名真人秀栏目《美国偶像》的叙事策略便是悬念的累积与释放。在每一期节目的结尾，主持人Ryan Seacres 几乎都会以提问的方式为下一期节目的比赛内容设置疑问，给观众留下悬念与期待。

《美国偶像》主持人 Ryan Seacres
图片来源于 http://news.pop-fashion.com

总之，电视专题栏目的主持技巧有很多种。但是，内秀是外露的资本和前提，如果没有内涵，很难成为优秀的电视栏目主持人，这就需要主持人平时加强对知识的累积，也需要良好心理素质的培养。

第十四章 电视专题栏目、专题频道的经营与管理

电视是一项高投入、高消耗、高产出的产业,建立一家电视台并维持其运转,不但基础设施建设耗资甚巨,维持日常的运营也需要消耗大量的资金。因此,如何按照电视栏目和电视频道自身的特点和规律,合理管理和配置电视台的时段资源、观众资源、节目资源等,管理好电视栏目和电视专题频道的人员、资金、物资等,对其进行合理甚至最优的资源配置,建立良性的盈利模式和评价方式,使节目和频道获得最高的收视率和最大的市场占有率,进而实现节目和频道的社会效益和经济效益的最大化,形成电视品牌栏目及品牌频道,维持电视栏目、电视频道的长期良性发展,这就要求电视专题栏目和电视专题频道的管理者和负责人必须掌握现代的媒体经营与管理方法。

第一节 电视专题栏目的经营

电视专题栏目的经营就是解决电视专题栏目生存和发展的基本问题,即投入和产出的问题。如何用最少的投入获得最大的产出,是电视栏目的经营之道。

一、电视专题栏目的综合效益

获得效益是电视栏目经营管理的直接目标。栏目的综合效益是社会效益和经济效益的结合。在电视栏目实际运营操作中,如何达到二者的平衡,需要电视栏目负责人不断探索。

1. 电视专题栏目的社会效益

中国的电视事业,担负着社会主义精神文明建设的重要责任,是舆论监督和舆论引导的主要力量,因此必须始终将社会效益放在首位,坚持正确的舆论导向。无论从具体国情来看,还是从自身发展来看,电视专题栏目都应注重自身的社会效益。

良好的社会效益是电视栏目的无形资产,也是电视栏目长期发展的动力。一个具有好口碑和好声望的餐厅,必然会获得更多顾客的青睐,它的声誉也会越来越好,甚至能在稳步发展中得以扩大经营规模,发展成名店或老字号店。电视栏目也是如

此，良好的社会效益能给电视栏目带来公信力、影响力、感召力的不断积累，进而获得更多的社会资源支持，电视栏目的工作人员也会产生团队归属感和责任感，更加尽心尽力地维护本栏目的节目质量和声誉，电视栏目就会在长期的积累中实现良性发展。

2. 电视专题栏目的经济效益

电视专题栏目的经济效益是指电视专题栏目在传播过程中所创造的经济成果。20 世纪 80 年代中期以后，国家分批对媒体实行"独立核算、自负盈亏、照章纳税"的新体制，将各个媒体推向市场，电视专题栏目的经济效益成为每一家电视台都十分关心的问题。

良好的经济效益意味着以最少的、最低的资源投入，尽可能获取最大的、最高的利润和回报。凤凰卫视的很多栏目都可以说是低成本、高回报的典范，以《有报天天读》栏目为例，每天节目开始前，主持人杨锦麟和他的助手开始紧张地读报，读完之后杨锦麟把各大知名报纸的新闻挑选出来评论一番，就成为凤凰卫视独特的新闻节目，不需费时、费力、费财地外出采访拍摄。其他节目如《鲁豫有约》、《锵锵三人行》等栏目，制作成本也相对较低，资金投入集中在主持人包装和栏目文化内涵塑造上，这些少量的成本投入却给凤凰卫视带来了可观的经济回报。按照国际惯例，卫星电视要实现收支平衡至少需要 7 年的时间，但凤凰卫视仅用了 4 年时间就实现收支平衡，在全世界华人媒体中的收视率直线上升，经济效益越来越好，成为很多电视台效仿的对象。

3. 经济效益与社会效益之间的关系

义利合一、名利双收是电视栏目经营的理想目标，但是在实际操作中很难做到。有叫好不叫座的节目，即顾及社会效益达不到经济效益的节目；也有叫座不叫好的节目，即取得一定的经济效益却牺牲栏目的口碑和声誉的节目。中央电视台在 2004 年停播的《读书时间》、上海东方卫视于 2005 年停播的高端访问栏目《21@21》等，都是因为栏目品位高雅但收视率太低无法维持运营，而做出的无奈选择。同时一些大众通俗娱乐类节目虽然取得了比较高的收视率，却因为没有很好地发挥电视的引导和教育功能而招致一些专家、学者的质疑和否定。也有一些电视栏目在"宣传抓紧、经营放开"的思路的指导下，利用节目资源、广告资源和节目后产品开发，走出了一条社会效益和经济效益并举的发展之路。

社会效益和经济效益是辩证统一的关系，只看重社会效益而不追求经济效益，可能导致媒体入不敷出，在缺乏经费运转的情况下会阻碍电视栏目的发展，最终被市场淘汰；只强调经济效益而不顾媒体发展对社会产生的负面影响，会因电视媒体超越社会道德的底线而遭到观众的反感甚至唾弃。因此，当电视专题栏目的社会效益和经济效益发生冲突时，要坚持把社会效益放在首位，虽然一定程度上丧失了眼前利益，但是可以积累媒体长远发展所需的公信力和美誉度，从而提升媒体的品牌价值,吸引更多广告客户的加盟,实现媒体的经济效益,做到两个效益的统一。

二、电视专题栏目的盈利模式

20世纪90年代初期,我国媒体实行"事业性质、企业管理、企业经营、自负盈亏"的经营模式;1993年6月,中共中央、国务院发布《关于加快发展第三产业的决定》,将媒体经营列入第三产业;2002年,党的十六大报告将文化区分为"文化事业"和"文化产业",并在党的十六届三中全会进一步提出要"促进文化事业和文化产业协调发展"。电视媒体的经营是文化产业发展的一个重要部分,而如何增强栏目的盈利能力则成为电视栏目经营的关键。电视栏目的盈利模式主要包括两方面:电视栏目通过哪些渠道获得经济效益,以及电视栏目如何在盈利性操作中增强竞争力。具体来说,国内电视专题栏目的盈利模式主要有以下几种。

1. 广告

广告收入是电视专题栏目获得经济效益的主要和重要来源。广告经营是电视媒体利用其掌握的时间资源、频道资源与受众注意力资源,向想利用这些资源的企业或商家收取有偿使用费,然后作为中介者,将企业或商家的指定信息内容传递给目标受众的合理获益行为。在我国,电视专题栏目日常运行费用的绝大部分都靠媒体的广告收入来加以解决。

与直接介绍产品进行推销的硬广告相比,荧屏上出现的植入式广告已经越来越多。植入式广告也被称为嵌入式广告或软性广告,是指不采用通常的广告形式,而将产品或品牌及其代表性的视觉符号融入电视节目内容中,使观众在不知不觉中接受广告所传达的内容。植入式广告是广告商与栏目制片人共谋利益的基础上产生的,它不仅降低了广告商的广告投入成本,而且降低了节目制作方的生产成本,提高了电视节目的收益,具有一定的合理性。但要避免在电视节目中过多、过滥地使用植入式广告,以免引起观众反感,降低电视节目自身的品位。

2. 商业赞助

电视栏目的商业赞助可以分为三类。

(1) 栏目总冠名:又包括总冠名片花,如"昆仑润滑油《鲁豫有约》";以及现场冠名地贴,赞助标版"本栏目由××企业赞助播出";片尾协办单位字幕"本栏目由××企业协办"等。

(2) 栏目板块冠名:每个电视栏目设有数个节目板块,栏目板块冠名有栏目板块冠名片花、栏目角标、片尾鸣谢字幕。

(3) 现场赞助:可以分为现场观众方队赞助——每个观众方队身着"××企业或产品"上衣,以及现场灯箱赞助和片尾鸣谢字幕等。

3. 短信投票等收费

随着手机短信业务的推出，广播、电视媒体通过与电信服务商的合作获得了可观的利润。受众通过短信参与节目的形式已经渗透到电视专题栏目当中。各类栏目对短信的利用大致有三种方式：第一种，通过短信参与节目，回答问题，以争取获得幸运机会，如短信抽奖、竞猜等；第二种，通过短信参与节目，表达意见、观点，有时候也起到热线电话的作用；第三种，参与节目建构，通过互动方式，短信内容常被作为节目起承转合的重要环节，这种方式更多集中于广播节目中。

4. 转播收费

转播收费也是电视栏目盈利的途径之一。如观赏价值极强的体育竞技栏目，这种高度商业化、娱乐化的节目能够为电视转播商提供巨大的电视转播收益。转播还可以使节目一播再播，积累众多的节目资源，培养更多的忠诚受众，从而扩大经济效益。

5. 后期产品开发

电视媒体凭借已有的信息资源和网络资源，在节目播出之后，把节目向其他电视台出售，或制成录像带、DVD 等音像制品，或者把节目文稿编成书稿出版发行。中央电视台的品牌栏目《东方时空》、《焦点访谈》、《百家讲坛》等都已经结集成书，投入出版产业。CNN 有关波斯湾战争和苏联解体等重大新闻事件的报道，也被重新包装成书，由特纳出版公司印刷发行，产生了更为可观的价值和更长的产业链。

很多栏目如《百家讲坛》的节目文稿已经结集成书。图为阎崇年先生在《百家讲坛》栏目中主讲的《康熙大帝》已出版成书

图片来源于 http://www.dangdang.com/

6. 电视节目售卖

电视台将自己的电视节目做成品牌、做出亮点，就能够引起国内外市场的投资关注和国内外观众的收视兴趣。电视台将自己制作的节目包装后，可以向国外媒体售卖或交换，既可以扩大自身的节目来源，又可以开拓国外市场，获得财源。如浙江卫视《我爱记歌词》、东方卫视《舞林大会》等电视栏目成功实现远销海外，经济效益与社会效益均获良好收效。

三、电视专题栏目的评价方式

电视专题栏目运作管理的关键是建立一套科学、公正、量化、有效和统一的综合测评体系，很多电视台根据对栏目的评价来调整节目的播出安排和广告经营。合理、有效的栏目评价体系是衡量频道时段价值、调整节目设置、决定广告投放的重要手段，因此对电视栏目的经营有着极为重要的意义。在电视竞争日益加剧的今天，电视栏目的评价方式主要有以下几种。

1. 收视率评价

世界各国电视普遍采用的是以收视率评价为主体的评价体系，每当电视媒体面临改革或改版，都会通过调查收视率了解目标受众的基本特征和收视期待。收视率是指特定电视覆盖区域内观众收看具体节目的数量标志，是描绘电视节目拥有受众数量多寡的一种相对的统计指标，通常用百分比表示。

虽然收视率在电视节目评价体系中所占的比重很大，但是收视率调查是一种简单的、平面的收视行为调查，缺乏深度指标的体现。如观众对节目的喜爱度、忠诚度，观众对节目的评价，收看电视节目的观众的特征，受众喜欢或厌恶电视节目的原因等，而这些指标只能通过更深度的调查和分析才能体现。一些广告商过分迷信收视率，认为只有收视率高的电视节目才具有广告投放价值。在这种情况下，电视台为了提高收视率，用低品位、高度刺激性的节目来吸引观众的注意力，而这种做法只会使电视台陷入收视率迷信的泥潭，因丧失社会效益而加速电视栏目的夭折。因此，电视栏目从长远的生存角度出发，必须重视收视率，但千万不能唯收视率是从。

2. 其他评价方式

收视率调查是电视栏目评价的一种方式，较高的收视率代表了观众对其栏目的肯定，但将收视率作为栏目评价的唯一标准，容易产生恶性竞争。当制作单位为追求高收视率而迎合观众的低俗趣味时，电视精品栏目就会失去市场，危害电视台的长远发展。事实上，影响人们做出收视行为选择的因素是多种多样的，下面简单介绍一下对电视栏目的其他评价方式。

（1）满意度评价

满意度又称为欣赏指数，是反映观众对电视频道或节目的态度与评价的一个指标。满意度的概念来源于市场营销学，指的是顾客购买产品或服务前对它的期望，如果未达到期望，表示不满意；达到或超过期望，则表示满意。在不同的国家和地区，满意度调查具有不同的名称，如"享受指数"、"兴趣指数"、"吸引指数"等，但是调查的内容大体相同。可以说，满意度调查是在收视率调查的基础上对电视品质的显示。中央电视台从1999年开始委托央视调查咨询中心进行全国范围的观众满意度调查，经过不断改进，这项调查已经比较成熟，并且将港澳台地区在大陆落地的卫星频道和省级卫视都纳入了调查范围。

（2）专家评议

电视台通过邀请相关专家（包括台内领导）、学者做电视节目的顾问，请他们给电视节目评分。专家学者往往具有很强的社会责任感，他们从专业的角度出发，其评议具有一定的权威性，能够使节目更好地体现思想性、导向性、艺术性。专家评议是建立在对全台节目总体把握之上的评价，对全台节目的发展具有导向性作用，这种评价可以帮助决策层把握全台精品栏目的动态和走向，为下一个阶段的节目生产、制作提出导向。

（3）成本指标评价

2002年，中央电视台推出《节目综合评价体系方案》，将"客观指标、主观指标、成本指标"作为节目评价的基本指标，对这三项指标分别赋予5∶3∶2的权重，最终形成节目综合评价指数，简称"三项指标，一把尺子"。其中客观指标是修正后的收视率，主观指标是综合领导、专家等对节目评议的量化值，成本指标则是衡量节目投入产出状况的量化值。[①]

成本指标能够培养栏目制作人员的盈利意识和成本节约意识，有利于加强对栏目的成本管理与控制，是一个更具实际意义的评价指标。成本指标能直接反映一个栏目的成本投入与收益情况，这一指标的提出从某种程度上来说是中国电视媒体经营的巨大进步。

四、构建与维护电视栏目品牌

随着电视媒体竞争的日益加剧，电视栏目间的竞争由栏目质量的竞争转向以栏目综合实力为基础的品牌竞争。品牌的核心竞争力是一个电视栏目生存、发展的重要因素。电视台要想在激烈的媒体竞争中取得突破，必须构建和维护好电视栏目品牌。

---

① 刘燕南. 电视收视率解析——调查、分析与应用. 北京：中国传媒大学出版社，2006（2）：14

1. 电视栏目品牌的构成要素

电视栏目品牌是电视栏目竞争发展到一定阶段的产物，它是在观众心目中长时间形成的一个全方位概念，要同时具备高知名度和高美誉度两个要素。要构建电视栏目品牌，首先要明确电视栏目品牌的构成要素。这些要素往往互相关联、相互补充，主要体现在以下几个方面。

（1）特定的名称：指电视栏目的特定称谓。好的栏目名称可以反映节目的内容或风格，是电视栏目品牌最有价值的要素之一，如《天下女人》反映了节目的特定目标受众；《开心辞典》反映了节目欢乐、益智、竞技的特征等。

（2）栏目内容：内容是品牌最核心的要素，时下电视界流行的"内容为王"就很能反映出栏目内容对栏目品牌形成的重要性。

（3）收视率：收视率指特定电视覆盖区域内，观众收看具体电视节目的数量标志，收视率体现了一个电视节目拥有观众数量的多少，收视率越高，观众收看节目的可能性越大，可以反映出观众对节目的知晓度、认同度越高。

（4）信誉：信誉是电视栏目品牌的核心要素，也是一个电视栏目长时间积累的财富。良好的信誉同良好的品牌一样，是电视台的无形资产，能够吸引广告商更多的关注，带来巨大的经济效益。

（5）稳定性和持续性：电视栏目品牌的质量、风格和节目定位保持相对的稳定和持续。稳定的电视节目品牌可以培养观众的忠诚度，减少观众选择节目和广告商投放广告的风险。

（6）个性：电视栏目品牌的个性影响着观众的选择。不同电视栏目品牌有着不同的个性特征，如《新闻联播》是国家形象和国家话语权的代言，《快乐大本营》是欢乐、青春、活力的象征。

湖南卫视于1997年创办游戏娱乐栏目《快乐大本营》，栏目倡导的快乐理念为湖南卫视打造成中国电视娱乐品牌定下基调

图片来源于 http://www.verycd.com

2. 构建电视栏目品牌的步骤

品牌不是从来就有的，品牌的形成也是一个从无到有、从小到大的培养过程。构建电视栏目品牌是一个涉及众多因素的系统工程，需要一系列与市场相贯通的专业化运作，大致可以分为以下步骤。

（1）电视栏目品牌的规划

电视栏目品牌的规划主要包括战略规划和理念规划等方面。栏目品牌的战略规划指制定电视栏目品牌的中长期发展目标，预见栏目品牌发展的未来。栏目品牌的理念规划，即采用什么样的理念来塑造栏目品牌，具体包括以下几方面的内容：①先提高栏目品牌的知名度，再通过举办电视主题活动等方式提升栏目品牌的美誉度，塑造栏目品牌的独特个性；②先提高栏目品牌的美誉度，再通过不同栏目、不同媒体之间的相互宣传，扩大栏目品牌的覆盖率，提升栏目知名度。

（2）电视栏目品牌的创立

电视栏目品牌创立是指根据栏目品牌的规划而进行的一系列工作。从宏观上讲，是指根据栏目品牌的战略规划、核心理念规划和定位规划进行的工作。从微观上讲，栏目品牌设计包括栏目设计和实施，栏目设计主要是设计品牌的标识系统，包括电视栏目品牌的名称、标志、色彩、宣传口号等包装工作；经过品牌设计策划，形成以一定形式和声音标识为特征的电视栏目品牌。另外，电视栏目品牌的创立也离不开知名主持人的影响力，知名主持人可以运用自身的影响力树立栏目品牌的良好形象。

（3）电视栏目品牌的推广

为了让电视栏目尽快得到观众的认可与接受，电视栏目组的工作人员可以结合栏目自身的实际采取相应措施，对栏目进行适当的宣传与推广，使观众加强对电视栏目品牌的认知，提高品牌的知名度。电视栏目品牌的推广除了可以在本台进行高频率的节目预告外，还可以跟平面媒体、网站、户外广告等合作，整合运用多种传播方式，力求在短期内塑造与众不同的品牌形象，扩大新栏目的品牌知名度。

依托电视栏目品牌，设计具有影响力的电视权威奖项和电视主题活动，也是推广电视栏目品牌的重要手段之一。例如，中央电视台经济频道的品牌栏目《经济半小时》利用自身的专业优势，打造出"中国经济年度报告"、"中国经济年度人物"等权威奖项，同时，一年一度的"3·15晚会"也成为《经济半小时》的知名子品牌。

（4）电视栏目品牌的维护与创新

电视栏目品牌的维护侧重于保持栏目品牌的稳定性，维持观众长期形成的收视习惯，保证栏目品牌在观众心中长期累积的连贯性和继承性；电视栏目品牌的创新是指添加新的品牌内容、理念来代替原有的品牌，侧重对原有品牌的突破性。电视栏目品牌有其固有的生命周期，并且随着观众收视需求的不断变化，观众的欣赏水平也不断发展变化，一味地固步自封会使观众产生厌倦心理，导致被其他同类栏目超越。因此，电视栏目品牌要选择适当的时机，对电视栏目品牌进行维护和创新，巩固电视栏目品牌的地位，才能在当今电视栏目同质化竞争中，用特色吸引观众的注意力，实现电视栏目品牌的自我升级。

3. 电视栏目的改版

改版是在媒介竞争日益加剧、频道资源过剩、注意力资源稀缺、原有节目失去新鲜感的情况下，通过调整节目内容、结构来满足观众的需求，维持观众对栏目的忠诚度，保证节目质量和保持既有的收视率，对于提升栏目乃至频道的影响力和竞争力有着重要的意义。改版是电视栏目在自我完善和发展阶段的一种适应性调节，是每一档电视栏目发展过程中必须面临的问题。

对于一个产品而言，其生命周期可分为初创期、成长期、成熟期和衰退期四个部分，电视栏目同样如此。在电视栏目的初创期，栏目的知名度和影响力有限，这一时期应侧重于对栏目内容、风格等方面的积累和稳定，培养观众对栏目的好感和忠诚度，很少进行改版。因此，本节着重从电视栏目的成长期、成熟期和衰退期三个方面来谈电视栏目的改版。

（1）成长期电视栏目的培育性改版

电视栏目的成长期是品牌价值快速上升的时期，这一时期对于培育观众忠诚度和拓展广告市场至关重要。因此，这一时期的栏目培育性改版，主要指栏目的品牌核心价值不变，在内容方面或是栏目包装形式上进行小规模的改变。如：片花、片头的改变，主持人的调整，新的宣传语的推出，子栏目板块的合并等。

如2002年1月1日，北京电视台正式推出财经频道，其主打栏目是《首都经济报道》，由于栏目刚刚推出，在观众中的认知度不高、影响力有限，于是财经频道对这个栏目进行了改版。栏目改版之前只有一位主持人，改版后别出心裁地让两位主持人同台播报新闻，并在每一条新闻之后，两位主持人用轻松幽默的语气对该新闻作一番简短的点评。在栏目整体内容与节目类型并没有太大变化的情况下，给观众一些新鲜感，又没有影响观众的忠诚度及品牌原有的价值。《首都经济报道》改版之初仅三个月，收视率就翻了一番，这无疑是成长期电视栏目培育性改版的成功案例。

（2）成熟期电视栏目的选择性改版

成熟期电视栏目的选择性改版是指栏目的品牌核心价值不变，对节目的部分内容进行较大调整。这时候栏目制作者已经意识到，仅凭原来的节目内容可能无法进一步吸引观众，必须对栏目内容作较大的调整。但是这一时期的栏目改版应继续沿用原栏目的名称和宗旨，从而达到保留原有品牌价值的目的。

比如，2006年中央电视台经济频道的品牌栏目《开心辞典》，在男主持人李佳明离开之后进行了改版。改版之后的《开心辞典》，原有的答题赢大奖的节目形态不变，但是将选手答题实现家庭梦想的方式，改为场上 4 名选手共同保卫百宝箱。可以说，《开心辞典》进行的是一场全新的改版，栏目内容编排与原先的节目内容已完全不同，但栏目名称却保持不变，使栏目在改版的过程中保留了原有品牌的价值，有利于观众认知、认可改版后的栏目。

（3）衰退期电视栏目的颠覆性改版

衰退期的颠覆性改版包括栏目品牌核心价值的改变和栏目内容的改变。有时因为栏目的内容与原先栏目名称已经无法适应，需要连栏目名称也发生改变，这相当于栏目的原班人马重新创立新的电视栏目，已经不属于一般意义上改版的范畴，但它在操作过程中又是通过改版而来的。

如湖南卫视的《新青年》是一档具有精英色彩的文化栏目，后改版成为真人才艺秀节目，推出了笑星、魔术系列，虽然收视率攀升但是和栏目名称已明显不符，节目制作人不得不痛下决心，把栏目改为《谁是英雄》。

电视栏目由初创到衰退的生命周期就像人的生老病死一样，是电视栏目不容回避的问题，因此改版并不是拯救电视栏目避免死亡的"长生不老之药"。当观众的观看口味普遍发生变化时，仅仅是某方面的改变不会满足观众的需求，新的节目形态必然会应运而生。

五、电视栏目的后期营销与推广

为了吸引受众的注意力，赢得广告客户的青睐，电视栏目除了要从策划、制作、包装环节提高栏目的质量和品位，尽可能地了解、满足受众的需求之外，还要重视电视栏目的后期营销和推广。与商家在不同媒体上为商品打广告一样，电视栏目也要为自己的"产品"打广告，以便让更多的人了解自己的电视栏目。一般来说，电视栏目的后期营销与推广包括以下四种方法。

1. 媒体间互动宣传

电视栏目宣传片是栏目宣传的重要手段之一，栏目宣传片播放的平台和时间的选择非常关键。一般来说，电视栏目宣传片除了在栏目所属频道播放之外，还会选择有较高知名度的频道进行宣传。电视栏目也可以通过在发行量较高的杂志投放栏目广告，或者通过与网络媒体合作，依托网络媒体的人气宣传电视栏目。电视栏目还可以借助户外广告的形式，如路边广告牌、LED 看板、户外电视墙、霓虹灯广告牌等载体，进行形象展示与宣传。不同媒体通过这种相互宣传，互利互惠，达到一种共赢的效果。

2. 策划媒体活动

媒体开展活动，有利于提高电视台的知名度和美誉度，对媒体品牌的塑造有着不可替代的作用。这一点已经在业界达成共识。作为一种大众传播渠道，电视媒体凭借自身的优势，并整合多方面的资源，完成从活动策划到传播并形成影响的过程。电视主题活动的策划等相关内容，本书将在第四部分予以详细阐释。

3. 积极参与评奖

对于电视栏目来说，积极参与高层次的栏目评优评奖活动，既可以检阅电视栏目的成果，提高栏目质量，又可以展示和宣传媒体的形象。因此，电视栏目应该通过自身的努力多出精品，并积极参与评奖。

我国电视栏目的评奖组织有：国家广电总局颁发的中国广播影视大奖广播电视奖、中国国际新闻奖、中国新闻名专栏评选、全国电视文艺"星光奖"、全国少儿电视节目"金童奖"、中国电视"金鹰奖"等。

4. 栏目相关产品衍生开发

电视栏目在得到观众的认可和肯定之后，就应该主动出击，开发与栏目相关的产品，增加栏目的传播渠道，建立和栏目相关的品牌。一般来说，和栏目相关的产品按照其传播渠道可以分成：印刷品、电子音像制品、纪念品等实物。电视栏目可以将本栏目的节目文稿、记者手记结集出版发行；将节目光盘制成录像带、DVD等音像制品，或者制作纪念手表、玩具、台历、文化衫等。

第二节 电视专题栏目的管理

电视专题栏目管理是电视媒介管理的一个部分，即电视栏目负责人按照电视栏目自身的特点和规律，合理配置栏目的时段资源、观众资源、节目资源、广告资源等，合理安排电视栏目的人员、资金、物资等，使资源成本最小化，真正做到"人尽其才，财尽其利，物尽其用"，并建立电视栏目品牌，维护电视栏目的长期良性发展。

一、国内外电视栏目管理模式

电视栏目作为各频道的重要组成部分，其运营管理与媒体内部的机构设置和管理制度密切相关。中央电视台在2005年实行频道改革后，开始实行"频道——栏目"的二级体制。各电视栏目以频道为单位，进行整体策划、包装和营销，同时拥有宣传、人事、财务、经营和技术等管理权限，独立自主地开展工作。

下面简要介绍一下国内外通行的三种栏目运作模式，分别为编导核心制、制片人核心制、主持人核心制。

1．编导核心制

编导核心制，顾名思义，就是指电视栏目的所有相关工作均以编导的意图为核心，编导在电视栏目制作中居于中心位置。从国内栏目的运作情况来看，编导核心制较为常见。很多栏目制片人实际上只是挂名。编导的主要工作包括：管理栏目经费，根据栏目的社会效益和经济收入实事求是地做出成本核算和结算；指导并发挥栏目组人员的创造性和积极性；制作节目，负责整个栏目生产的全过程，包括选题采集与取舍、采访、文稿撰写、录制节目、剪辑素材的全部业务工作。

由此可见，编导是栏目制作的组织者，对节目内容、形式和栏目风格完全负责，他负责从栏目策划到栏目制作的全过程，指挥着栏目组人员在统一的创作意图、顺畅的运行机制和科学的工作程序下，各司其责，从而保证节目的构思得以完整实施。与其他运作模式相比，编导核心制最大的优势在于编导掌握了独立的财政权，同时对栏目制作流程也进行全程控制，因此可保证栏目在更为宽松的环境中制作完成，节目质量相对来说更有保障。

2．制片人核心制

"制片人"的概念来自于西方电影产业，而制片人核心制则完善于20世纪40年代末的世界影都——好莱坞，它是指以制片人为中心，完成电影策划、生产、发行全过程的影片经营制度。这一概念后被用到广播电视媒体管理之中。1993年5月1日，中央电视台《东方时空》的开播，标志着中国新闻性电视栏目制片人核心制的第一次成功尝试。此后，中央电视台其他栏目以及全国省、市电视台纷纷效仿，制片人核心制逐步成为中国广播电视节目运行体系中各电视台竞相采用的管理制度模式。

在制片人核心制中，电视栏目制片人是这个栏目的总负责人。严格意义上的栏目制片人掌控着栏目的财权、人权，并对节目的选题、策划、制作、初审等运作环节实施全面控制，即便是编导也要服从制片人的管理。自20世纪90年代初以来，随着电视制片管理改革的深入开展，我国已经出现了一大批电视栏目制片人，大大提高了电视节目质量和电视栏目的运作效率。我国的电视栏目制作人，一般来说不仅需要执行上传下达的管理职能，还需要参与节目的策划运作，进行财务管理、人力资源管理等具体的工作。其中，经费管理是广播电视管理的基础，是电视台栏目顺利运行的基本保障，因此，注重成本管理，力求实现利润最大化和效益最优化，是制片人的重要职责之一。

3．主持人核心制

主持人核心制是指电视栏目的所有相关工作均以主持人的意图为核心，主持人在电视栏目制作团队中居于中心位置,制片人、编导等均为其服务,主持人既作为栏目的主要形象代表出现在栏目中,同时负责栏目人、财、物的管理工作,促进电视制作团队的和谐发展。如奥普拉·温弗瑞、拉里·金等著名主持人背后就有强大的制作团队,推出名牌电视栏目,并且几十年长盛不衰。主持人核心制可以充分调动主持人的创造性,为他们提供一个宽松、信任度高的工作环境,鼓励他们发挥最大的潜力,提高节目质量和工作效率,有利于制作一批有影响力的品牌栏目,为主持人和电视台两方面的发展带来双赢的效果。

虽然在中国大陆有一些电视栏目以主持人的名字命名,但还不是真正意义上的以主持人为核心的电视栏目团队。如中央电视台《面对面》栏目的制片人王志同时担任该栏目的主持人,但并不是纯粹意义上的主持人核心制。主持人核心制依靠主持人的号召力和影响力,更容易形成规模效应。

需要注意的是,这里阐释的三种核心制并不是行政意义上的核心制,即此处仅表明三种主体以某种身份为核心组织节目,而非作为该节目的绝对"领导"。

二、整合电视栏目资源

电视栏目的制片人就像一个家庭的大管家,要把家管理得井井有条,把油盐酱醋茶、蔬菜、水果、肉类等原料做成可口精美的饭菜,不仅要保持收支平衡,还要争取用最低的成本获得最大的收益,促使家庭成员之间和谐相处,朝着共同的目标努力,还要密切关注家里的家具、生活用品的使用状况,该修的修,该换的换,总之要让家庭顺利发展,越来越和睦幸福。从比喻回到具体的栏目管理,整合电视栏目资源就是栏目负责人整合管理栏目人力、资金、节目、技术系统资源的过程。

1. 电视栏目的人员管理

人是电视活动的主体,电视栏目是各种职能分工的人集体创作的结晶。人力资源管理是电视栏目管理的重要部分,如何发掘、招揽优秀的电视人才,如何发挥栏目组成员的积极性和创造性,如何协调成员之间的关系,使电视栏目成为一个具有核心理念与价值的整体,是电视栏目负责人需要考虑的问题。

截至2008年年底,全国广播电台、电视台共有从业人员28.72万人,其中编辑、记者12.3万人,播音员、主持人2.5万人。[①]同时,各高校的传媒专业也正向社会源源不断地输送大量的传媒人才。只有从众多的电视从业人员中甄别优劣、打造利于栏目生存发展的制作团队,才能保证电视栏目顺利运行。一档电视栏目,应当根据自身特色寻找与之适合的团队成员。

电视栏目工作者要长时间、不间断地保持对节目制作的激情和灵感,满足受众不断变化的需求,他们处于一个集体组织之中,面对的是方方面面的合作者和层层

---

① 史松明. 时代呼唤传媒人力资源管理学. 传媒观察,2009(11)

设置的把关人。因此，在节目生产制作中，如何调动团队成员的工作积极性，使之优劣互补，共同打造优秀节目，也非常重要。严格的规章制度和规范化的科学管理是实现栏目风格、质量、收视率等预期目标，使栏目正常运行的前提和保障。一方面，栏目组工作者应根据其不同分工而履行各自的职责，建立量化的工作指标；另一方面，在栏目制作过程中，要认真地对各个岗位进行业务考评，根据考评结果定期进行奖惩，做到奖罚分明。通过严格的规章制度和科学的管理使各个岗位的工作进展都有条不紊，在职务晋升、职称评定、收入分配、福利待遇等方面体现对栏目工作人员的激励，形成良性竞争、赏罚分明的工作氛围，最大限度地调动从业人员的工作热情。

此外，媒介发展日新月异，对电视工作者的业务适应能力提出了较高的要求。工作者唯有业务精湛且与时俱进，才有可能打造出精品栏目。因此在日常工作中，组织应当适时对栏目组成员进行业务培训，培养其主动学习的积极性，让团队成员与栏目共同成长。

2. 电视栏目的资金统筹

《孙子兵法》云："军无辎重则亡，无粮草则亡，无委积则亡。"从古到今，充分的物质、资金保障始终是进行一切活动的根本。资金的统筹管理也是电视栏目管理的重要一环，科学、严格、完善的经费运作管理是确保节目制作质量和进程的前提条件。电视栏目的资金统筹主要包括以下几个方面：

（1）节目制作人员费用

主要有策划和主创人员、制作班子、主持人、办公室人员及其他在职人员的基本工资、补助工资、福利奖金和临时人员工资、劳务费（外聘研职人员和临时人员劳务费）、社会保障费、劳动保护费以及职工教育费等。

（2）节目制作的物资消耗费用

主要是水、电、煤气、取暖费，外购节目费（包括境内外购置节目费、进口关税、版权费、委托制作节目费、报道权费等），制景费以及服装、化妆、道具费，专用材料费，资料费，办公用品费等。

（3）节目制作场地设备消耗费用

主要是租赁费（房租、场地费、设备租赁费、卫星转发器租金等）、技术设备维护修理费、固定资产折旧费。

（4）节目制作的其他费用

包括机动车管理费、差旅费、业务招待费、公关费、会议费、印刷冲扩费、邮电费、卫星传送费等。

（5）管理费用

主要包括节目制作部门对节目制作进行管理所发生的费用消耗，技术部门、后勤部门等自身的费用消耗及其他管理费用等。

电视节目制作成本项目繁多，成本复杂，作为广播电视频道、栏目的运营者，必须合理地对成本进行管理，使成本达到最小化，资源利用最大化。

另外，巧妙利用供需转换关系是控制成本的方法之一。把电视栏目自身的需求转换成对象的需求，可以大大降低成本。比如，谈话类栏目和时事分析类栏目需要专家的参与，专家、学者的出场费用是栏目成本的一部分。嘉宾有表达观点、借电视栏目提高自身知名度的需求，这样电视栏目就可能把自己的需求和对象的需求相结合，将自己的需求转化成对方的需求。所以，尽可能地利用栏目本身的知名度和影响力实现需求转化，最大程度地整合可利用资源，是栏目制作者控制成本的途径之一。

3．电视栏目的制播管理

电视栏目的制播管理是栏目管理的另一个重要方面。电视栏目是凝聚了编创人员的思想和智慧的精神产品，它的制作和播出过程是物尽其用、人尽其才的过程，需要遵循科学有效的管理方法。

一般来说电视栏目的制作和播出有以下流程。

（1）每周（月）报题会

选题策划是电视栏目制作的重要环节，几乎所有的电视栏目都非常重视栏目选题策划。各栏目根据各自的不同情况设定报题会的频率和时间，有的一周一次，有的一月一次。由编委会的所有成员，编播组执行主编，各栏目组主要记者、编辑，市场推广组等人员参与。

（2）每日（周）编前会

每日（周）的编前会直接对每次节目负责。日播节目每天举行一次，周播节目则每周举行一次。由当期节目的主编、责任编辑、主持人、记者、编辑、导播、摄像、配音、解说、负责包装的工作人员等参与。

（3）节目制作

节目制作的流程包括：采访拍摄、后期编辑、演播室录制和节目包装。一些栏目的特别节目还涉及演播室设计、彩排和节目合成等。节目制作人员必须在规定时间内完成规定节目，送交制片人审片。

（4）审片

节目制作完成之后，主编、制片人、主任等逐一审看，审片必须要在节目播出前完成。审片时没有通过的节目不能播出。一般来说，在新闻节目中，重大报道或批评性报道选题要求向上级汇报。所以选题和节目制作除了要遵守一定的策划制作规范外，还要求编创人员能够理解领导的意图，既要满足观众的需求，又要满足电视宣传的需要。

（5）播出

审片通过之后就可以送播出带。电视栏目播出系统的管理也是一个复杂的过程。

电视节目的播出按照信号来源可以分为直播和录播两种。直播包括外场现场直播和演播室直播，录播包括转播其他节目和播放事先录好的节目带。录播节目是对拍摄节目经过后期剪辑合成，并按照规定的审查程序审查合格后送播的节目，整个过程具有严格的可控性。

（6）播出后评估

播出后评估是栏目播出不可或缺的环节，主要有栏目组内点评、组织专家评估、观众调查、观众反馈等方式。播出后评估往往让市场决定栏目去留，加强了栏目制作者的忧患意识，提高了栏目的积极性和主动性。

4．电视栏目的实物管理

电视栏目的制作与播出，都离不开一定的物资基础，这些设备物资统称为电视栏目的实物资产。实物资产可以按照固定资产和流动资产来划分。

（1）固定资产

固定资产指在生产过程中可以长期发挥作用，长期保持原有的实物形态，但其价值则随着企业生产经营活动而逐渐地转移到产品成本中去，并构成产品价值的一个组成部分的资产。

与电视栏目制作有关的固定资产大致可以分为以下几类。

① 房屋及建筑物：包括影视城，影视拍摄基地，电视台的办公大楼、拍摄基地、摄影棚、演播间等。

② 栏目设备仪器：包括节目的信号传输、接收设备，电视转播车，摄录机，后期编辑设备等。

③ 演出服装、道具：包括各种工作服装、主持人出镜的服装，以及能回收的置景和道具，如演播室的沙发、座椅等。

④ 节目资料：包括制作节目过程中使用的各种音像素材、图书资料、文件资料等。节目资料是电视栏目固定资产中非常重要的部分，不少资料可以反复多次利用，使有限资源产生最大效益。其中部分资料或涉及节目内部资源，还应当注意存档保密。

⑤ 其他在用固定资产等。

（2）流动资产

流动资产是指企业在一定的生产周期（通常指一年）内变现或者使用的资产。流动资产具有周转速度快、变现能力强的特点，是企业资产中必不可少的组成部分。电视栏目制作过程中的流动资产一般包括胶片、空白磁带、电池、胶卷等。

实物管理是电视栏目管理的重要方面，是电视栏目正常运行的基础和前提。因此，实物管理应该建立有效的激励机制，制定科学的管理原则和规范的管理章程，由专人负责，责任到人，否则，如果实物管理不当，会加大电视栏目的投入成本，对电视栏目的长期发展造成不良影响。

第三节　电视专题频道的经营与管理

电视频道资源的极大丰富，使观众在收看电视频道时有了更多的选择。因此，吸引更多的观众锁定电视频道，赢得更大的市场份额就成为所有电视专题频道的经营目标。电视频道的专业化带来了频道经营与管理的全新理念，探索电视专题频道的经营模式与管理模式，是关系到电视专题频道生存、发展的关键环节。

一、电视专题频道的经营

电视专题频道应立足现有的广告盈利模式，制定灵活的营销策略，开发新的频道经营业务，不断拓展电视专题频道的经营渠道，实现电视专题频道的多样化、立体化经营。

1．数字电视频道收费

我国的观众长期享受"免费"收看电视节目的待遇。尽管有线电视用户每月需要定期上缴少量的收视费，但是这种收费形式一直被认为是"技术维护费用"。而数字电视频道收费则不同，它是伴随电视的数字化改造发展而成的，除了要收取月租费，单独点播时还要收取点播费。例如，歌华有线在2006年6月开始电视数字化整体转换试点工作，数据增值业务、信息业务成为其2006—2007年业绩增长的主要驱动力。

2．视频点播

视频点播技术（video on demand，VOD）也称交互式电视点播系统，指用户根据自己的意愿自由选择喜欢的电视节目，并支付一定费用的新型电视业务。视频点播能够方便用户自由地安排节目的播出时间，改变了传统电视系统"点对面"的传播方式，实现了"点对点"的电视传播方式。视频点播不仅为用户提供大量影片、视频片段，还为用户提供股票交易、购物、教育、电子商务等信息服务。

3．"二类广告"

"二类广告"是有固定的栏目名称、固定的播出时间和播出时段、全部或部分有偿服务的专栏性信息类节目。各地方电视专题频道开办的《购物指南》、《楼市》、《名车宝典》、《健康生活》之类的栏目，都可归于"二类广告"的范畴。"二类广告"是适应各地服务性企业的宣传需求而产生的，其内容多为介绍产品的性能与主要特点以及商店开业、产品获奖、新品开发等，是电视专题频道利用频道时间换取经济收益的行为，它能够保障电视专题频道的经济收益。但是"二类广告"不宜过多，否则会影响电视专题频道的美誉度。

4. 跨媒体经营

全球传媒业掀起大规模的重组浪潮，将广播、电视、报纸、杂志、网络等不同媒体整合起来进行综合经营，成为国际传媒产业的发展趋势，也是电视专题频道做强做大的必然选择。

"第一财经"是上海文广新闻传媒集团跨媒体经营的产物。第一财经频道脱胎于上海电视台财经频道，是国内唯一将目标受众定位于投资者的专业财经频道。从2003年开始，文广传媒集团开始将"第一财经"的概念由电视频道拓展到跨媒体财经信息平台。目前这个平台包括第一财经频道、《第一财经日报》、第一财经广播、《第一财经周刊》、第一财经网站、第一财经中国经济论坛和第一财经研究院，形成了较为完备的第一财经产业价值链，提升了"第一财经"的规模效应。

5. 跨行业经营

一些为制作电视节目、电视剧而修建的场地、设施，除了用于电视节目制作之外，还可以作为文化旅游景观进行经营。

由湖南的电广传媒有限公司与深圳华侨城控股股份有限公司、香港中旅集团联合在湖南省会长沙市市郊的浏阳河畔投资3亿元兴建的世界之窗文化旅游景区，是湖南省最大的影视拍摄基地和文化旅游项目，也是湖南省最大的旅游、影视、文化、娱乐基地，景区以门票收入为主，拓宽了电广传媒的盈利渠道。

6. 股票上市

2001年，中国证监会发布了《上市公司行业分类指引》，将传媒与文化产业定为上市公司13个基本产业门类之一，这是我国第一次将广播影视业列为上市公司行列中。国内A股市场上，已经出现像歌华有线、东方明珠、中视传媒、电广传媒、广电网络等以广播影视为主要业务的上市公司。由于我国电视媒体的事业单位性质，在国家政策上不允许其直接上市融资，但一些实力雄厚的广电集团，如湖南广电集团和上海文广新闻传媒集团，正在酝酿着将部分业务剥离出来引入私人股本投资者。

在国外，上市融资是媒体筹集资本的有效手段之一。2000年6月30日，凤凰卫视股票在香港证券交易所创业板挂牌上市。上市融资不仅能够使民营资本和社会力量参与到行业运作中，拓宽融资渠道，实现融资主体多元化，降低媒体运作的风险，而且能够帮助媒体充分利用资本市场进行资源整合、资产重组和资本筹措，实现市场化运作，创造经济价值。

二、电视专题频道的管理

电视专题频道的管理是电视专题频道管理者根据国家产业政策和媒介竞争状

况，对电视专题频道的运作环节进行调整和规范。对电视专题频道进行优化管理，能够降低频道的财力、人力、物力的消耗，节约制作成本，促进资源优化组合和合理配置。探索电视专题频道的管理创新之路，是电视专题频道把握数字化浪潮的发展机遇，是实现社会效益和经济效益最大化的必由之路。

1. 实施频道制管理模式

频道制也称频道总监制，是一种现代化电视媒介的新兴管理模式，以频道为单元，对频道内的栏目设置和频道的机器设备、人力资源使用、报酬分配等实施管理。[①]我国电视业自20世纪80年代末开始电视业的"企业化"管理后，电视台的管理制度就开始从节目中心制管理逐渐向频道制管理过渡。原先中心制管理模式下的频道，只是电视台管辖的一个部门和播放节目的渠道，而频道制管理模式下的频道是一个相对独立的经营实体，集节目生产者、组织者和广告经营者的角色于一体。

频道制管理模式打破了中心制管理模式的"中心—部门—科组—栏目"四级管理模式，采用"频道总监—制片人"的两级管理模式，频道总监负责整个频道的运营，对栏目进行垂直领导，使电视台决策层的声音能在较短时间内传递给每位相关员工，减少中间环节，提高频道运行效率。

频道制管理模式解决了中心制管理模式中机构冗余的问题。在中心制管理模式下，从节目中心、部门到科组、栏目都配有办公室和工作人员，因此机构庞杂、人员冗余。实施频道制管理模式后，将原先的四级管理简化为二级管理，将相关部门和工作人员进行合并，减少一些不必要的岗位，精简工作人员，从而降低了频道管理成本。

频道制管理模式赋予频道更大的经营自主权，使频道能够根据自身的经营需要而采用灵活高效的运作方式。在中心制管理模式下，节目中心只制作节目，对频道的运行效果不承担责任。实行频道制管理模式后，频道成为电视专题频道节目运行和管理的基本单位，其自主管理地位和市场应变能力得到加强，频道总监有权力对本频道的栏目规划设置、节目播出管理和人员及经费进行调配，可以根据频道自身的发展需求将对栏目的管理统一到频道的整体战略和运营发展思路上来，使电视台对各专题频道的管理和考核更加有的放矢。

2. 整合频道资源

电视专题频道的资源整合，是将有限的频道资源进行有机整合，使电视专题频道的资源配置更加科学、使用更加合理，降低频道的运行成本，消除各个专题频道之间各自为政、恶性竞争的局面，扬长避短，发挥最大的市场效益，使电视专题频道更具竞争实力和发展潜力。

[①] 尤天. 省级电视台频道制及其配套管理研究. 电视研究，2009（11）

资源整合是中国电视专题频道发展的客观要求。实施频道制管理模式之后，同一电视台下属的不同专题频道容易为争夺有限的广告资源而彼此压低广告价格，导致电视台广告收益的下滑。因此，电视专题频道要在综合市场需求、竞争状况、本频道的实际情况后，对频道进行科学定位，依据频道定位合理分配人、财、物等资源，最大限度地实现各频道间节目资源的共享；在频道节目编排上实行错位竞争，开发差异性资源，以增强内部资源的协调性，使本台内部多个频道相互配合，提高频道资源的利用率，降低频道资源的内部消耗，达到资源的科学优化组合。

对于同一电视专题频道而言，通过频道资源的优化整合，能在整个专题频道范围内对现有节目进行全方位审视评价、筛选取舍，调整节目制作力量和生产创作资源的配置，加强栏目间选题策划和拍摄活动的协调，实现节目资源和技术设备的共享，降低制作成本，形成电视专题频道的整体合力。

3. 发挥总编室的协调作用

总编室是总台编委会的日常办事机构。总编室在宣传管理环节担负着协调、监督、管理的龙头作用，它在编委会的授权下，负责整合各个专题频道的节目资源，规范各专题频道的编播流程，评估各频道的宣传效果，对频道的节目内容和制作水平进行监督、检查和评估。通过总编室的协调作用，能够促进各个专题频道之间的相互宣传，提高跨频道大型节目制作的工作效率，加强频道之间人事、物资管理的统筹和协调能力，提高不同频道之间节目生产和技术资源调度的协同工作水平。

需要注意的是，专题频道内部的重大活动和重点节目的宣传也是由总编室进行统一安排，非常态节目编排须经台领导审批。创新长假整体编排正是电视专题频道在总编室的统一安排、协调下，打破频道、栏目的时段限制，将各个频道的节目内容进行有序编排和集成，策划、制作和播出符合长假观众收视要求和期待的特色节目。以 2009 年的国庆报道为例，中央电视台科教频道推出以"科技成就"、"传统文化"为特色的特别系列节目后，继续推出"电影过节"、"自然系列"等品牌板块节目。在投入不变的情况下，科教频道通过总编室的协调作用，实现节目资源的重新组合，抢占了长假期间观众的收视市场。在总编室的协调之下，专题频道对特别节目、重要宣传事件进行特殊编排，临时调整频道内部的节目播出，形成动态的调整机制，使专题频道调整成为一种常态化、经常性的动作。

4. 建立人才选拔机制和绩效激励机制

电视专题频道有很大的自主权，频道除了能够自主聘用职工，进行节目购买、生产和广告经营外，还能够根据本频道的实际情况，独立地进行人才选拔，并对员工进行绩效考核和奖金分配，这种做法能够调动频道的积极性，提高频道快速应变和创新能力。

电视专题频道有相当大的人事自主权，除了频道总监通过竞争上岗、由总台最后任命之外，频道总监以下的岗位，如栏目制片人、频道的部门主管可以通过公开招聘、竞争上岗，保证机会均等、程序透明、结果公开。竞聘制度给正式人员和企聘人员一个平等竞争的机会，使有能力、业绩突出的人通过竞争上岗担任重要职务，实现人才选拔任用从自上而下的"任命制"向自下而上的"竞争制"的转变。电视专题频道有权力决定任命或辞退频道内的正式人员和企聘人员，这样能够激励电视专题频道内人才的积极性，促进频道节目质量的提高。

电视专题频道有权按照本频道的实际情况建立适合的频道再分配原则，对职工绩效工资进行二次分配。总台每年会定额向各个专题频道拨发频道经费预算，并给频道制定一个"创收指标"和"收视指标"；各个频道则会把总台下放的创收指标和收视指标分解给各个栏目，并制定具体的考核标准。频道内部的考核与奖惩直接相关，若栏目的成绩显著，广告份额和收视率份额都很高，栏目制片人及其工作人员应给予大幅度奖励，栏目的制作经费会相应提高，鼓励其再接再厉；若对栏目组的考核不合格，栏目制片人及工作人员的奖金会受到影响，栏目组的制作经费也会相应减少，栏目制片人甚至还要重新竞聘上岗。

练习题

1．分析电视专题栏目前期策划的重要性。
2．电视专题栏目的盈利模式有哪些？举例说明。
3．电视专题栏目的改版应当注意哪些问题？选择一档栏目，为其策划一次改版，并说明理由。
4．电视频道专题化有何意义及风险？
5．选择国内外任一电视频道，分析其包装的优劣，并对其包装的不足之处提出改进建议。
6．简要介绍栏目主持人的职责及其素质要求。
7．策划一个电视专题频道，详细介绍其受众定位及盈利模式。
8．策划一档电视专题栏目，拍摄制作其中一期。

主要参考文献

1．（美）埃默里等著．美国新闻史：大众传播媒介解释史．北京：中国人民大学出版社，2001
2．郭镇之．中国电视史．北京：文化艺术出版社，1998
3．蔡尚伟．广播电视新闻学．上海：复旦大学出版社，2006
4．张艳秋．美国早间电视新闻节目透视——美国三大电视网早间新闻节目特色及背景分析．现代传播，2002（2）
5．罗琴．理念 特色 品牌——对美国电视媒体的观察和思考．电视研究，2007（7）
6．岳淼．中国影视传播史纲．北京：中国传媒大学出版社，2007
7．许永．电视策划与撰稿．北京：中国广播电视出版社，2001
8．项仲平．电视栏目与频道策划研究．北京：中国广播电视出版社，2007
9．陆地，高菲．电视频道的规划，策划和营销．中国广播电视学刊，2005（3）
10．雷蔚真．名牌栏目的策略与衍变：《经济半小时》透析报告．北京：中国人民大学出版社，2005
11．王彩平．电视栏目定位刍议．当代传播，2005（6）
12．（美）琳恩·格罗斯，拉里·沃德．拍电影：现代影像制作教程．廖澺苍，凌大发译．北京：世界图书出版公司，2007
13．张晓锋．电视制作原理与节目编辑．北京：中国广播电视出版社，2004
14．魏南江．优秀电视节目解析．北京：中国传媒大学出版社，2007
15．孙愈中．电视栏目设置要在贴近性上做文章．电视研究，2004（1）

16. 石长顺．电视栏目解析．武汉：华中科技大学出版社，2003
17. 应天常．节目主持人通论．武汉：武汉大学出版社，2007
18. 吴郁．主持人语言表达技巧．北京：中国广播电视出版社，2002
19. 龙潭．电视栏目品牌中"名主持延伸"现象析．声屏世界，2003（1）
20. 欧阳国忠．焦点——对话中国著名电视制片人．广州：南方日报出版社，2006
21. 胡智锋．中国电视策划与设计．北京：中国广播电视出版社，2004
22. 夏陈安．电视专业频道节目设置策划和传播效果追求．中国广播电视学刊，2001（7）
23. 任金州，程鹤麟，张绍刚．电视策划新论．北京：中国广播电视出版社，2002
24. 杜军．浅谈电视栏目的策划．东南传播，2007（2）
25. 催俊丽，高福安．也谈电视节目策划．现代传播，2001（1）
26. 《新闻调查》栏目组．"调查"十年：一个电视栏目的生存记忆．北京：生活·读书·新知三联书店，2006
27. 欧阳国忠．中国电视前沿调查．北京：经济日报出版社，2002
28. （美）米切尔·J.沃尔夫．娱乐经济．北京：光明日报出版社，2001
29. 任金州．中国电视与市场经济对话．北京：北京广播学院出版社，2002
30. 陆地．中国电视产业发展战略研究．北京：新华出版社，1999
31. 段鹏．电视品牌战略研究．北京：中国传媒大学出版社，2007
32. 徐威．电视节目制作与播出管理．北京：中国广播电视出版社，2005
33. 李爱晖．类型化电视栏目生存发展新思路．传媒，2004（6）
34. 杨文艳．创造、收获和感动——"哈哈"从稚嫩到成熟的品牌探索之路．电视研究，2008（6）
35. 赵玉明．中国广播电视通史．北京：北京广播学院出版社，2002
36. 邵培仁．媒介管理学．北京：高等教育出版社，2002
37. 周鸿铎．广播电视经营管理模式．北京：经济管理出版社，2005
38. 张苹．加强电视频道的内容管理．电视研究，2003（5）
39. 杨华钢．受众为王——数字时代的电视频道品牌营销战略．北京：中国广播电视出版社，2007
40. 雷蔚真，邓力．电视品牌的策划与创建．北京：中国传媒大学出版社，2008
41. 崔燕振．电视栏目生命周期与广告运营策略．中国广播电视学刊，2003（6）
42. 徐浩然．电视栏目的品牌化管理．电视研究，2007（7）
43. 潘知常，孔德明．讲"好故事"与"讲好"故事：从电视叙事看电视节目的策划．北京：中国广播电视出版社，2007
44. 王彩平．频道先锋——电视频道运营攻略．上海：复旦大学出版社，2006

45．彭晓华．电视产业经营学．成都：四川大学出版社，2005

46．邹晓利，王永连．论电视媒体营销时代的总编室职能定位．现代传播，2001（4）

47．晋延林．从《走近科学》看央视制片人管理改革．电视研究，2008（5）

48．唐世鼎．中国电视新思考——全国电视台台长访谈录 2004—2005．北京：中国传媒大学出版社，2006

TV SPECIAL PROGRAMMES AND THEME ACTIVITIES

第四部分　电视主题活动

))))　第十五章　电视主题活动简介

))))　第十六章　电视主题活动的策划及其盈利

))))　第十七章　"节目活动化"与"活动节目化"

第十五章　电视主题活动简介

从火爆美国的"电视真人秀"到国内频繁的电视选秀、电视庆典等,电视主题活动正逐步深入电视受众和社会的各个层面。在这一部分,我们将从电视主题活动的概念、特征、类型及发展历程等方面对电视主题活动进行系统和全面的梳理,给已经和即将走上电视传媒工作和策划营销岗位的从业者提供理论和现实借鉴,以帮助其解决工作过程中可能出现的问题。

第一节　电视主题活动的概念及其属性

电视主题活动是以电视机构为主体,整合社会资源,直接参与策划、执行与报道事件的一系列活动。相比一般电视节目而言,电视主题活动具有更高的关注度和更大的影响力。电视作为一种大众传媒,与报纸、广播一样,对于一些活动具有一定的主题策划功能和执行能力,并能借助图像、文字、声音各个要素,达到报纸和广播所不能达到的效果,同时刺激受众在各个感官上的接收能力,可谓是集声音信息和视觉信息于一身的重要媒介。电视主题活动则充分运用了电视传媒的这些优势。

一、电视主题活动的内涵

电视主题活动将传播学、经济学、社会学、心理学等多种学科密切结合,是一种以电视机构作为主体的系列活动的总称。电视媒体通过主办或参与举办各种活动来树立自身的整体形象,以提高知名度和扩大影响力为目的,最终获得受众与广告主的青睐。电视主题活动是电视发展成熟的产物,有助于电视机构、电视产业实现价值最大化,也是电视作为大众媒体发展的必然产物。

从某种意义上来说,电视主题活动是社会活动和电视传媒的亲密合作,符合市场营销的需要。"在市场经济环境中,各类企业想尽办法宣传自己的产品,必然结合传媒这一有力的工具,市场竞争的加剧使得企业纷纷开展电视活动营销。"[①]越来越多的企业已经认识到,电视主题活动是一个能够帮助他们实现自身形象推广和产品推介的良好平台。如"梦想中国"与青岛啤酒、"超级女声"与蒙牛酸酸乳等之间的

---

① 李伟名. 大型社会活动类电视节目实现产业化的困境及出路. 电视研究,2008(6)

合作，都是电视媒体与企业联合打造电视活动的范例。通过这种合作，企业能够借助活动的声势和影响来扩大自身的知名度和影响力，而媒介也可利用这样的机会获取广告收益。

2005年"梦想中国"海报及活动现场

图片来源于 http://ent.sina.com.cn

以青岛啤酒独家冠名的央视大型电视真人秀活动"梦想中国"为例。"梦想中国"为很多怀有明星梦的普通大众搭建了通往梦想的舞台，这些普通大众因为梦想而充满激情，敢于接受挑战并一步步梦想成真。"梦想中国"的活动宗旨与青岛啤酒"激情成就梦想"的企业理念不谋而合。因此，青啤的企业理念"激情成就梦想"也便顺理成章地成为2005年度"梦想中国"的活动主题。

从结果来看，青岛啤酒通过"梦想中国"活动不但取得了良好的广告效应，其"激情成就梦想"的企业理念也通过"梦想中国"这一电视平台在全国范围内广为传播，将二者的品牌进行了很好的融合，能够体现出央视与"青啤"在经营角度之外更深层次的合作。

二、电视主题活动的特征

综观中外电视机构，电视主题活动作为一种传媒机构资源整合形式和节目制作手段，随着电视传媒的发展越来越受到业界的重视。特别是随着社会的发展，媒体之间竞争的日益激烈，媒体经营思路从"媒体经营"转变到"经营媒体"，作为媒体竞争的重要手段——"电视主题活动"更是成为媒体常态的运营手段。从国内外电视主题活动的操作实践来看，电视主题活动的特征可以概括为以下几点。

1. 非固定性

电视主题活动的非固定性是指电视主题活动在电视媒体的平台上并非固定存在的，没有固定的制作班底，也没有固定的播出时间限制。电视主题活动一般依时而生、依势而生，具有很大的主观能动性。

电视主题活动往往没有长期固定的播出周期，它以自身的起始为播出起止。如

《红楼梦中人》的选秀活动，只是依附电视剧《红楼梦》的拍摄选角需要而产生的。

左图为"红楼梦中人"的选秀活动全国总决赛海报，
中图为新版黛玉——李旭丹，右图为新版宝钗——姚笛

图片来源于 http://ent.people.com.cn

2．鲜明的主题性

电视主题活动有着鲜明的主题性，具有"主题先行"和主题贯穿、指导电视活动始末的特点，电视机构、相关合作方及其相关电视节目都必须服从并服务于这一鲜明主题。

3．互动性

电视主题活动的互动性体现在以下方面：电视机构和合作方之间的合作意向、配合程度等的一致性，电视主题活动调动参与者的互动，电视主题活动激发其他媒体（包括纸质媒体、广播电视媒体、互联网等）的互动热情等。需要注意的是，电视主题活动在谋求关注度这一点上，互动性是决胜的主要因素之一。媒介之间的互动可以产生较大的宣传阵营，使电视主题活动从平面化广度传播达到立体化深度互动，开发潜在受众，在媒体互助的同时产生互利，最终达到最优组合的传播效果。媒体和受众之间的良好互动，可以博取更多的关注，将活动的主题作为第一印象驻扎在人们的日常生活之中。

4．强大的影响力

电视主题活动从策划之初到活动结束，制造卖点、激发参与热情、创造与维持影响力是决定电视主题活动成败的重要因素。一个成功的电视主题活动，不仅可以整合主办方与投资方的资源，而且能将观众不自觉地裹挟进来，以高关注度营造出大影响力。国内比较成功的大型活动往往是全面撒网，在全国各地的不同城市设立赛区，影响范围波及全国。

如《超级女声》在全国设计 5 个大赛区，从前期报名海选、中期选手淘汰晋级到最后的决赛落幕，往往要持续半年左右的时间。这种全国范围的报名与选拔，使湖南卫视的品牌形象得到极大的宣传与推广，《超级女声》主题活动所造成的万人空巷的局面，至今依然让人记忆犹新。

5. 强烈的经济诉求

电视主题活动本身就是"创意经济"的产物，其相对持久的高社会关注度和强大的影响力，在当今"眼球经济"时代更是如鱼得水。无论何种类型的电视主题活动，都带有强烈的经济诉求。营销型电视主题活动自不必说，公益型电视主题活动也不例外。

如《春暖2007》是中央电视台经济频道发起的大型电视公益活动，倡导"用创新的理念献爱心，用创新的机制做公益"，其社会效益不言而喻。在第一季活动中，经济频道相关栏目陆续推出"共建和谐社会"、"帮贫助困"等相关联的节目后，在社会上引起了强烈的反响，仅在 2007 年 2 月 4 日当天，各界捐献的善款就达一亿多元人民币，公益周活动期间各界捐款近两亿元。

总之，要做好电视主题活动，首先要清晰地认识和把握电视主题活动的主要特征，重点应该依据现有资源开发潜在资源，深度策划，提高执行力，通过利益纽带联结资源相关群，创造互利共赢的格局。

三、电视主题活动的意义

电视主题活动从一定意义上来讲，可以看做电视这一媒介将其大众性、及时性等特点发挥到极致的某种体现。电视主题活动的创办，无论是对其受众，还是广告商、投资者，或是电视媒体自身来说均意义重大。

1. 对受众来说

随着电视事业的发展，电视受众也经历了"旁观"阶段、参与阶段、"主体化"阶段三个时期。媒介产业化步伐的推进与市场机制的引入，日益凸显了受众在大众传播活动中的重要性。从某种程度上来讲，电视主题活动出现在电视观众主体化阶段，体现了电视媒体对观众新的认识及进一步的重视。电视主题活动的出现，也极大地丰富了电视观众的生活。受众不再局限于端坐电视机前被动接受，而真正成为了节目的参与者。特别是 2004 年，以湖南卫视《超级女声》为标志和起点，其所引发的"平民造星运动"，"不加修饰"的清唱、"没有门槛"的海选方式（不论年龄、不问地域、不拘外貌、不限身份）一下子吸引了无数"想唱就唱"的平民大众热情参与。

电视主题活动简介

2004年《超级女声》活动现场

图片来源于 http://bbs.ruian.com

长期以来，电视媒介一直保持着以传者为中心的姿态，使得电视受众长期处于传播的边缘角落。随着市场经济的发展，无论是媒介传播者还是媒介接受者，他们的心态都发生了变化，一方面，媒介传播者要获得生存与发展，必须了解受众心理，从受众角度出发来制作和播出电视节目，以吸引受众注意；另一方面，频道资源的极大丰富，使受众面临的选择性增加，观众逐步从传播的边缘化位置趋向中心位置，他们互动性地参与节目，发出自己的声音，不少普通观众甚至通过参与电视活动而影响生活态度，甚至改变人生轨迹。例如2005年"超女"冠军李宇春以《超级女声》电视活动为平台出道，由普通的高校学生，现已成为一名多方面发展的综合艺人。2009年，同样在大洋彼岸，其貌不扬的苏格兰农村无业大妈苏珊，由于参加英国最著名的电视选秀节目《英国达人》，以其天籁之音享誉全球，她本人也成为新的平民偶像。这种大众梦想由电视活动得以实现的可能性，鼓舞着越来越多的受众亲身参与电视活动；而最终能否成功引发的一波多折的悬念性，则吸引了更多的受众关注电视主题活动。可以说，电视主题活动是电视媒介截至目前为止发挥与受众互动性最为广泛和成功的方式。

2005年"超女"粉丝疯狂拉票

图片来源于 http://ent.people.com.cn

2. 对投资方而言

电视主题活动大多是电视传媒与相关合作方以经济利益为纽带举办的活动。当今社会处于"注意力经济"时代，电视主题活动的成功开展，其强大的影响力在吸引众多观众的同时，还可以提升活动投资方在观众心目中的地位，甚至为投资方带来大量的经济回报。

例如在 2004 年湖南卫视举办《超级女声》活动期间，蒙牛酸酸乳对该活动进行冠名赞助。为购买《超级女声》节目冠名权，蒙牛乳业投入了 2800 万元。在竞得冠名权后，为了投放《超级女声》标志的公交车体、户外灯箱、平面媒体广告，蒙牛又追加了将近 8000 万元的投资。由于《超级女声》带来的广告效应，2005 年上半年，蒙牛酸酸乳在全国的销售额比 2004 年同期增长了 2.7 倍，销售额由 2004 年 6 月的 7 亿元上升为 2005 年 8 月的 25 亿元，蒙牛酸酸乳在整个合作中其产品推广费用只占了销售额的 6%。企业获得了巨大的经济利润。

可见，电视媒体与投资方之间通过电视主题活动相互宣传，使企业品牌、商品品牌与电视主题活动品牌的价值相互提升、相互促进。

3. 对电视媒体自身而言

电视主题活动对电视媒体自身而言，其意义主要体现在以下 4 方面。

（1）借活动造势，吸引受众眼球

电视主题活动整合多方资源，往往声势浩大，能为电视媒体赢来很高的收视率。

如《乡约》是中央电视台开办的大型户外访谈栏目，2003 年正式开播以来，编导们在精心打造常规节目的同时，结合栏目特点先后推出了一系列大型电视主题活动，吸引了众多观众尤其是农民朋友的眼球。

（2）靠活动助推，打造媒体品牌

电视主题活动往往创意新颖、参与性强、社会关注度高，所以成功的电视主题活动是电视媒体展示自身形象、提升品位的重要途径，可以整合社会、政府、企业资源，塑造良好的媒体品牌形象，而良好的品牌形象又是媒体最为宝贵的无形资产。从很多成功的例子可以看出，电视主题活动的成功举办，是打造电视媒体品牌的最佳途径。

湖南卫视的《超级女声》在电视主题活动的创新上再一次领"秀"全国。在新浪娱乐组织的"2004 中国电视骄傲——卫视大型电视活动评选"中，《超级女声》以绝对高票遥遥领先；同时，《超级女声》也被新锐杂志《新周刊》授予"年度创意 TV 奖"。《超级女声》更是带动了电视主题活动的盛行，为湖南卫视赢得了极大的声誉。

（3）以活动为由，整合各方资源

随着市场观念的进一步发展，各类媒体的思想理念也开始从"媒体经营"向"经营媒体"转变，"社会资源整合能力已经成为体现媒体实力的一个重要标志"。[①]媒体资源整合是媒体根据各种资源的内在联系，对资源进行调整、组合、配置、共享，通过集聚、重构、优化，使媒介系统内各种资源发挥最大效益。大型电视主题活动不仅促进了省市级电视台竞争实力的提升，也激活了国内的电视媒体市场，各省市电视台举办的电视主题活动纷纷将资源配置的提升空间由本地转向全国，争夺全国的观众资源和广告资源，这正是电视媒体以活动为由，整合各方资源的表现。资源整合是良好品牌的内在要求，成功的电视主题活动可为媒体与各行业相关机构搭建起合作的桥梁，使各方资源更加合理地实现利益最大化。

（4）凭活动出新，避免同质化竞争

创新是电视主题活动制胜的基础，独特创意的大型活动，就意味着一个具有巨大市场潜质的独特资源，能够取得事半功倍的效果。电视主题活动应该避免同质化竞争，实施差异化竞争，最大限度地挖掘社会资源。通过电视主题活动的策划，推出有自己特色的社会活动。电视主题活动往往形式多样、内容丰富、影响力强、规模大，日益呈现出不断创新的理念，媒体应避免大量低水平重复制造现象，以免造成电视主题活动内容大同小异、缺乏新意，致使电视观众的流失。可以说，电视主题活动是电视发展成熟的产物，电视主题活动体现着媒体自身的特色与实力。

第二节　电视主题活动的分类

根据不同的分类标准，电视主题活动有着不同的类别。通常情况下，电视主题活动的分类有以下几种方法。

一、按形态来划分

从形态划分，目前比较常见的电视主题活动主要有电视论坛、电视讲坛、文化考察、事件直播、电视评选、晚会、庆典等。

1. 电视论坛

电视论坛主要依托电视媒体的播出平台优势，以受众需求为基础，组织高规格的观点交流或发布，往往通过名人效应，通过有影响力的人实现活动的社会影响力。

《财富》全球论坛的电视主题活动，就是依托《财富》杂志开展的全球政治、经济、文化界的高峰对话。《财富》杂志本身的影响力对于全球政治、经济、文化

[①] 欧阳国忠. 媒体活动实战报告. 第1版. 广州：南方日报出版社，2005（9）：1

界具有极强的吸引力，加上每年的主题策划，在举办地的选择上进行有效甄别，成为由媒体自身影响力带动高水平嘉宾参与，由高水平嘉宾参与和高水平的主题策划引发高关注度，带动电视媒体和其他媒体跟进的全球政治、经济、文化盛会。

1999年，正当中国电视娱乐泛滥之时，湖南卫视借着岳麓书院等有利的人文地理条件率先开设了《千年论坛》。接着，中央电视台12频道《西部论坛》、中国教育电视台《名家论坛》、南方电视台《财富论坛》等电视论坛纷纷登台亮相。2003年10月8日，金庸先生受陕西卫视《开坛》栏目之邀，参与了"华山论剑"电视论坛活动。金庸在过了活动策划者精心为他设计的美人关、美酒关、奇局关之后，乘坐缆车索道来到该次活动的主会场——海拔1561米的华山北峰。这次的电视论坛由司马南现场主持，金庸与北大教授严家炎、"巴蜀鬼才"魏明伦、金庸电视剧导演张纪中、编剧杨争光、"北大醉侠"孔庆东，就"剑影江湖"、"侠旅萍踪"、"荧屏春秋"、"情为何物"四个主题开展精彩对决，著名文化学者王鲁湘进行点评。此次"华山论剑"电视论坛活动由陕西卫视和搜狐网现场直播，众多电视媒体和平面媒体积极响应，取得了很好的传播效果。

2. 电视讲坛

电视讲坛主要依托电视媒体的播出平台，以受众需求为基础，以讲座的形式开展，适当开发受众的潜在需求，达到信息交流、思想交锋的传播效果，使传统学术更为贴近受众生活。此类电视活动以受众的需求为起点，引发收视高潮和广泛的社会关注，带动其他媒体跟进报道，形成媒体和社会高关注度的传播事件，进而转入巡回演讲和书籍出版等后续活动之中。电视讲坛制作成本相对较低，社会影响度高，容易迅速形成由媒体传播事件引发的强烈关注，带动相关衍生物的销售。例如，国外经济类的讲座，带动相关理财俱乐部和音像产品的火热。中央电视台《百家讲坛》就是电视机构与学者合作的典范。学者走上讲坛，解读经典，引发收视热潮和广泛关注。凤凰卫视《世纪大讲堂》凭借对古今中外各种文化现象的联系、解析，开拓出一片全新的视野，成为了思想、观念、文化和语言交锋、交流、融合的大舞台。此类电视主题活动能够形成较大的声势，获得更多的利益，就在于其能够在学术大众化的基础上，影响大众，使之能够跟随电视主题活动的发展而发展，从而保持最基本的受众群体。在保持最基本的受众群体的基础上，继而开展各种宣传和配套活动，开发更加宽广的活动平台，使活动的持续时间得以延长。

一般而言，电视讲坛重点在于节目本身，通过节目的播出、售卖及其广告来盈利，但也有部分电视讲坛是以节目为工具来撬动活动，让节目为活动的宣传提供平台，尽可能地实现其更多利益；而电视论坛的重点则不在节目而在活动，在其操作过程中对社会资源的整合联动能力更强。

3. 文化考察

文化考察一般由电视机构着眼于某人、某物、某事或某现象的文化意义，以电视的独特视角，围绕策划的中心主题，通过实际考察，运用电视手段进行全程的报道，展现所考察对象独特的文化内涵。这种活动类型切合当地实际，能促进当地旅游业的发展，因此易于得到政策、资金等方面的保障。

以凤凰卫视为例。从"千禧之旅"开始，凤凰卫视开创了大型跨国行走采访报道新形式。这种以中国人的视角感受来观察世界的文化活动大大缩短了观众与世界的距离，在中国乃至世界的同类节目历史上留下了一个又一个报道"之最"——最大跨度、最长距离、最危险、最大规模等。这次开先例的大型活动之后，凤凰卫视一发不可收，又接连开展了"欧洲之旅"、"两极之旅"、"走进非洲"等活动。

"千禧之旅"电视主题活动 DVD 封面

图片来源于 http://www.verycd.com

湖南经济电视台与湘西自治州永顺县人民政府合作，策划的一次为期一周的"《芙蓉镇》原班人马阔别 16 年后重返影片拍摄地湘西西王村"活动，是一次将历史事件的发生地作为电视活动的主要展现场所，以《芙蓉镇》电影创作人员的重返和探寻为事件由头，再现历史人物在历史地点的全新故事为主要内容的电视主题活动。

这种文化考察，以文化的特有观念入题，对主题进行再度深化。这种文化考察的优势在于，其考察内容的某些问题是建立在受众已有记忆或者印象的基础上，容易在情感上获得受众的支持。

4. 事件直播

事件直播是电视机构依托已有或策划的事件，以直播形式整合资源，创造"注意力经济"而进行的电视主题活动。事件直播大体可分为：策划事件直播（制造"眼球资源"）、可预见性事件直播（目击历史）、科技事件直播（见证人类前进的每一个脚步）、直播战争（硝烟背后的"眼球争夺战"）等类型。一次成功的事件直播所带来的收益不仅仅是收视率的迅猛蹿升和广告收入的巨幅上涨，还有潜在观众的培养以及品牌形象的树立和巩固。

例如，中央电视台的"相逢2000年"，按照时间顺序，分为"地球，我们共有的家园"、"中国走进2000年"、"文明的曙光"、"中国，2000年的太阳"、"未来的希望"和"2000年，人类共同的节日"6个主体性板块。由于节目信号覆盖全球，整个报道由中国和世界各地区丰富多彩的庆典活动直播为经线，以各种知识性、趣味性专题节目，幽默风趣的谈话节目和惊险刺激的参与性节目为纬线，交织成一台内容丰富、形式新颖的直播报道。

湖南电视台主创的"棋行大地，天下凤凰"，策划新颖，充分展示了东方文明的博大精深和源远流长，使棋文化、建筑文化、武术文化、旅游文化得到完美交汇，将各种文化资源进行有机整合，对于促进我国围棋运动和旅游事业的发展，增进国际间围棋运动的交流与合作起到了积极的作用。

"棋行大地，天下凤凰"活动现场

图片来源于 http://china.rednet.cn

而且，事件直播可以满足人们对于获得最新信息的渴望。直播的方式，使得事件的发生与信息的获得同步，从能带给观众直接感这点来说，事件直播有着后续报道无法比拟的优势。

5. 电视评选

电视评选是电视机构依托电视播出平台，整合资源，策划并执行的各类评选活动的总称，"电影奖、音乐奖、人物奖，奖奖不断；排行榜、明星榜、城市榜，多榜争锋"。[①] 媒体评选是打造"注意力经济"的重要手段。

例如，国内媒体大量的电视选秀活动："CCTV 中国经济年度人物评选"、"中国电视体育奖"、"全国电视主持人大赛"、"电视相声大赛"、"国际大专辩论赛"、"海峡两岸知识大赛"、"中国大学生机器人电视大赛"、"中国骄傲"、"感动中国——年度人物评选"、"中国电影排行榜"、"金鸡百花电影节"、"CCTV—MTV音乐盛典"，以及中央电视台打造的《魅力中国》的首个展示活动——"魅力中国·魅力城市"、"CCTV我最喜欢的中国品牌"等。

[①] 欧阳国忠. 媒体活动实战报告. 广州：南方日报出版社，2005（9）：141

2009年"CCTV中国经济年度人物评选"活动现场

图片来源于 http://www.cctv.com

再如,东方卫视的《舞林大会》设计新颖,既有将明星娱乐化、平民化的特点,又有真人秀娱乐节目的互动性特点,这种嫁接增加了节目的噱头和看点,自然赢来了很高的收视率。

这种电视主题活动的优势在于,活动评比以及结果的揭晓是相继出现的,悬念的产生、紧张气氛的制造,有利于紧紧抓住观众的注意力,提高收视率。

6．晚会

晚会,这一电视的传统项目,总与电视活动比翼齐飞,并为它们锦上添花。央视春节联欢晚会甚至成为了中国老百姓的新式民俗;地方卫视也有能力举办很多具有新意、新热点的晚会。晚会,可以说既是电视机构的传统节目形态,又是现今电视媒体打造主题活动的重头戏。除传统的晚会外,一些市场化运作色彩突出的晚会,例如《同一首歌》、《欢乐中国行》更是成为诸多地方、企业节庆的"贵宾"和"常客"。如为庆祝国防科技工业十大军工集团公司成立5周年,中央电视台《同一首歌》栏目共同举办的"情系军工,走进成飞"主题活动。2004年9月29日,中央电视台配合东风公

"情系军工,走进成飞《同一首歌》大型演唱会"活动现场

图片来源于 http://www.china-spacenews.com

司在湖北省十堰市建厂35周年庆典活动,举办《同一首歌》大型文艺演出。

7. 庆典

庆典是电视主题活动的重要组成部分，是电视机构主动适应市场发展所开拓的新的传播样式。它配合地方或企业的节日、会展、活动庆典的主题宣传和晚会等，促进了电视机构与地方、企业之间的关系，拓宽了电视机构的融资渠道和发展空间。

例如，广西南宁国际民歌艺术节作为集文化、经贸、旅游于一体的大型活动，使文化艺术活动与商业贸易活动相结合，以文化交流促经济发展，探索出了一条"以节兴市"的有效途径，为探索市场运作节庆活动提供了经验。该庆典借助社会中介机构服务，帮助完成经营、策划、宣传包装、展览促销等工作。同时，该庆典遵循市场运作规律，通过有价票证的使用、赞助回赠、广告等方式，实现资金筹措多元化、市场化运作，大大地减轻了政府的财政负担，改变了以往节庆活动一切由政府包办的传统做法，成为"大事大家办"、"大家办大事"的成功范例，为以后的节庆活动市场化运作打下了良好的基础。另外，在"两节"活动结束后相当长一段时间里，应广大观众要求，晚会的节目实况录像曾在中央电视台多个电视频道中反复播出，最大限度地拓展了南宁的知名度。各种电视机构，特别是中央电视台配合此项活动开展的一系列宣传活动，既为当地节庆活动做宣传，又带来自身利益的实现。

2009 年南宁国际民歌艺术节活动现场

图片来源于 http://gov.finance.sina.com.cn

二、按合作方式来划分

以合作方式来划分电视主题活动，即是从电视主题活动的参与者及其合作类型来对电视主题活动进行分类和梳理，以期从源头上理解和把握电视主题活动。根据这一方法，电视主题活动大致可以分为以下几种类型。

1. 独力承担型

电视机构作为活动主体，承担着主题活动的主办方职责，对活动的策划、宣传、实施等环节全程掌控，同时在目标投资群中发布消息，吸引投资，为电视主题活动的丰富性添加元素。

2. 配合政府型

以政府或企事业单位的某项活动为动因，促使电视机构出于自身利益考虑寻找与政府或企事业单位的结合点，积极、主动参与协办、策划电视主题活动，配合政府、企事业单位的宣传需求。

3. 媒体合作型

各电视机构或其他媒体从活动构思形成之初就已经结成了紧密的战略合作关系，形成合作共赢的利益格局。它们共同策划电视主题活动，并在执行中承担不同的职责，积极完成既定目标。各媒体间的联动可以起到取长补短、资源共享、互利共赢的效果。因此，电视媒体需要与互联网、平面、手机等不同类型的媒体合作，使电视主题活动最终取得最优组合的传播效果。

三、按活动性质来划分

按活动性质来划分，电视主题活动可以分为以下三类。

1. 商业型

传播即营销，营销即传播。这类性质的电视主题活动往往以营销为目的，在媒体自身品牌得以推广的同时，尽可能为电视机构盈利。当前媒介市场竞争激烈，加之媒体间同质化趋向严重、经营手段趋同，所以电视媒体将视线局限于广告显然已不能达到发展的要求。商业型电视主题活动，不仅能带来良好的社会效益，还能创造出丰厚的经济效益。据国家广电总局规划院、发展改革研究中心于2006年进行的测算，东方卫视"加油！好男儿"、"我型我秀"、"创智赢家"、"舞林大会"4档真人秀电视活动所获得的直接经济回报，累计就超过了14亿元。

2006年"加油！好男儿"活动现场

图片来源于 http://enjoy.eastday.com

2006年"舞林大会"活动现场

图片来源于 http://enjoy.eastday.com

2. 公益型

这类性质的电视主题活动往往秉承慈善公益的理念，以电视活动引发全社会对公益慈善事业的关注，从而提升电视媒介的社会公信力和影响力，这一方式已成为创新电视品牌内涵和路径的一大亮点。

如 2007 年 2 月 4—10 日，中央电视台经济频道开始推出"春暖 2007"大型电视公益周活动，同年 5 月 16—20 日，又推出"春暖 2007"第二季公益周活动。"春暖 2007"关注困难群体，传递人间温情，弘扬社会正气，播撒爱的种子，传递爱的温暖，感受爱的力量，激发全社会积极行动，共同推动和谐中国建设的进程。

又如 2008 年汶川大地震发生后，中央电视台于第一时间举办了"爱的奉献——2008 宣传文化系统抗震救灾大型募捐晚会"，共募集捐助资金 15.15 亿元，得到了社会各界的一致好评。

3. 综合型

这类性质的电视主题活动往往兼具营销性质和公益性质，在营销宣传中弘扬慈善理念，在关注慈善的同时进行营销。

如《同一首歌》从 2007 年开始，在进行市场化的同时，也进行公益演出。最近几年来，《同一首歌》每年 52 期的节目中有将近 40%为彰显主流价值的公益性演出。如 2007 年的"'爱的心愿'——关爱白血病患儿"、"'英雄·母亲'慰问消防英雄母亲公益大行动"等，2008 年的"慰问志愿者"、"同唱和谐"等。《同一首歌》在努力推广公益理念的同时，也不断开拓商业演出市场，取得公益与营销的双赢。

第三节 国内电视主题活动的发展历程

国外电视主题活动是伴随着电视的产生而产生的，最先只是以一种零散的、无意识的、媒体以外的力量的推动而存在。如今，电视主题活动已进入了自觉的经常化时期。不论是在国内还是在国外，电视主题活动的发展历程，都是一个由模糊萌芽到逐渐发展清晰的过程。国内电视主题活动的发展，大致可以分为以下四个阶段。

一、电视主题活动的萌芽初创期（1958 年—20 世纪 80 年代早期）

我国电视事业的发展要晚于欧美电视大国，电视主题活动的开展也相对滞后。

第十五章
电视主题活动简介

电视主题活动在国内最初主要是作为党和政府的喉舌而呈现在广大观众面前的。1958年—20世纪80年代早期，电视机构举办了一些以文艺晚会为主要形式的电视主题活动配合党和国家的大政方针，开展一些主题活动，如北京电视台在1959年直播的庆祝中华人民共和国成立10周年的阅兵典礼和群众游行情况；1961年举办的《笑的晚会》，邀请一些著名相声演员以参加联欢会的形式共同表演。这些主题活动的开展，从电视机构本身来说，虽然是直接策划并执行，但由于缺乏自发和原始的利益驱动，加上技术手段和创作理念的欠缺，略显青涩，还没有形成严格意义上的电视主题活动的形态，尚停留在电视主题报道活动阶段。

从活动本身而言，虽然是由电视机构策划并执行的，但多是在政策或行政命令引导下开展的，属于"被动选题"，电视机构除"规定动作"外，可以发挥的空间较小，电视机构主体意识还未确立，资源整合和利用都处于较弱的程度，加上当时电视的普及率较低，电视主题活动的社会关注度和影响力较小。这一时期的电视主题活动以文艺晚会的形式居多，有着较强的政治色彩。但从历史发展的眼光来看，这一时期的电视主题活动萌芽对于以后电视主题活动的成长、发展和活跃奠定了实践经验。

二、电视主题活动的初步成长期（20世纪80年代中期—20世纪90年代初期）

这一时期电视机构的自主性开始增强，独立选题能力也随之增强，随着电视媒体逐步参与市场化进程，电视机构着眼于市场的活动也开始增多。在这一时期，电视机构介入社会政治、经济、文化的深度进一步深入，独立策划和执行能力增强。改革开放后，中国大陆经济的持续、快速发展是电视机构主题活动成长和探索的原发和直接动力。电视机构管理和运行机制的改革也促使电视机构思维方式、经营方式发生重大转变，电视机构开始有了明显而理直气壮的经济追求。品牌意识和竞争意识的建立和强化，也使得电视机构开始自觉、主动开发电视播出资源的类型和样式。

20世纪80年代中期，广东珠江台率先打响了电视机构改革的第一枪。他们组织了一些户外活动，让主持人走出演播室，与观众互动交流，借活动推介自身媒体。然而，这些活动并未引起社会的关注，也未形成气候。这一时期，电视机构清晰的运营理念开始逐步形成，自觉的策划意识和执行能力得到增强，由企业冠名的各种电视歌手大赛、戏曲大赛等活动开始出现和增多，电视主题活动有了更多更丰富的内容和形式。这一时期的电视主题活动有着鲜明的时代特征，具有中国改革开放初期到经济日趋活跃的"狂飙突进"的发展势头。

三、电视主题活动的拓展建构期
（20世纪90年代中期—21世纪初）

这一时期，随着我国经济建设的快速推进，整个电视事业无论在深度还是广度上都得到了相当大的发展。社会发展为电视机构提供了更多、更广泛的选择题材和角度，电视机构管理体制的改革、电视机构自身利益诉求等因素直接促进了电视媒体更广泛、更全面和深入地参与到社会政治、经济、文化等方面。这一时期，电视主题活动进入了拓展建构期。

1996年，中央电视台成立"心连心"艺术团在全国各地成功演出并转播，以及2000年初《同一首歌》节目活动化模式的成功出现，成为电视主题活动走向成熟的标志。

1995年，广东电视人看到香港亚视与日本电视台联合制作的系列节目《电波少年》，第一次了解到"真人秀"这种全新的电视节目样式，开始萌生出打造"真人秀节目"的念头。1996年暑假期间，广东电视台在一档以青年为对象的栏目《青春热浪》中推出"生存大挑战"主题活动，跟踪拍摄一些大学生在兜里只有五元钱的情况下，从广州到佛山的生存经历。在接受挑战的短短几天内，大学生们凭借自身顽强的毅力，在面包店、大排档、职业介绍所、汽车服务站毛遂自荐，自谋职业，赚得餐费和住宿费，全面挑战自身的意志、信心、知识面、交际能力和承受能力等。

2000年广东电视台推出的第一届《生存大挑战》电视主题活动是我国"真人秀"类电视活动的雏形，在国内各地乃至国外都产生极大的影响，此后，这类活动在国内被广泛模仿和移植。中央电视台在"龙行天下"活动的基础上推出的"金苹果"、浙江卫视推出的"夺宝奇兵"、贵州电视台在"星期四大挑战"的基础上推出的"峡谷生存营"等纷纷登台亮相。以2003年在贵州召开的中国电视"真人秀"论坛为分界点，前期电视真人秀节目除"完美假期"外，其他节目几乎千篇一律，都是"野外生存挑战"类的"野外真人秀"，而后期则开始逐渐走向多元化。

第一届《生存大挑战》选手凯旋

图片来源于 http://www.qqlife.net

四、电视主题活动的成熟活跃期（21世纪初至今）

这一时期，电视主题活动的内容更加丰富，形式更加多样，电视机构与政府、企业等共同合作的趋势进一步加强。电视选秀活动是这一时期电视主题活动的重要组成部分，也是因参与度高、影响力大而备受关注的电视主题活动类型之一。

《超级女声》成为媒体制造的时代标志，它证明了媒体不仅能够反映大众生活，而且能主动地创造大众生活，创造全民性的大众偶像。可以说，《超级女声》是电视主题活动进入活跃期的符号，在电视主题活动进入活跃期后掀起了一个新的高潮。2005年被称为"媒体活动营销年"，湖南卫视《超级女声》创造强大冲击力，东方卫视《我型我秀》、《创智赢家》重拳出击。通过中国电视人的努力和探索，电视选秀活动这个舶来品逐渐走出了早期简单克隆形式的阶段，在中国落地生根，并不断创新，形成自己的品牌。

另外，这一时期各种电视论坛、电视讲坛、文化考察、事件直播、电视评选、晚会、庆典等电视主题活动形态出现并日益成熟，电视机构整合资源的意识和能力逐渐增强，依时而做、依势而做的资源整合观念深入电视人内心，电视主题活动的社会参与度和影响力日益增强。

第十六章 电视主题活动的策划及其盈利

电视主题活动重在策划,无策划就无活动,策划可谓是电视主题活动之魂。而盈利,说到底,则是电视主题活动的最终目的之一。策划与盈利是电视主题活动研究的重要内容,也是业界和即将走上电视传媒工作岗位的从业者要面对的现实问题。本章一、二节着重对电视主题活动的策划内容、盈利模式进行讲解,第三节着重介绍电视主题活动的策划方法,即如何通过策划实现盈利的问题。

第一节 电视主题活动的策划内容

策划是活动的蓝本,电视主题活动策划方案的优劣直接决定着电视主题活动的成功与否。在媒体激烈竞争的今天,要想电视主题活动取得良好的传播效果,电机机构必须清醒地认识到策划的重要性。

一、电视主题活动策划的内容

电视主题活动的策划就是应用创新思维对电视资源进行新的连接和组合,针对电视主题活动的未来收益,对当前事务所作的预期决策,以及电视主题活动的主办方在综合考虑各种可利用资源的前提下,为达到良好的运行效果而进行的系统化的前期设计和规划。

俗话说:"一年之计在于春,一日之计在于晨,一家之计在于和,一生之计在于勤。"在现实生活中,"凡事预则立,不预则废"。这些充分说明了规划和策划的重要性。电视主题活动的策划应该有助于电视主题活动的按计划开展,有助于电视主题活动特色和个性的展现,有助于电视主题活动在同类型活动中开展差异化竞争并确立核心竞争力,在资源逐渐丰富的竞争环境中脱颖而出。在多种媒体激烈竞争的今天,所有电视工作者都应该对电视主题活动策划的重要性达成共识。

电视主题活动策划的内容主要包括以下几个方面。

1. 活动背景

在考察活动举办的时机、地点等因素的同时,还要考察其他同类活动举办的情况。

如湖南卫视的"超级女声"的创办就参考和借鉴了《美国偶像》，而《美国偶像》的前身则是英国的《流行偶像》。"超级女声"在《美国偶像》的基础上结合国情进行创新，更加注重歌手的成长变化，更讲究节目后期的编辑制作，以追求整体的播出效果。

《美国偶像》四位评委（由左至右：兰迪、卡拉、宝拉、西蒙）

图片来源于 http://tupian.hudong.com

2．活动宗旨

活动宗旨即活动创办的主要目的和理念。如中央电视台"梦想中国"活动的基本理念是：深化梦想主题，发掘、打造、评选、推出中国顶级的平民明星偶像，在全国掀起了平民造星的新浪潮，打造了中国娱乐节目的最大造星平台。

3．活动定位

不论是公益性电视主题活动，还是商业型电视主题活动，如果定位不准确，就会产生事倍功半的不良效果。其中，受众群的定位尤为重要。如湖南卫视"超级女声"根据自身活动的宗旨及合作企业蒙牛乳业"酸酸乳"的品牌内涵，将受众群体主要定位在青春期的少女，使得活动的举办取得了空前的成功，造成了万人空巷的境况。

4．活动方案

活动方案的策划必须具备阶段性的特点。阶段性策划并不会破坏活动的整体性。它不像一个电视栏目，在一段时间内可以完全一致，大型电视主题活动方案的策划都会随着进程的变化而随机调整，所以应该根据活动的不同阶段进行不同的演变和深入。

5. 筹备工作机构

在活动方案中，工作机构的筹备是重中之重。电视主题活动的工作机构主要可分为：筹备委员组、宣传联络组、资金筹措及广告组、商贸洽谈组、活动实施组、安保组等。

6. 活动要求

一个大型电视主题活动就是一项系统工程，涉及面广，影响力大，因此组织机构要健全，职责要明确，沟通要顺畅，实施要得力。为了使活动顺利开展，主办方应该在方案中建立专门的活动要求及其条例，以便活动组织严密、操作专业并注重实效。

另外，在电视主题活动的策划中，还应注意了解其他同类活动的卖点、看点及策划新意，力争有别或较之更全、更大、更优。

二、电视主题活动策划的基本环节

策划是一个系统性的工作，按照一定的科学合理的流程进行策划，是策划取胜的条件。策划要明确先做什么、后做什么，按照一定的步骤、章法去思考问题，并且要符合客观规律。电视主题活动的策划大致可以分为以下几个环节。

1. 电视主题活动的选题策划

电视主题活动的策划内容中，首要一点就是选题的策划。"选题"是电视主题活动策划的关键所在。选题策划，是电视主题活动创作的第一步。电视主题活动的选题既是电视主题活动得以"出生"的源头，也是电视主题活动制作者在电视机构内部管理层获得电视主题活动"准生证"的决定因素，更是决定电视主题活动能否健康成长的重要的"先天"决定因素，还是电视主题活动策划的第一个步骤。可以说，一个成功的电视主题活动需要在各个环节上确保细节成功，准确、清晰的电视主题活动的选题是保证电视主题活动成功的先决条件。

电视主题活动的选题，相对其制作来说，无疑有着牵一发而动全身的独特作用。其策划大致应遵循以下三点原则：（1）能借时、借力、借势，做到"因风吹火，用力不多"；（2）活动由头切实可行，具备现实操作性；（3）活动由头可以激发合作方、观众和社会的共鸣与互动。

电视主题活动的选题，除了利用活动自身的特色吸引赞助商外，更重要的是活动主题与企业的品牌内涵一致，活动理念与企业文化能够完美地融为一体。这就要媒体策划人员用创新的思维去挖掘两者的契合点。

湖南卫视的《超级女声》与蒙牛乳业的整合，便是传媒与企业合作成功的经典案例。双方一致的品牌内涵：酸酸甜甜，先酸后甜；相似的消费群体：13~18岁青

第十六章 电视主题活动的策划及其盈利

春期的女孩子；前卫、个性、自我的品牌特征，即《超级女声》"想唱就唱"的活动口号与"酸酸甜甜就是我"的蒙牛酸酸乳产品理念。活动的成功举办，使得蒙牛酸酸乳得到更广泛的产品宣传，各地市场一度出现火爆的局面；凭借蒙牛铺天盖地的宣传，湖南卫视也赚足了利润，《超级女声》更加深入人心。

2．电视主题活动的框架策划

电视主题活动的结构和形式是有效表现主题的方式，是容纳活动内容的框架。电视主题活动的选题策划好以后，就要对其具体的框架进行细致的构建。电视主题活动往往涉及巨大的人力、财力、物力，所以其框架系统的设计一定要严密。

如2007年4月15日由中央电视台经济频道主办、青岛啤酒独家冠名的"倾国倾城——最值得向世界介绍的中国名城"大型电视主题活动策划的框架为[①]：

阶 段	日 期	活 动 内 容
第一阶段	2007年4月15日—5月23日	全国城市报名
第二阶段	2007年5月24日—12月底	（1）分批次公布做"城市日"主题晚会活动的城市名单；（2）希望展示特色和魅力的城市继续报名；（3）由国内外专家组成的权威城市观察团6月上旬出发，分赴做"城市日"活动的城市进行观察体验。专家将分别为各城市发展建言献策，观察结果将在各城市的"城市日"活动中发布。陆续举办"城市日"大型主题晚会
第三阶段	2008年1月底—2008年2月5日	邀请各城市市长到北京演播厅，集中展示各城市的城市符号，进一步强化城市品牌宣传。在最后一天举办"倾国倾城：最值得向世界介绍的中国名城"大型庆典晚会
第四阶段	2008年3月—5月	城市的世界巡展

正是这样周密的框架策划，使"倾国倾城——最值得向世界介绍的中国名城"大型电视主题活动得以成功运行。在《新周刊》举办的"2007中国电视节目榜"中，《倾国倾城》获得了"最具宣传力城市营销节目"奖，其评语为：

"推荐文化与推广城市并重，发现生活与发现魅力同步。用脑力营销城市、用娱乐宣扬城市、用资源整合城市，2007城市最佳上镜平台，尽在倾国倾城。"

[①] 顾遥．我国电视媒体大型活动的创新研究．大连理工大学硕士学位论文，2008

3. 电视主题活动的包装策划

在完成电视主题活动的选题策划、框架策划之后，则要进行电视主题活动的包装策划。说到底，电视主题活动的包装策划就是电视主题活动的品牌策划。

中国著名品牌专家许高崇先生综合多年品牌管理运营的实践，指出独特的品牌理念有8个方面，包括：方向点、理念点、行为点、视觉点、市场点、消费点、产品点、组织点。电视主题活动首先要确定活动品牌的定位，就是回答电视主题活动品牌现在主要面向哪个区域，将来想达到何种状态的问题。针对面向的主要现实区域和预期目标，有针对性地进行策划、制作、品牌推广。品牌定位之理念，就是理清电视主题活动主要诉求的问题：电视主题活动主要在说什么？做什么？弘扬哪种精神？贯穿着哪种精神内涵和文化气质？品牌定位之行为，包括：管理制度规范、管理制度规范的设计、管理制度规范的应用和实施。限制什么？允许什么？应该做什么？必须做什么？是电视主题活动开展之初和进行过程中需要时刻予以高度重视的问题。品牌定位之形象，包括：电视主题活动识别系统、识别系统的设计、识别系统的应用等。品牌定位之市场，主要解决电视主题活动面向的是哪个市场。品牌定位之消费，主要解决电视主题活动的主要消费者和预期带动关联消费群体的问题。品牌定位之产品，主要是理清电视主题活动的节目定位、带动消费的定位是高档、中档还是低档，是个性化还是大众化，是单一品牌（独个）还是多品牌（系列），是单一行业还是多行业的问题。品牌定位之组织，是解决电视主题活动制作者自身组织架构的问题，主要解决制作团队与营销中心的关系，电视主题活动的制作者是作为二层机构还是独立法人，电视主题活动是独立核算还是纳入电视机构统一核算，以及电视主题活动制作团队的部门、职能定位等问题。

电视主题活动的包装策划，主要就是针对上述8个方面的问题进行具体的解决。

三、电视主题活动策划的原则

策划是以"目标"为起点，以"信息"为基础，根据素材，围绕"创意"这个核心展开的思维活动与实践活动，它有一套详细、系统、科学的工作程序。策划贯穿于整个电视主题活动的始终，因此要高度重视电视主题活动的策划。具体而言，电视主题活动的策划应该把握以下几个原则。

1. 导向正确

电视主题活动的策划既要考虑以正确的舆论引导观众，又要考虑观众的需求，把握两头，巧妙结合。导向正确原则是电视主题活动策划的出发点，这既是电视机构的职责所在，又是电视机构作为公众传播平台的道义上的选择，也是规避风险获得利润的根本。

在市场经济条件下，电视主题活动重视经济效益无可厚非，但与此同时，必须牢记电视机构自身作为大众传播媒介的社会责任与使命。主办方在进行选题策划时，要多方面衡量电视主题活动可能造成的社会影响，对于影响较大的活动选题策划要经过电视台编委会的严格审批才能开展。电视主题活动的内容要对社会具有正确的导向性。只有先保障电视主题活动策划的导向正确，才能赢得社会的高关注度。电视主题活动如果有较高的社会效益，就有延续开展的可能性，这种延续开展活动的行为，不仅降低了电视主题活动的探索成本，而且使电视主题活动具备深度开发的潜力，能为电视机构赢得良好的经济效益。

　　电视主题活动要始终坚持把追求社会效益的最大化作为创办活动的首要目的，切实避免片面追求经济效益而忽视社会效益。电视主题活动的社会效益与经济效益二者并不矛盾，处理恰当甚至能取得双赢。电视主题活动策划的导向不正确，不仅有损于主办方的社会声誉，而且会给其带来极大的商业风险；而导向正确的电视活动策划则能够帮助主办方营造良好的舆论氛围，动员更多的社会资源，使主办方获得更多的商业机会和更充裕的资金来源。如前面已提到过的"春暖2007"第二季公益活动宣传周期间，各公益组织得到社会各界捐款一亿五千多万元，为促进和谐社会的建设、迎接党的十七大营造了良好的舆论氛围，可谓是经济效益与社会效益双丰收。即便是"超级女声"这样一类以营销为主导的电视主题活动，其导向的正确性也是非常鲜明的："海选"、"全民娱乐"、"民间造星"等方式极大地激励了"草根"阶层勇于追逐梦想的士气，丰富了老百姓的精神生活。

2．创新性原则

　　一个具有独特创意的电视主题活动策划就意味着一个蕴藏巨大商业潜质的独特资本。但是，电视主题活动策划的创新也具有极大的风险性。首先，创新往往意味着"破戒"，即破除限制电视主题活动开展的枷锁，因此具有一定的道德风险和政治风险；其次，电视主题活动策划的创新研发成本高，不仅需要资金的探索性投入，还需要大量的智力投入，而且在活动的创新探索阶段，电视主题活动的商业潜质还未能充分体现出来，因此也具有一定的商业风险。

　　有创意的电视主题活动策划不一定能够成功，但是缺乏创意的活动策划往往注定是失败的。要保持电视主题活动的永久生命力和魅力，就必须坚持不断地对电视活动的主题、内容、表现形式、参与形式等进行创新，确保电视主题活动对受众、广告商的持续、高度的吸引力。创新的多角度实现是电视策划的追求方向，更是电视主题活动策划的追求方向和需要重点突破的问题。要想达到创新的目的，就必须尝试着从不同的角度去寻求实现。

　　首先，电视主题活动策划既不能一味地模仿别人，也不能一味地重复自己，即使是同类的、相关的选题，也要力求做到有特点、有新意。策划电视主题活动的过程也是一个创造的过程，而创造不仅是要发现事物之间的相同之处，更重要的是发现事物的相异之处。对于"求新"而言，就是在有比较、有参照的条件下，既要借鉴总结经验，又要拓展思路，才能达到"求新"的目的。这就需要我们了解现有电视主题活动所缺乏的内容、形式、风格,及时掌握受众的收视动态,使电视主题活动的每一次策划都能从不同的角度融进新的内涵,努力做到电视主题活动常办常新,选题"活水"不断。

其次,电视主题活动的创新要依托频道自身的资源,体现活动的差异化竞争优势。随着电视传媒在人们生活中的作用越来越重要、观众欣赏水平的不断提高,以及信息网络技术的飞速发展,诸多因素的作用促使电视行业之间的竞争日趋激烈。一个成功的电视主题活动策划往往一经媒体宣传报道,就被其他电视媒体广为模仿和搬用,使原本独特的电视主题活动陷入千篇一律的境地,这时,就需要电视媒体借助频道自身资源,实施差异化竞争。湖南卫视作为省级卫视中的佼佼者,也充分认清了自身在激烈竞争中的差异化优势,坚持"娱乐立台"的理念和"快乐中国"的频道定位,举行的一系列电视主题活动如《超级女声》、《快乐男声》等符合年轻观众的收视兴趣,在众多的省级电视台竞争中,以差异化竞争特色找到了让自己发出璀璨光彩的舞台。

3. 系统化原则

电视主题活动的策划包括电视主题活动的理念和宗旨、电视主题活动的定位(包括内容定位、受众定位等)、电视主题活动的结构和流程、电视主题活动的风格特点、电视主题活动的运作方式、电视主题活动的推广和宣传等。将电视主题活动策划的每一个环节、每一个步骤进行系统分析和系统管理的一系列过程称之为电视主题活动策划的系统化原则。系统化原则首先要求将电视主题活动的各个环节置于电视主题活动的总体框架中加以构造、组织和管理,对电视主题活动的流程、运作方式和宣传推广等环节制定出科学、合理的操作标准,使之环环相扣,用严格的监督管理机制保证其不出现任何纰漏。系统化原则能够帮助电视主题活动提高运作效率,降低运作成本,通过优化组合达到最佳水平。

4. 整合性原则

电视媒体有自身得天独厚的优势,也有其局限性,如果仅靠自身的力量举办主题活动,难免显得势单力薄,影响力会受到限制。电视主题活动是社会资源和电视机构资源高度整合的产物,因此,在电视主题活动策划中应该体现出高度的整合性,从全局的角度考虑到电视主题活动在资源整合中的需要和可能出现的各种问题,为较好地整合各种资源提供理论和实践的支撑。

电视主题活动无论是在策划之初,还是在执行环节,都需要电视机构和相关合作方积极而富有创造性地开展工作。如结盟央视体育频道、主打非奥运体育营销,是蒙牛在2008年奥运会大背景下的又一次战略调整。在与央视体育频道达成战略合作关系并独家冠名《城市之间》栏目后,双方便开始了其酝酿已久的"蒙牛《城市之间》——激情08现在出发,全国80城市全民健身展示"活动。"为了使活动的营销价值和传播价值达到最大化,双方充分调动了各方面的资源和力量,并创新地运用了各种营销方法。在《城市之间》这场非奥运营销活动中，双方整合了公益营销、事件营销、娱乐营销等多种营销方式。"①

蒙牛《城市之间》全国城市全民健身展示活动现场

图片来源于 http://www.tidosports.com

四、电视主题活动策划的关键点

电视主题活动的策划要灵活运用"金三角"理论，即一般策划的关键要素：势、时、术。势，指组织本身环境形势的发展变化；时，指活动运作的最佳时机；术，指活动谋略所采用的招数，即把好的策略转为切实可行的方法。这三个关键要素构成一个谋略的"金三角"，缺一不可。这就需要对电视主题活动进行精心策划，把握住其中的关键点。

1. 整合资源，构建平台

大型电视主题活动动辄需要花费几百万甚至上千万元，这样的投入必须有强大的经济支撑才能完成。如2006年东方卫视"加油！好男儿"的制作成本就有1000多万元，这样的大手笔，必须充分考虑媒体自身的综合实力，而社会资源的整合无疑成为一个很好的路径。另外，中国媒体之间的竞争日趋激烈，各类媒体的思想理念开始从"媒体经营"向"经营媒体"转变，社会资源整合能力已经成为当下体现媒体实力的一个重要标志。电视主题活动要整合资源，创造性地开发媒体播出平台，营造多方共赢的利益格局，最主要的就是把握电视机构和相关合作方的切实需要，抓住机遇，整合资源构建平台。

例如，在蒙牛乳业的主要竞争对手伊利乳业获得2008年北京奥运会乳制品独家赞助企业之后，蒙牛乳业在品牌推广和维护上面临了前所未有的巨大压力。为了扭转这一被动局面，蒙牛乳业与央视体育频道正式结成战略合作伙伴关系，中央电视台与蒙牛乳业共同策划制作的电视主题活动全面展开——《城市之间》精彩亮相。

---

① 徐小峰．务实须重"细节"．人民日报，2004-02-16，第四版

2007年，《城市之间》活动加大资源整合力度，其采取的措施有两个：一是增加了全国妇联宣传部作为主办机构；二是在2007年1月与NBA结成官方合作伙伴。这两项合作吸引了更多女性以及儿童，也吸引了更多热爱篮球的人。

电视主题活动要建立大型活动广播、电视、报纸、网站联合互动的工作机制，凡是需要这4种媒体联动的，一张调度单便让各部门迅速行动，既提高了工作效率又发挥出了4种媒体的综合优势。

2. 设计元素，引发关注

电视主题活动要想吸引更多观众的眼球，就必须设计元素引发关注，其中好的创意非常重要，而好创意来自对大量信息的捕捉、采纳、串联和打破常规的重新组合。电视主题活动的策划就是在广泛搜集、了解目标受众的基础上，梳理揣摩出观众的收视心理需求，有的放矢地根据有关专家学者或节目编导的意见，对电视主题活动作出整体战略的运筹与规划。

如湖南卫视"超级女声"的成功，在业界产生了巨大的示范效应。2005年，"真人秀"电视活动成为电视荧屏最为亮丽的一道风景，被誉为"媒体活动年"；2006年"真人秀"电视活动跟风而至。2007年，电视主题活动继续升温。如何突破"真人秀"已有的成就，就要求设计新的元素引发新的关注，这成为电视主题活动主办方面临的重大课题，于是"倡导公益，构建和谐"便成为2007年电视主题活动的主旋律。2008年，北京奥运会为电视主题活动提供了千载难逢的契机，各大电视媒体活动依托奥运开始了"营销中国"之旅，设计出诸多具有"奥运"色彩的电视主题活动。

例如，CCTV 2008奥运舵手选拔大型电视主题活动，就是中央电视台契合2008年北京奥运会的时机，联合国家体育总局，为中国赛艇队选拔舵手的活动。这个活动方案的选题紧紧抓住2008年北京举办奥运会的时机，通过选拔非职业舵手运动员的活动，第一次实现"普通大众参与奥运竞赛"和宣传2008年北京奥运、为2008年北京奥运凝聚人气等效果。

CCTV 2008奥运舵手选拔大型电视主题活动现场

图片来源于 http://news.cctv.com

3. 善于模仿，力求原创

电视主题活动给电视媒体带来了深刻的变化，随着市场化进程的加快发展，中国各类媒体已进入一个崭新的"营销时代"。如何在这场营销大战中取得胜利，最关键的一点就是力求原创。但是，从某种意义上讲，在五彩缤纷的电视屏幕上已经很难找到带有开先河性质的原创性电视主题活动类型了，似乎所有的创作空间都已经被人们涂上了各式各样的色彩。所以，善于模仿也是电视主题活动得以在激烈竞争中取得胜利的关键。

其实，很多吸引观众眼球的电视主题活动都是从模仿开始的。如广东电视台的《生存大挑战》的创意受到香港亚视与日本电视台联合制作的系列节目《电波少年》的启发。2001年，第二届《生存大挑战》是在美国CBS《幸存者》节目已经传入中国的情况下进行的，第二届《生存大挑战》借鉴了美国《幸存者》等经典真人秀活动的手法，引入淘汰机制、竞技游戏设置等真人秀元素。比如《幸存者》中有20名选手参加竞赛，《生存大挑战》也有20名选手参与集体角逐；《幸存者》采取淘汰方式进行竞赛，《生存大挑战》也通过自然淘汰和社会淘汰两种方式，引发挑战者之间的竞争。成功的模仿，使得《生存大挑战》在国内各地乃至国外都产生了极大的影响，全国媒体的报道铺天盖地，中央电视台的王牌节目《实话实说》还曾邀请3名挑战者到现场参加了一期《生存大挑战》的专题讨论。

第十九季《幸存者》活动现场

图片来源于 http://ent.sina.com.cn

《幸存者》主持人杰夫·普罗斯特

图片来源于 http://ent.sina.com.cn

第二节 电视主题活动的主要盈利模式

盈利模式，是经济学和管理学有关理论和实践中经常提及的词语。盈利模式又被称为商业模式，简单地讲，就是公司或机构通过何种方式赚钱。它可以用来解释公司的销售收入是通过什么方式产生，又需要支出哪些成本和费用。一个好的、可持续的盈利模式应当是保证公司在合理范围内，使成本、费用支出与利润之间达成反比关系，即在合理的范围内实现成本、费用支出最少而利润最大化。这些理论也同样适用于电视主题活动的盈利模式的探索。目前，电视主题活动的主要盈利模式有以下几种。

一、依靠广告收入和商业赞助

广告收入和商业赞助是电视机构常态的利润来源，也是利润来源的最大构成。电视主题活动的广告、赞助收入既包括电视主题活动深度合作方在策划之初、建立合作关系之后的资金投入——这些资金投入数额一般都比较大，也包括电视主题活动开展过程中的广告投入等。

传统意义上媒体的盈利主要依靠广告收入，而媒体通过电视主题活动还可以"制造观众"，不仅能提升观众的"量"，而且通过电视主题活动带来有消费能力的主流目标观众，更提升了观众的"质"。"超级女声"2005年播出季的决赛广告费，每分钟价格甚至超过了11万元，突破了中央电视台一套黄金时间一直不可动摇的广告价格纪录。电视主题活动的广告分段销售的方式既可以拓宽收益，又可以避免广告过度集中于某一广告商手中给电视机构带来的牵制。

传统的广告以产品或服务的推介为核心。随着传播环境的恶化，传统广告创造的价值越来越有限。相较而言，植入式广告隐藏在活动流程的各环节之中，使观众在不知不觉中接受广告所传达的内容，传播效果更好。电视主题活动的植入式广告方式不仅包括活动现场设置的背景广告、台前台后、主持人话筒、计算机背贴等，还有主持人的台词串联、活动道具等。如CBS的野外电视活动《极速前进》在商业运营上采用了"植入式广告"，这种看似不经意但始终存在的广告，从比赛的目的地到选手的手表、背包、服装等服饰及选手的赛车都有所涉及，活动中拍摄人员会对其商标给予特写，将它们深深植入观众脑海中，其效果远远胜于硬广告的方式。

CBS的野外电视活动《极速前进》第16季选手阵容

图片来源于 http://news.chinayes.com

二、依靠观众的互动参与

电视主题活动特别是各种选秀活动所开创的电话、短信、网络等参与方式，既有利于促进观众的参与，又有利于活动主办方通过各种参与方式轻松赚取利润。"网络和通信手段的发达使观众与现场的互动得到了极大的提高。在一些大型活动中，观众不仅是节目的接收者，而且是节目的参与者，观众同参赛者同喜同悲。观众的投票具有决定性的作用，甚至可以改变节目的进程。将评判权全面交给观众，意味着更多的赛场变数，更多的观众意识，更多的真实性、趣味性，而且使节目从一开始就聚集了大量人气，牢牢抓住了观众的参与心理，因而也长时间保持了较高的收视率。"[①]如"超级女声"仅在短信参与这一项上，一档比赛下来，电视台收益的短信费就超过 500 万元人民币。2006 年"我型我 SHOW"比赛中，"快乐男孩"师洋就是靠观众一次次的投票力挽狂澜，将他送进了五强争霸赛。仅 2006 年 9 月 2 日的五强争霸赛，师洋就有近 4 万条的短信流量。按每条短信 1 元计算，2006 年"我型我 SHOW"的各场比赛加起来的短信收入达到了 600 万元。

三、活动后续产品开发

电视主题活动的后续产品开发可以包括以下内容：依托电视主题活动开发相关书籍，介绍相关花絮和细节、背景材料；依据电视主题活动特别是各种选秀活动开发相关网络游戏，让各位网络玩家依据各自喜好在网络上实现自己偶像的夺冠梦想；建立网络资源库，通过收费下载等方式来取得收益。

积极开拓电视主题活动盈利模式，有助于电视主题活动的长远发展，对于电视机构和相关利益主体而言至关重要。

如《百家讲坛》所推出的刘心武、阎崇年、易中天、于丹等人的著作签售活动也是依托《百家讲坛》所开展的电视主题活动的组成部分。另外，《百家讲坛》还将活动的相关电视节目制作成音像制品予以发售。

再如 2001 年 1 月 1 日凤凰卫视推出的《世纪大讲堂》，邀请各著名高校的顶级学者和专家来主讲，并与大学生、网友和广大观众进行跨学科、跨领域的对话。成功的操作模式，一流大师们框架严谨、大气磅礴、引人入胜的演讲，使得《世纪大讲堂》逐渐吸引了众多的电视观众。于是主办方便开始开发活动后续产品，出版《世纪大讲堂》电视图书等。

另外，通过对电视选秀活动中发掘的未来之星进行包装，制作音乐和影视作品

[①] 谢耘耕，刘淑云. 大型活动的运作与媒体价值的增值. 视听界，2008（6）

取得长远收益。电视选秀活动中发掘的未来之星因为在电视主题活动中的高曝光率和精彩表现，在音乐和影视作品开发前已经有声势浩大的前期宣传，由其担当的音乐和影视作品开发容易为大众所关注和接受，而以电视主题活动为起点的利润也容易因为电视主题活动中所发掘的未来之星的一系列包装开发得到利润的长期收益。

第三节 电视主题活动的策划方法

电视主题活动的非固定性和非周期性等特点，决定了电视主题活动的盈利行为不会像普通的商业行为那样是一个周而复始的往复过程。电视主题活动的盈利模式建构于单一电视主题活动的始末，又因为电视主题活动是相对独立的活动形态，因此要在相对较短的时间内实现较好的经济效益，采用适合电视主题活动利润最大化的策划方法至关重要。

如何通过电视主题活动的策划实现盈利，就是本节讨论的重点。电视主题活动的策划方法有以下几种。

一、前期策划，全局考虑

电视主题活动在前期策划阶段就应该确定其利益方的构成及其获利方式，以便后续工作有条不紊地开展。电视主题活动策划的产生是综合多种因素考虑，从可用资源、活动成本、活动收益、活动执行方案等方面全局考虑的过程。电视主题活动策划是电视主题活动的蓝本，是决定电视主题活动成败的先决因素。

电视主题活动想要实现盈利策划，需要从战略上确立的基本理念是创造"共振"、实现共赢。具体来说要做到以下几点：（1）切合受众需求，激发兴奋点，创造互动；（2）关注社会走向，调动各方因素，达到共赢；（3）激发其他媒体热情，共同参与，实现"共振"。即考虑怎样放大受众需求，吸引商家进入，引发媒体跟风。电视主题活动的策划还要注意做到：整体的严谨性、细节的全面考虑、策划方案的多可能性、突发事件的预案准备。"知己知彼，百战不殆"，要做到策划的超然性。

二、结合社会心理，满足受众需求

电视媒体要在了解受众需求、刺激受众需求的基础之上，综合各方欲求转化为公众的兴奋点，满足受众的心理需求，使媒体需求在资源整合、深度链接中占据主动。

如湖南卫视抓住了当下青少年张扬自我的心理，并且在电视主题活动中恰如其分地彰显这种心理，其口号"想唱就唱，唱得响亮"就体现了这种受众心理，所以使"超级女声"在活动的运营过程中与蒙牛的捆绑销售实现了双赢:"超级女声"收获了蒙牛的冠名费,印在包装纸上的节目名称和图片随着牛奶的售卖而广为传播;蒙牛也随着活动的开展,销售量直线上升。

再如,《美国偶像》每次节目开始时就在歌曲《We'll Rock You》中开宗明义:"每个人都有一个梦想,梦想能登上这个舞台,成为世上最出名的人之一,你能让这个梦想成为现实……"这首歌词对每个怀揣"美国梦"、渴望成功实现自我的美国观众来说,无疑非常具有煽动性,其参与热情也一直升温。

三、增强权威性,强化话语权

电视主题活动要增强权威性,让专业人士给出具有专业标准的判断。只有增强电视主题活动的权威性,才能吸引更多的观众,使电视媒体从电视活动一开始就掌握话语权;增强活动的权威性同时也好比给投资方一颗定心丸,从而得以赚取更多的利润。

凤凰卫视的《世纪大讲堂》,刚开始是与北京大学合作并以北大世纪大讲堂命名的。"北京大学是我国的最高学府之一,是个大师云集、思想非常活跃的学术殿堂,它在学术界无疑具有巨大的号召力,《世纪大讲堂》一开始就背靠了这棵大树,绝对是非常聪明之举。"[①]在开始推出的一系列讲座中,《世纪大讲堂》邀请的主讲嘉宾均是北大的知名教授,是政治、经济、科技、文学、艺术、历史、哲学等领域的著名专家。也正因为如此强大的、颇具权威性的嘉宾阵容,《世纪大讲堂》很快就打响了名气。待北京大学的专家资源基本挖尽,《世纪大讲堂》的视野更为开拓,将讲堂搬到国内其他著名学府,邀请了诺贝尔物理学奖获得者杨振宁、"杂交水稻之父"袁隆平等进行演讲。《世纪大讲堂》主办方还梦想着将讲坛搬到海外的世界著名大学去,让国内观众一一领略国际一流大师的风采。

正是由于《世纪大讲堂》的权威性,才能为其活动源源不断地赢得广泛的商业赞助,各广告赞助商也乐于借助《世纪大讲堂》的权威性提高广告产品的受关注度,实现双方共赢。

四、打造知名品牌,提升品牌价值

世界著名管理咨询家麦肯锡认为:建立一个强劲的品牌要经历 3 个阶段——"商品"变成"名字"、"名字"变成"品牌"、"品牌"变成"强劲品牌"。同样,电视主题活动要想赢得更多利润,还要注重打造其品牌。知名品牌是赚取高额利润的有力保证。在电视台品牌推广方面,举办大型活动的认同度为 46.2%,是仅次于包装栏

[①] 欧阳国忠. 媒体活动实战报告(第一版). 广州:南方日报出版社,2005:33

目和包装电视台整体形象的有效途径。① 但市场不是静止的,一个强势品牌要想在其发展过程中保持长期知名度,必须时时刻刻进行品牌维护,以此来使品牌的价值、影响力、美誉度等不断得到提升。

《美国偶像》是截至目前世界电视真人秀中人气最旺、知名度最高的活动之一。自开播以来,《美国偶像》一直位列美国尼尔森收视排行榜第一位,并多次获得艾美奖。《美国偶像》已持续到了第九季,每季都取得了极佳的轰动效应,其中品牌的成功开发与运营自然是功不可没。每季冠军产生后,《美国偶像》便会委托专业经纪公司对获奖选手进行全方位的包装打造,为他们在演艺圈的发展争得一席之地。除了原本争议颇多的第二季冠军鲁本·史坦德外,其余各季冠军均在演艺圈取得了骄人成绩,尤其是第三季冠军范塔莎·巴丽雅得到了四次格莱美奖提名,并获得了奥斯卡最佳女配角的荣耀。正因为如此成功的品牌打造,据统计,《美国偶像》的身价已高达25亿美元。

五、丰富活动形式,创新活动内容

电视主题活动要想谋取更多利润,必须不断地创新,停止创新就会造成既有观众的流失。社会百态、市井人生、喜怒哀乐等各种各样的因素,完全可以融进电视主题活动中,使其变得更加丰富多彩。

美国哥伦比亚广播公司 CBS 于1999年开播的室内体验类电视活动《老大哥》,正是由于其新颖而丰富的表现形式,模仿者蜂拥而至。《老大哥》堪称是电视真人秀活动的始祖。《老大哥》的创意来自于英国著名作家乔治·奥尼尔的著名小说《1948》中的核心人物老大哥"Big Brother",其无时不在、无所不知,但从不现身。CBS 的电视活动《老大哥》就根据这部小说中的"老大哥在看着你呢"这句话来设计活动模式:在一栋遍布摄像机和话筒的封闭的大房子"Big Brother House"里,十多

《老大哥》第十一季剧照

图片来源于 http://ent.sina.com.cn

名选手必须通过活动安排的种种规则,在成为最后胜利者的同时还要争取到电视机前观众的支持,而这些选手们的一举一动都会有摄像机真实地拍摄下来。正是这种

---

① 张同道. 媒介春秋:中国电视观察. 北京:中国电影出版社,2002:11

暴露人性的真实诱惑，再加上活动规则的不断变更，吸引了众多电视机前的观众，因此《老大哥》电视活动为 CBS 赢得了巨大利润，同时模仿克隆者也渐多，如 FOX 的《诱惑岛》、法国的《阁楼故事》、德国的《硬汉》等。

六、善于造势，多次传播

　　电视主题活动不仅要有好的创意及新颖的形式，还要在宣传推广上善于造势，电视媒体制造出关于大型活动的话题，其他媒体配合跟进报道，扩大传播范围，使电视主题活动成为观众的焦点所在。要在众多的电视主题活动之中脱颖而出，就需要电视媒体与其他各类媒体通力合作，为电视主题活动争取超强的关注度和参与度。对电视主题活动造势，其实就是按照活动的主题、定位等来寻找电视主题活动对受众、其他媒体和社会各界的"兴奋点"和"卖点"，通过铺天盖地的宣传造势活动让观众对电视活动产生收视期待。电视主题活动的主办方应通过自己的播出平台以及其他类别的媒体，对主题活动进行策划、制作初期的预热预告，制作、播出环节的实时报道，以及活动结束后社会效益、经济效益的良好反馈等相关报道，为电视主题活动营造良好的舆论氛围。通过各类媒体的配合报道带动相关利益主体，包括参与的政府、企业、媒体、受众等，形成强势的社会关注度、影响力，完成多次传播。

　　如东方卫视的"加油！好男儿"，除集团旗下广播、电视给予滚动宣传外，主办方还邀请了上海以及其他几大赛区所在城市所有主流平面媒体及国内几乎所有时尚、影视类杂志等每日跟进活动动态，不定期做大版面报道，甚至境外媒体如BBC、日本关西电视台、《纽约时报》等也给予报道。据不完全统计，全国各大平面媒体对"加油！好男儿"节目的报道为1000余篇。如此强大的宣传造势，自然为"加油！好男儿"赢来了极高的人气，也为其巨额利润的赚取埋下了伏笔。

第十七章 "节目活动化"与"活动节目化"

随着科技的进步，特别是数字传播技术的进步，电视频道资源极大地丰富起来，电视从"节目竞争"、"栏目竞争"、"频道竞争"走向"品牌竞争"，进入了一个"份额竞争"的时代。在这个发展变化的过程中，电视主题活动接踵而至。运作成功的《同一首歌》、轰动全国的《超级女声》、坐而论道的高峰论坛、众星云集的颁奖典礼、爱心满溢的公益活动……电视主题活动俨然已成为当前电视屏幕上最为热闹的一道风景。

第一节 "节目活动化"与"活动节目化"的内容

电视机构的影响力和品牌来源于三大支柱：电视节目、电视主持人和电视主题活动。前两者作为电视机构的常规武器每日都以收视率、美誉度为主要指标进行竞争，而电视主题活动作为一个相对机动的环节，往往是对前两者的综合运用。电视主题活动在突破常规演播时间的同时，将"节目活动化"或"活动节目化"，给电视品牌增色不少。

一、相关定义

"节目活动化"与"活动节目化"是电视媒体在运作电视主题活动时经常运用到的方式。那么，到底什么叫"节目活动化"和"活动节目化"呢？

1. 节目活动化

节目活动化是指以常态的电视节目为主体，依托电视常态栏目开展电视主题活动。节目活动化主要突出的是活动因素，体现了活动对电视栏目的影响，是电视节目出奇制胜、吸引观众的重要法宝。例如"梦想中国"大型电视选秀活动就是依托中央电视台经济频道《非常 6+1》节目所做的电视主题活动。节目活动化往往会使节目推出一些与自身定位相关的主题活动，创新节目和活动的形式与内容，增强活动的影响力，提高节目的收视率。

中央电视台的《大家》栏目自开办以来，将镜头对准在某一领域作出卓越贡献的"大家"、泰斗们，邀请他们走进演播室，讲述自己的人生故事，将他们的治学精神、学术理念传递给普通大众。为了更好地传播、普及科学知识，为青少年提供与"大家"面对面交流的机会，让更多的青少年真正感受到大家精神、大家智慧、大家风范，2007年9—12月，《大家》栏目组隆重推出了大型科普公益电视活动——"大师讲科普"。

袁隆平参与"大师讲科普"活动现场

图片来源于 http://discovery.cctv.com

这项电视活动依托《大家》栏目为平台，以"大师点燃梦想，科学照亮人生"作为口号，邀请了9位当代中国最具影响力的大师、学者，包括诺贝尔奖得主杨振宁，5位国家最高科技奖得主袁隆平、吴文俊、吴孟超、李振声、金怡濂，以及国际应用数学家林家翘、"两弹一星"元勋王希季和"探月工程"首席科学家欧阳自远等，在中国科技馆用通俗易懂的话语向青少年和科研人员讲述了9个生动有趣的科普话题，为普及科学知识、传播科学精神创造了良好的氛围，取得了很好的社会效应，同时也提升了《大家》栏目的品牌知名度和美誉度。

中宣部新闻局《新闻评阅》第75期对中央电视台《大家》栏目举办的"大师讲科普"活动作出如下评价："'大师讲科普'是《大家》栏目举办的科普公益活动，不仅是高层次的科普讲座和科学思想的传播，也是生动的爱国主义教育和人生情操的陶冶。"[1]这档电视活动依托《大家》栏目的播出平台和品牌效应，以活动的影响力带动栏目品牌建设，提升栏目和活动的知名度和影响力。

2. 活动节目化

活动节目化是指以非常态的活动为主体，在一定阶段（国外称为播出季）固定时段播出的电视主题活动。由于单次电视活动造成的影响力是有限的，电视活动

---

[1] 孟兰云.《大家》栏目的品牌创新——浅析"大师讲科普"活动. 电视研究，2008（11）

主办方为了将受众单次的注意力转变为持久的兴趣，就需要把媒体活动以节目的形式持续不断地开展下去。通常情况下，活动节目化围绕电视频道定位，以频道营销推广为主旨。如FOX公司的《美国偶像》，就是一档依托电视活动而生的节目的典型。

凤凰卫视举办过多次文化考察活动，可以算作是"活动节目化"的经典案例。1999年，各类媒体都在策划自身迎接新千年的欢庆活动，如国内一些电视台策划了诸如"2000对新人世纪婚礼"等庆典活动。凤凰卫视准确地把握了新千年到来的大好时机，大胆策划了一次电视考察活动"千禧之旅——从奥林匹克到万里长城"。

1999年9月28日，凤凰卫视的"千禧之旅"活动从希腊的奥林匹亚正式起步。在4个月的时间里，6辆吉普越野车载着摄制组人员跨越欧、非、亚三大洲近4万公里的行程，途径埃及、以色列、约旦、巴勒斯坦、伊拉克、伊朗、巴基斯坦、印度、尼泊尔后，最终到达中国的万里长城。期间，摄制组共采访拍摄了300多个小时的资料片，这些活动的资料片最终以系列片型电视栏目的形式同观众见面，在电视业界和社会上引起了强烈的反响。

由于"千禧之旅"活动本身的新颖性，它以中国人的视角实地观察和感受世界不同地域的文化特色，以一个文明古国的角色拜访其他三大文明古国，大大缩短了电视观众与世界其他三个文明之间的距离，因此对观众来说具有更强烈的吸引力；凤凰卫视对活动的精心策划、编排，加之跟踪报道和现场报道的方式，能够使观众不断保持着对这项文化考察活动的收视期待，将受众单次注意力凝聚起来，提高了"凤凰"品牌的影响力。"千禧之旅"开创了电视媒体大型跨国行走采访报道的新形式，此后，凤凰卫视又相继推出"千禧之旅"、"欧洲之旅"、"穿越风沙线"、"两极之旅"、"走进非洲"、"寻找远去的家园"等文化考察活动。

总的来说，"节目活动化"与"活动节目化"两者往往互有交融，是当前电视媒体获取社会效益与经济效益的主要手段。利用电视媒体的平台做活动、用活动产生的影响力来创造品牌进而做大电视产业，是"节目活动化"与"活动节目化"的共同目的。

二、产生的背景

随着电视领域市场化进程的加快，电视节目的制作和运营更加多样化，"节目活动化，活动节目化"是近几年来的热点话题。这意味着商业电视节目在国内找到了一条比较可行的路径，电视节目的产业化探索进入了一个新的阶段。也就是说，"节目活动化"与"活动节目化"是在中国电视节目的产业化大背景下产生的。

在经济和科技飞速发展的今天，"节目活动化，活动节目化"产生的背景主要体现在以下几方面。

（1）随着电视频道资源的日渐丰富、观众品位的提升，常态的电视节目已很难满足众多观众的口味。"节目活动化，活动节目化"作为电视的一种运作模式发展起来，使电视节目不仅像其他产业一样具有良好的经济效益，而且也能以新颖的内容和悬念迭出的形式吸引众多观众的眼球，成为电视媒体自我营销和推广的重要手段。"超级女声"使得湖南卫视稳居中国娱乐电视的头把交椅就是一例明证。

（2）电视媒体行业内部竞争的加剧，以及与国内广播、报纸、网络等媒体间的激烈竞争，也使得电视主题活动成为各电视媒体提升品牌的重要手段。在市场经济环境下，经济运行方式凸显出电视作为现代媒体的商业价值，依托电视营造竞争优势的社会活动日益增多。欧阳国忠先生认为："媒体举办大型活动符合信息时代的发展规律；大型活动能极大提升媒体整体品牌价值；活动中埋藏着巨大商机；各种类型的活动本身就是一个有限资源。"[①]

（3）经济全球化的步伐加快，境外媒体想方设法渗入中国媒体市场。产业化道路可以提高电视媒体自身与外部世界竞争的实力。具有轰动效应和影响力的电视主题活动，正是采用了"节目活动化"与"活动节目化"两种方式，冲破了传统电视节目的生产、营销瓶颈，将大众的热情与注意力转化为商业价值，打造出崭新而完整的电视产业链，使电视产业的增值能力得到前所未有的增强。

当然，"节目活动化"与"活动节目化"在电视节目产业化运营中也面临多重困境，在市场化的竞争环境中，如何有效突破困境，形成经久不衰的品牌，实现从品牌发展到产业化发展的转变，并创造长期的利润是电视人在传媒运营中应该深思的问题。

第二节　如何"节目活动化"与"活动节目化"

把电视节目演绎为各类社会活动或把各类社会活动整合为电视节目，是近年来我国电视界出现的一个新动向。这种形式以受众的广泛参与和互动为突出特征，越来越受到电视媒体的重视和受众的欢迎。2006年5月28—29日，由中国电视艺术家协会研究部、北京典盛传播电视节目研发中心联合主办的2006中国电视栏目创新论坛在北京举行。2006年5月29日在主题为"电视栏目营销创新策略"的讨论中，《经济半小时》的制片人许文广表示，要做好电视栏目，除了要做好节目本身之外，还要掌握传播的策略和活动营销的策略。其实，"节目活动化"和"活动节目化"是电视栏目营销创新的重要手段。在这一节中，我们将结合具体例子来探讨如何实现节目与活动之间的互动关系，以及"节目活动化"和"活动节目化"的问题。

[①] 欧阳国忠. 媒体活动实战报告. 广州：南方日报出版社，2005（9）：93

一、节目与活动之间的互动关系

"节目活动化"与"活动节目化"涉及到电视节目与电视活动二者之间的运营转化。那么,二者之间到底有着怎样的关系呢?

1. 活动可扩大节目资源与影响范围

电视主题活动是电视媒体为主题策划、实施或主要参与的活动,活动可促使社会力量提供资金赞助和实物赞助,还可以通过对活动进程的报道丰富电视节目资源,使电视台用最小的成本换取最大的收益。同时,电视活动能够发掘单个节目所具有的更广阔的社会资源,延长节目的产业链,增强节目的互动性,提高观众的关注度和参与性,将更多的观众吸引到节目中来。

2004年,是敦煌研究院建院60周年,同时也是敦煌石窟保护研究事业的开拓者和奠基人常书鸿先生诞辰100周年。中央电视台运用这样一个特殊时机,从2004年10月22日起与中国敦煌研究院联合举办大型活动,同时在央视推出大型直播节目《敦煌再发现》,并且连续3天在新闻频道进行两个多小时的报道,将这次活动中对遥远而神秘的敦煌考古再发现以电视节目直播的形式奉献给广大的电视观众。假若央视未能与中国敦煌研究院联合举办此次大型活动,电视直播节目《敦煌再发现》就只能是无米之炊、无源之水。

要实现活动效益,对电视主题活动的宣传也是至关重要的。为使此次《敦煌再发现》顺利直播,中央电视台共调集120多名工作人员,架设近20台摄像机,还动用了航拍的直升飞机,在节目中呈现了千年敦煌的神奇魅力。为了给活动造势,在节目正式直播之前,主办方专门召开了有关此项活动的新闻发布会,国内外不少媒体闻风而动,纷纷空降敦煌;在直播期间,《敦煌再发现》的相关报道更是频频见诸各大报纸,同时,互联网上网民们对此活动直播的讨论也热闹非凡,为此次活动的传播起到了良好的宣传作用。

2. 节目是活动效益产生的根基与手段

电视活动以节目为依托,没有节目,电视主题活动就失去了播出平台,失去了产生社会影响的基本手段。活动主办方在与电视媒体共谋的基础上互利互惠:一方面,社会力量借助于电视媒体的力量,通过电视节目实现、扩大活动的传播效果和影响力,提升其美誉度和品牌价值;另一方面,电视媒体以电视活动为契机,利用电视节目的传播效益,满足主办方的需求从而获得广告收益和商业赞助,使电视台能够以最小的成本换取节目资源的丰富和收益的最大化。

如"红楼梦中人"大型选秀活动就是依托电视剧《红楼梦》重拍选拔演员而进行的，是依靠了大量的对活动跟踪报道的电视节目走红的。为了让全国的电视观众充分了解并主动参与到电视剧《红楼梦》的重拍中来，为拍摄挖掘表演人才，并在年轻一代中弘扬优秀的民族文化，中国电影集团公司、北京电视台、北京华录百纳影视有限公司、鑫宝源影视公司联合在全国范围内举办了"红楼梦中人"大型选秀活动。"红楼梦中人"选秀活动自2006年8月21日启动以来，截至8月23日凌晨，仅两天时间，其活动官方网站就被访问超过8万次，累计报名人数达1.6万人。截至2006年11月16日，"红楼梦中人"选手报名总人数高达21.5万人。"红楼梦中人"活动自启动以来，历时长达十个月，从最初的网上报名、全国十大赛区海选，再到后来的全国总决赛，全国共有40多万人报名参加选秀活动。"红楼梦中人"大型选秀活动不仅仅记载了40多万报名者的追梦历程，也制造了2006—2007年度最大规模的一次主流文化事件，成为传承中国文化的一个经典策划。

1987年，一部大陆版的《红楼梦》电视剧轰动全国，中国人的"红楼"情结被宣扬得淋漓尽致。而这次的"红楼梦中人"大型选秀活动也正是依托于中影集团欲重拍电视剧《红楼梦》进行的，再加上各电视台将"红楼梦中人"活动作为节目进行播出，因此引起了众多观众的关注与参与，各电视台的相关节目也获得了很高的收视率。可以毫不夸张地说，电视剧《红楼梦》的重拍为此次选秀活动制造了一个很好的策划由头，而各电视台"红楼梦中人"的相关节目则为此次选秀活动提供了一个很好的宣传与播放平台，没有这些电视节目，"红楼梦中人"选秀活动不可能如此强烈地吸引众多国人的眼球。

总的来说，对于电视节目和电视活动之间的关系，可以简短地归结为"节目是手段，活动是目的；活动是手段，盈利是目的。"这是双重目的与手段的关系。需要注意的是，这里所说的"节目是手段，活动是目的"，是将电视主题活动作为一个完整的系统而言的。电视活动是整体，电视节目是局部，电视节目服务于电视活动，是整个电视主题活动系统中的一个环节；电视节目相当于整个电视活动系统中的媒体组，是保证电视主题活动获得持续社会影响力和传播效果的有效手段。

二、如何"节目活动化"

传媒产业的本质是影响力经济。目前，电视媒体之间日益激烈的竞争，在本质上也逐渐演化为电视媒体所具有的传媒影响力之间的较量。"节目活动化"是电视节目看准了时代发展所具备的诸多因素，顺势而为，使得一个权威的大型活动得以顺利实施。如前面已提到的中央电视台《非常6+1》栏目推出的大型电视主题活动"梦想中国"就是一个典型的"节目活动化"的案例。

"梦想中国"创办于2004年8月,到2006年一共举行了三届,其创办旨在为中国百姓打造一档自己的平民选秀节目,推出自己的平民偶像。活动采用时尚手段营造"梦想"概念、打造"中国偶像",让普通人登上梦想舞台,成就普通人的"明星梦"。

2004年,"梦想中国"活动以《非常6+1》牵头组成"梦想中国"剧组,联合12家兄弟电视台组成互动联合体,共同打造为期3个月的全程媒体联动,全程直播长达7天。

2005年,"梦想中国"再次联手12家电视台(其中香港TVB首度加盟),打出了"让激情成就梦想"的口号。整个活动从鲜花盛开的5月一直持续到硕果累累的金秋10月,其时间跨度和规模均比2004年翻了一番。从2005年5月开始,"梦想中国"陆续在四川、辽宁、湖北、江苏、山东、新疆、广西、河南、浙江、北京、香港等13个省市区启动选手报名。

2006年,"梦想中国"的口号为"音乐成就梦想",全国共设7大赛区(重庆、沈阳、南京、上海、成都、西安、北京),有9万多名选手参加,赛制较2005年有所改变,分为海选、资格赛、淘汰赛以及10周直播的总决赛,同样吸引了众多观众。

"梦想中国"电视主题活动实现了多个第一:普通平民第一次受到高规格的礼遇并踏上中央电视台一号大厅的梦想舞台;中国电视节目第一次实现全数字化舞美并成功实现多天连续直播;刷新了频道的最高收视纪录;以400万条有效手机短信的投票量创造了中国单项活动的最高短信量等。

三、如何"活动节目化"

所谓"居高声自远,非是藉秋风。"平台在于构建。"活动节目化"实质上为活动提供了一个宣传效果持续时间更长、宣传范围更广泛的传播平台。"活动节目化"是电视媒体把握市场时机,使活动的强势品牌的生命得到延伸,从而创造更多价值。"活动节目化"中社会活动往往需要依附于某一个电视频道,这是活动播出的载体。"活动节目化"若运营得当,往往能将人们的注意力有效地集中起来,使得作为播出载体的电视节目的品牌直接升值。如"感动中国——年度人物评选"就是一个典型的"活动节目化"的成功案例。

中央电视台一年一度的"感动中国"年度人物评选活动从2003—2009年历经七届,其成功的操作模式,既体现了当代中国人的精神风貌,也弘扬了中华民族传统的道德观和价值观,响应了"以德治国"的大政方针和宣传口径,甚至被称之为"当代中国人的精神史诗",具有极高的社会价值和人文价值,再加上中央电视台强大的媒体传播力和品牌影响力,自然受到了广告商的青睐。

第十七章 "节目活动化"与"活动节目化"

2009年"感动中国——年度人物评选"活动现场

图片来源于 http://news.sina.com.cn

"感动中国"年度人物评选不仅冠名费高达一千多万元，而且单位节目的广告含金量几乎仅次于中央电视台的春节联欢晚会。在这七年时间里，"感动中国——年度人物评选"近15小时的播出时间里共创造了近一亿元的广告额。除了冠名收入及广告费，主办方中央电视台新闻评论部还积极进行活动的产业链延伸，如节目相关的出版物、音像制品、手机投票、网络媒体投票等。

当然，如此高的经济效益也得益于"活动节目化"的成功运作：

（1）大手笔策划，不仅立意高而且起点新。主办方在活动筹备阶段就做了大量的调查、信息搜集及分析、整理工作，再加上公正公开的评选规则，赢得了极高的公信度。

（2）在资源整合方面，中央电视台通过新鲜的创意将内部的资源加以整合：全方位整合专家资源，如金庸、王蒙等；跨媒体整合地方资源，遴选30多家地方媒体，组成"感动联盟"。

（3）大气魄的节目制作：精致的舞美设计、多彩的灯光布置、背景音乐的恰当运用、感人至深的主题曲《感动中国》，尤其是极具情感与视觉冲击力的人物短片，再加上主持人精彩的现场把握，使节目的收视率一直高居不下。

因此，"感动中国——年度人物评选"的活动节目化赢得了多方的广泛赞誉：形式新、内容精，观众不但深受感动，而且叫好声一片；社会效益好，得到相关政府部门的嘉许；收视率高，广告投资商更是不敢小觑；口碑好、收益高，主办方央视新闻评论部也深感自豪。

第三节 "节目活动化"与"活动节目化"的关键点

路不行不到，事不为不成。"节目活动化"与"活动节目化"实际上是电视主题活动策划确定后的执行环节，需要注意把握好以下几个方面问题，以确保电视主题活动的执行效果。

一、把握时机，适时执行

"节目活动化"与"活动节目化"要充分把握时机，适时执行。尽量争取与优质伙伴的合作，不但可以依托合作伙伴的各种优势和资源尽快开展活动，而且可以提升活动的影响力和号召力，保障活动顺利开展，同时进一步提升电视机构的后续影响力。在条件还不适宜的情况下，可以充分发挥电视机构在资源整合利用方面的优势，创造有利条件，适时推动电视主题活动的开展。

时机的准确把握需要活动主办方具有超前意识，能围绕国家、省或本区域年度重大事件拟订出分阶段的活动选题，如2008年是奥运年和改革开放30周年，举办大型电视主题活动首先就要突出这个主题。另外，活动主办方可以适当结合本地区的经济文化特色，按照国际或中国节庆日表精心策划活动。如中国中央电视台春节联欢晚会，便是运用中国农历春节这样一个特殊的时刻，为全国人民创办的一台喜庆祥和的晚会。正因为中央电视台准确把握了举办晚会的时机，晚会活动的形式又符合除夕夜中国老百姓的传统习俗和团圆心理，到今天，央视春晚已走过了28个年头，已经不再是简单的文艺活动、联欢活动，而是一场家喻户晓、闻名海内外的春节期间节日文艺大餐，成为所有炎黄子孙追求和谐、进步、吉祥的民俗盛典。

凤凰卫视也非常擅长于把握时机举办活动。如前文已讲述的1999年8月，千禧年来临之际，凤凰卫视举办的重大采访活动——"千禧之旅"；2001年5月，申办奥运会城市选举结果揭晓前夕，凤凰卫视举办的"北京—莫斯科申奥远征"活动；2004年5月，为纪念郑和下西洋600周年，凤凰卫视举办的大型航海电视活动——"凤凰号下西洋"。"这一系列的大型活动的共同特点就是在时机确定后，即刻出手，赢得先机，也赢得了受众。"[1]

二、设置议程，大力宣传

"研究表明，影响媒介议程的一支很重要的力量来自其他媒介的内容，特别是精英媒介，这种现象被称为媒介间议程设置。一般而言，具有广泛影响的媒介的内容对地方性的中小媒介甚至不同类别的媒体都有议程设置作用。"[2]目前，许多大型电视主题活动都利用传播学中的"议程设置"原理，形成多媒体联动传播，使活动本身成为新闻的制造者和新闻事件的核心，在活动之前就与各个媒体通力合作，使活动在正式举办之前就成为社会热点，引发观众注意，为活动起到了良好的传播效

---

[1] 谢云耕，刘淑云. 大型活动与媒体价值的增值. 视听界，2008（6）
[2] 俞秋萍，冯佳丽. "电视活动"的盈利模式及传播学解析. 东南传播，2009（4）

果。当这种"议程设置"一旦形成一个完整的链条、形成舆论,而这些舆论又可以成为电视媒介的播出内容时,电视活动的影响力就如滚雪球一般越滚越大。

如2005年湖南卫视"超级女声"电视活动就将各媒体间的议程设置作用运用得非常到位。"超级女声"是湖南卫视主办的一档娱乐活动,但其宣传渠道并未局限在湖南卫视这个省级卫视上。电视、报纸、杂志、网络等多种主流媒体都成为宣传炒作"2005年快乐中国蒙牛酸酸乳超级女声活动"的媒介。一方面,蒙牛乳业和湖南卫视在各路媒体上主动造势:在活动初期,主办方便在央视各主要频道的晚间黄金段投放关于此次活动的15秒广告片。同时,蒙牛酸酸乳在湖南卫视的硬版广告投放也不放松,活动宣传片与产品广告片交相呼应。超级女声与各赛区的热门电视频道、强势报纸结合,共同为活动宣传造势,让活动影响力快速渗透当地。另外,网络也成为此次活动的有力宣传平台,主办方在网络上设置了"蒙牛连连看"和"超级FANS"的互动游戏,开设了"张含韵吧"网络论坛,蒙牛酸酸乳广告片的主题曲《酸酸甜甜就是我》也成为热门的网络下载歌曲。另一方面,随着"超级女声"这一活动逐渐成为一个社会性话题,电视、报纸、网络上的各种报道纷沓而至,虽说正面、负面报道皆有,但却有效地扩大了这项活动的影响范围,主办方从中获益匪浅。

三、注重细节,尽善尽美

"节目活动化"或"活动节目化"过程中,为确保有效地执行电视主题活动的策划,必须注重细节,确保活动的各个流程和各个环节的顺利开展。古语云:"盛满之功,常毁于细微之事;事事有功,须防一事不终。"可见细节的重要。

电视主题活动是一项资源整合度高、行业关联性强的活动,需要积极调动各方面的积极性和主动性,合作方式、利益分成等问题都是电视主题活动执行中的重要问题,处理不当会直接导致活动流程受阻,影响全局。为此,电视主题活动的执行者需要在充分认识执行难度的基础上,主动、积极、创造性地开展工作。

那什么是电视主题活动的细节?如何在电视主题活动的执行中注重细节?电视主题活动的细节,就是影响电视主题活动成功的每一个细微环节,是走好电视主题活动这盘"大棋"中的每一步"用棋"。比如说,电视主题活动策划完成后的执行环节中的宣传、推广等步骤中的每一个细小做法;电视主题活动场地确定后的布景,要在保证现场活动安全、有序开展的情况下,考虑到现场观众的互动要求、电视摄像的角度和机位要求、现场气氛调动的要求等。常言说"用心计较般般错,退步思量事事难",知难而可入门。电视主题活动的执行者需要充分考虑合作方的心理和现实利益诉求,"与人方便,自己方便"。电视主题活动的执行者要注意掌握活动整体和各环节的关系,要注意分析成功和失败的活动案例,探求活动各环节的执行情况。要做到在电视主题活动中注重细节、尽善尽美,就要认真地领会电视主题活动的策划意图，确保在掌握策划主旨的基础上，将指导意图贯彻到操作层面。在操作环节，力争做到多换位思考，尽可能全方位地考虑到执行中可能会出现的问题，妥善处理各种突发事件和危机事件。特别是电视主题活动的直播环节，更要对可能出现的意外和突发情况有充分的准备，做到未雨绸缪、临危不乱。

四、及时总结，不断完善

"节目活动化"或"活动节目化"过程也是对电视主题活动策划的实施和修正的过程。进入执行环节的电视主题活动，需要及时地总结，并对已经付诸实施的工作及时进行效果评估，总结可以帮助电视主题活动执行者在贯彻活动原有意图的前提下，不断对执行层面进行考量和分析，趋利避害，对执行环节出现的偏差进行修正，对策划和执行中的不足进行改善，对既有优势和可行做法进行总结、归纳，有助于电视主题活动在良性、可调控的环境中开展。

电视主题活动执行过程中，难免遇到困难和阻力。在遇到苦难和阻力时，及时地总结和反思可以帮助电视主题活动执行者更好地理解策划意图。电视主题活动执行环节的总结，既可以通过电视主题活动主创人员自身以座谈、工作回顾、经验教训总结等形式开展，又可以和电视主题活动的合作方以协商、工作协调会等形式开展，还可以通过活动参与者、受众的意见表达反映出来。在总结之后要分门别类对相关问题进行分析、研究，对执行中出现的偏差有针对性地做出相关分析，提出解决方案，在以后的环节再进行解决。

总而言之，及时总结执行环节中出现的问题，制定研究对策，可以有力地保障电视主题活动的顺利开展并达到预期效果。

五、高度原则性，适度灵活性

"节目活动化"或"活动节目化"必须遵守策划所确定的基本原则和流程，但也要确保在原则性下充分调动灵活性。原则性下高度的灵活性体现在基于对既定战略的严格执行，并根据实际情况，在执行环节对原有策划的具体修正，这既是实事求是的内在要求，更是确保电视主题活动成功举办的必然选择。

比如，2002年6月长沙电视台新闻频道和长沙市人民政府策划了"首届中国村官论坛"，原计划在2002年8月份邀请全国知名的村官到"湖南第一村"长沙县印山村参观，但后来因为对8月份天气是否酷热及现场观众往返是否便利没有准确把握，于是主办方遂决定将论坛改在长沙电视台演播大厅举行。事不凑巧，8月期间长沙抗洪抢险事关全局，活动只好推迟。原本约好时间的嘉宾，只能通过各种方式给予解释，取得理解和支持。长沙电视台竭尽邀请的诚意，邀请函、再邀请函、致歉函……一封接一封，村官们一个个深受感动，都答应一定如期赴约。终于在2002

年9月,"首届中国村官论坛"成功举办,还被《中国传媒大转折》一书评为"2002年度中国十大最优创意的电视节目"之一。为了延续"首届村官论坛"的影响,维护和巩固这一品牌,满足广大观众要求,2003年11月18—20日,长沙电视台又主办了"第二届中国村官论坛"。

"首届中国村官论坛"在长沙举办

图片来源于 http://news.sina.com.cn

另外,受众的需求反馈是电视主题活动策划效果的晴雨表。许多从事电视创作的同仁大概都有过类似的体验,自己辛辛苦苦完成的作品,播出之后怎么会不受到观众的欢迎呢?其实,这是一种很正常的现象。在这个世界上,"阳春白雪"、"小桥流水"各有其妙,电视工作者要想策划制作出让观众满意的节目来,就必须认真分析、努力满足不同观众的收视需求,应该多站在观众的角度思考。"换位思考"的方法特别有利于创作者与观众进行情感上的交流与沟通,使观众在收看电视主题活动时,更容易产生心灵上的共鸣。当观众把收看某个电视主题活动当作生活中的一件事情来对待时,就会让自己的情感随着电视主题活动策划所设定的情感脉络而波动,从而产生对电视主题活动的忠诚度。因此,在电视主题活动的执行过程中要高度关注受众的反应和反馈,在把握电视主题活动策划的主导思想、文化氛围等原则的基础上根据受众的反馈做出适当调整,做到原则性与灵活性的高度统一。

总之,电视主题活动作为一种新的运作方式,对电视媒体短时间内聚合受众注意力、提高收视率、提升品牌美誉度、扩大影响力、获得竞争优势的作用明显,已经成为电视媒体普遍采用的一种竞争手段、取胜之道。但对电视主题活动形式的丰富和内容的深化,以及"后活动时代"的电视操作空间,都还需要业界与学界进行不断的探索。

练习题

1. 开展电视主题活动的意义何在？
2. 电视主题活动有哪些形态？举例说明。
3. 简要分析电视主题活动的策划原则。
4. 为何有的媒体不搞电视主题活动？有的媒体热衷却搞不好？
5. 为什么说电视主题活动中"节目是手段，活动是目的；活动是手段，盈利是目的"？
6. 电视主题活动现有的盈利模式有哪些？将来可能会出现哪些新的盈利模式？
7. 选择国内某一档电视栏目，为其策划一项电视主题活动。
8. 分小组策划执行一次电视主题活动，并拍摄制作成节目。

主要参考文献

1. 欧阳国忠. 媒体活动实战报告. 广州：南方日报出版社，2005
2. 蔡尚伟. 影视传播与大众文化. 成都：四川大学出版社，2005
3. 阚乃庆，谢来. 最新欧美电视节目模式. 北京：中国广播电视出版社，2008
4. 梅文慧. 快乐电视选秀——解码《超级女声》引发的选秀现象. 北京：团结出版社，2007
5. 顾遥. 我国电视媒体大型活动的创新研究. 大连理工大学硕士学位论文，2008
6. 欧阳国忠. 焦点——对话中国著名电视制片人. 广州：广东南方日报出版社，2006
7. （美）大卫 M·里奇. 2008年（全球）活动营销调查专项报告（节选）. 国际广告，2008（9）
8. 刘建明，龙彩霞. 注重电视媒体活动的文化内涵. 中国广播电视学刊，2006（5）
9. 游洁. 关于春节联欢晚会创作的思考. 电视研究，2003（3）
10. 章莹莹. 试论媒体如何通过公益活动提升自身品牌形象——以中央台音乐之声"我要上学"公益活动为例. 中国广播，2008（6）
11. 刘世英，谢文辉，王丽军. 在路上：CCTV《赢在中国》首赛季12强创业启示录. 北京：中国民主法制出版社，2007
12. 王延河，许勤龙. 企业如何利用媒体进行活动营销. 今传媒，2008（10）
13. 徐小峰. 务实须重"细节". 人民日报，2004-02-16
14. 张同道. 媒介春秋：中国电视观察. 北京：中国电影出版社，2002
15. 尹鸿，冉儒学，陆虹. 娱乐旋风——认识电视真人秀. 北京：中国广播电

视出版社，2006

16．徐帆，徐舫州．电视策划与写作十讲．杭州：浙江大学出版社，2009

17．苗棣．美国经典电视栏目．北京：中国广播电视出版社，2006

18．傅文仁．活动策划和活动营销．新闻前哨，2007（1）

19．李金宝，朱其武．略论城市电视台活动营销的策略和方法——以南京电视台教科频道为例．电视研究，2008（4）

20．尹鸿．解读电视真人秀．今传媒．2005（07X）

21．谢耘耕，陈虹．中国真人秀节目发展报告．新闻界，2006（2）

22．肖东坡．电视栏目的活动营销．当代电视，2006（5）

23．毕雪燕．"活动经济"：媒体发展的新支点．新闻爱好者，2005（10）

24．叶瑞应．建构创意孵化体系 突破卫视创新冻土．东南传播，2009（2）

25．肖丽秀，史云峰．试析媒体活动营销的几种样式．新闻传播，2006（8）

26．王琳，罗忆．中国电视活动营销的经济学分析．新闻大学，2006（4）

27．张雪梅，郝胜宇．《倾国倾城》电视活动：创新与效应．中国广播电视学刊，2008（4）

28．程曦．学术电视大有可为——从《世纪大讲堂》看电视学术节目的创新．新闻知识．2002（7）

29．俞秋萍，冯佳丽．"电视活动"的盈利模式及传播学解析．东南传播，2009（4）

30．赵韶卫．电视活动营销热的冷思考．新闻爱好者，2006（02S）

31．张国良．20世纪传播学经典文本．上海：复旦大学出版社，2005

32．（匈）豪泽尔．艺术社会学．上海：学林出版社，1986

33．唐琳，连漪．电视栏目发展的新路径——以《财富故事会》电视活动为例．电视研究，2008（2）

34．陆健，曹继东．大型电视选秀节目的媒体策略——以"红楼梦中人"海选为例．现代传播，2007（2）

35．齐蔚霞．从电视媒介特质解析《梦想中国》．当代传播，2006（6）

36．汤一亮．电视媒体打造的精神品牌——浅析《感动中国》的传播艺术．电视研究，2005（4）

37．郝滢．从《感动中国》看媒介的文化建构．新闻爱好者，2007（6）

38．陈志强，肖叶飞．从"年度评选"看媒体"活动经济"．新闻知识，2006（1）

39．欧阳国忠．大活动促发大活力——中国电视媒体大做"活动经济"文章．电视研究，2004（7）

40．李旭．围绕节目搞活动 依托活动创品牌——服务性栏目《房产·家居》创收启示．电视研究，2008（10）

41．李伟名．大型社会活动类电视节目实现产业化的困境及出路．电视研究，2008（6）

42．刘国强．湖南电视现象的文化解释．新闻界，2006（1）

43．谢耘耕，唐禾．活动营销——电视媒体品牌建设的助推器．南方电视学刊，2006（2）

后 记

"电视专题"这四个字对我来说具有特别的意义。迄今为止，我的人生历程中有整整20年的光阴与"电视专题"相关。正因为结缘了电视专题，我的青春时光在记忆中显得更加清晰而多彩。

从1991年作为大三学生主动请缨拍摄四川大学（以下简称"川大"）新闻系系庆专题片——《咱们的新闻系》开始，我就与电视专题结下了不解之缘。1992年本科毕业后，我到四川省广电厅工作，在相当一部分时间里都在做被人们称之为"电视专题"的事情，拍了一百多部（集）电视片，其中绝大部分都属于电视专题这个范畴。在这个过程中，真可谓"大江南北游走，巴山蜀水踏遍"，这些经历使我在专业领域得到了很大的锻炼，也使我的人生境界得到很大的提升。参与拍摄《毛泽东在四川》、《巴蜀四帅》等专题片的过程，其实也是我向这些伟人学习的过程。其间，我阅读了大量的相关传记及历史材料，并尽可能地去接近曾在伟人身边的一些人，从这些人的讲述中体会伟人们平凡生活中的那些不平凡的东西。这些伟人的胸襟、视野与思路一直影响着我，给了我很多的人生启发和激励，对我后来的研究风格，对我在新闻传播研究、文化产业研究中的大局观、实践观及建设观的形成大有裨益。

2001年回到川大任教以后，我还是在做电视专题片的相关工作，《邓小平与四川》这部电视专题片就是以川大为平台拍摄的。此外，我还讲授了多年的《电视专题》课程。在讲解的过程中，我一方面对自己过去的从业经历进行了全面的反思与总结，另一方面也借鉴了很多业界人士和学界人士的智慧，并在与学生的沟通过程中获得了不少心得，昔日那些零散的实践感受得以升华，于是有了这本《电视专题》。

从某种意义上来说，这本书是对我青春时光的一种回顾、一种交代。"电视专题"与我的不解之缘远不止上述所说，还有几种缘分在此有必要提及：

我的本科同班同学陈为军以纪录片《好死不如赖活着》获得美国广播电视文化成就奖，成为中国大陆第一位获得此项荣誉的导演。另外，《好死不如赖活着》一片还获得了英国国家最佳纪录片奖等一系列国际荣誉。他的另一部纪录片《请投我一票》获得白银电影节最高奖项"纯银奖长片"，并入围2008年奥斯卡最佳纪录长片单元。他的《世界上最大的中国餐馆》等佳作还在源源不断地推出。他在纪录片创作领域所取得的国际性成就也给了我很大的激励，同学间的相互鼓励让我备感温暖。我们一起在川大读书的时候，谁也没有想到大家的今天会是这样。当年他和另外一位山东同学在九眼桥勇擒江湖骗子到派出所的少年意气至今仍是每次同学会的谈资，现在本班的"名人"见面，说的都不是专业，而多为当年风月。而这永远的当年风月，正是我们"取之无禁，用之不竭"之无尽藏也！

我校八八级的另一位同学周文（他在历史系，我在新闻系）人如其名——"郁郁乎文哉"，现为中国传媒大学教授。以往我在给学生上课时，长期使用的都是周文和他的导师高鑫先生撰写的广电部教材《电视专题》（也帮他卖了不少书啊）。此教材兼具川大人文底蕴深厚及北京广播学院长于实战的特质，我们这本《电视专题》也汲取了此书的很多营养。我很怀念本科刚毕业与周文一起作为光棍时，在川大向阳村"青苹果俱乐部"度过的美好时光：大家在一起玩"拱猪"，一起激评时事……那一幕幕时常在我的脑海中浮现，就如同发生在昨天一样。

在本书的编撰过程中，我常念于心的还有与欧阳国忠的缘分。在中国电视活动领域，国忠是理论与实践兼擅。他年龄比我略小一点，胆识却让我非常敬佩；他身体比我好，也让我很羡慕。他是一个"奔跑的思想者"，而我近年因困于眼疾，已经跑不快了。本书充分汲取了欧阳国忠《媒体活动实战报告》一书及其环球活动网站中的很多养分，在此我对他表示衷心的感谢，同时也祝福他越跑越快！

本书是面向电视专业在校学生的专业教材，也适合从事电视工作（包括采、编、播、策划、经营、管理、研究及教学等工作）的一线读者阅读。这本书的写作遵循了我一贯倡导的"人本化"的教材写作理念，力图将职业指导与人生激励结合起来。此外，本书也体现了"免疫教学"的理念，力求在严格遵守国家有关要求的前提下，揭示电视行业乃至社会的复杂性与多样性，告诉读者应该如何去适应中国国情，如何遵守法律、纪律的约束以及如何面对行业内的复杂情况，如同给婴儿注射疫苗，使之产生"抗体"，增强"免疫力"一样，使读者对行业和社会的各种复杂情况做到心中有数，在实际工作中能够从容不迫、正确应对。本书还秉承了我一直主张的"建设学派"的观点，坚持在批判的基础上进行善意的、建设性的方法论的探讨，以有助于实际问题的解决与学术的真正深化。学生常称"建设学派"为"望江学派"，因为川大师生交流常在千古名楼——望江楼下。川大老校区为望江校区，我家住望江嘉苑，万年锦江在望，而我多以出世之心做入世之事。"望江"二字可谓得建设学派"入乎其内，出乎其外；不即不离，若即若离"之神韵矣！

这本书是在我几年的《电视专题》课堂讲授及师生单独面谈内容的基础上整理、延伸而成的。全书由笔者总体设计，具体撰写分工如下：第一部分：第一章～第三章（沈艾娥、蔡尚伟），第四章（蔡尚伟、苏静怡），第五章（苏静怡、沈艾娥、王理）；第二部分：第六章、第七章（蔡尚伟、苏静怡），第八章（苏静怡、沈艾娥、王理），第九章（沈艾娥、蔡尚伟）；第三部分：第十章～第十三章（沈艾娥、蔡尚伟），第十四章（蔡尚伟、苏静怡）；第四部分：第十五章～第十七章（沈艾娥、蔡尚伟）。在书稿撰写的前期工作中，周松、陈焱玲、郭立琼、卢丽涛等协助查阅了大量的相关资料。校对主要由陈力菡、吴空、陈晓波及李佳璐负责，王理、苏静怡、沈艾娥参与全书的修改及统稿工作。

在本书付梓之际，我要对清华大学出版社的吴颖华女士表示谢意与歉意。本书早该出版，但由于种种原因，加之2009年我对文化产业应对金融危机的研究花费了不少的时间（浪得"2009 文化产业年度人物"之虚名），使得我这个最讲信用的人陷入了尴尬境地。

对此书，我本意是想尽量做好一些，义理、考据、辞章都要说得过去，并力图做得既有学术性，又有可读性，兼具历史感、文化感与时尚感。然而由于时间关系，水平也有限，留下了许多遗憾，甚望读者诸君指正，以利将来修订改版时进一步完善。

蔡尚伟

caishangw@vip.sina.com

2010 年 5 月